重庆市教育委员会2022年人文社会科学研究规划项目一般项目（项目号：22SKGH027）

制度性法律实证主义

麦考密克的法哲学世界

王荣余　著

图书在版编目(CIP)数据

制度性法律实证主义：麦考密克的法哲学世界 / 王荣余著. -- 北京：当代中国出版社，2024.4
ISBN 978-7-5154-1366-2

Ⅰ.①制… Ⅱ.①王… Ⅲ.①法哲学—研究 Ⅳ.①D903

中国国家版本馆 CIP 数据核字(2024)第 072246 号

出 版 人	王 茵
责任编辑	邓颖君　彭世帆
责任校对	贾云华　康　莹
印刷监制	刘艳平
封面设计	李默涵
出版发行	当代中国出版社
地　　址	北京市地安门西大街旌勇里 8 号
网　　址	http://www.ddzg.net
邮政编码	100009
编 辑 部	(010)66572744
市 场 部	(010)66572281　66572157
印　　刷	中国电影出版社印刷厂
开　　本	710 毫米×1000 毫米　1/16
印　　张	17.75 印张　1 插页　246 千字
版　　次	2024 年 4 月第 1 版
印　　次	2024 年 4 月第 1 次印刷
定　　价	78.00 元

版权所有，翻版必究；如有印装质量问题，请拨打(010)66572159 联系出版部调换。

自　序

本书旨在揭示麦考密克制度法理论的内在构造与演变逻辑,二者共同筑起了麦考密克的法哲学世界——笔者将其称作"制度性法律实证主义"。大体而言,以"作为制度性事实的法律"和"作为制度性规范秩序的法律"为依凭可基本划分出前后两个理论时期,而如何展现前后之间的转换则不仅需要对这两方面内容分别予以考察,同时还需要深入揭示演变时的内在动因与详细过程;此外,由于制度法理论本身构成了法律制度主义的一部分,本书的讨论就将从后者开始。具体内容安排如下:

引论部分着重说明了为什么研究制度法理论,以及为什么研究麦考密克意义上的制度法理论这两个前提性问题。在英美法哲学语境中,制度性法律实证主义在很大程度上与包容性法律实证主义和排他性法律实证主义一道构成自哈特以降的法律实证主义的三足鼎立局面,而麦考密克意义上的制度法理论则是其中影响最为广泛的一支;它对英美法哲学诸问题的讨论值得我们给予关注。此外,引论部分还对制度法理论具有的参考价值以及国内外研究进展作了系统性的梳理。

第一章对法律制度主义本身作了扼要考察,并在比较魏因伯格和麦考密克制度法理论之异同的基础上大体框定了全书讨论范围。研究表明,法律制度主义存在新旧之别,旧制度主义将作为制度的法律理解为社会学意义上的社会秩序和组织机构,新制度主义则基于制度性事实寻求"规范主义的社会现实性发展",并在制度性事实的本体论、方法论多元主义以及实践理性及其局限方面取得基本共识。但其内部仍存在诸多差异:行动的形式目的理论与非正式言语行为理论;实践推理的逻辑理论与实践推理的合理性理论;制度的规范观念与制度的惯习观念;实证主义立场与后实证主义立场。在法律制度主义百余年的学术理路、理论渊源和发展内涵上,规范主义与反规范主义得到有效调和,理论基础和内容得到发展和完善;理论自主性得到不断强化;以此为指引,当前国内的法律制度研究应更注重"经验研究的规范主义发展"。

  第二章考察了麦考密克制度法理论中的一个关键概念,即"制度性事实",并初步揭示超越制度性事实的内在过程及其影响。与塞尔在集体意向性、地位功能和构成性规则意义上使用制度性事实概念不同,制度法理论语境中的这一概念应更明确地定位在言语行为和规则层面。从表面上看,麦考密克对"制度"的使用分散在制度性事实、三元规则体系、组织机构以及制度化的多样化含义之中,从而削弱了制度性事实存在的理论价值;但经由原则改造之后的、规则意义上的制度性事实概念却仍居于中心地位,制度性事实的实质意义并未由此产生任何动摇。在后期制度法理论中,通过非正式言语行为和惯习的共同作用,制度法理论并未退回至旧法律制度主义,而是更稳固地镶嵌在从非正式规范秩序到制度性规范秩序的动态过程之中,由此成为理解"作为制度性规范秩序的法律"的关键桥梁。据此可知,制度性事实在制度法理论中得到了自始至终的坚持且被赋予了更重要的理论使命,我们不应忽视它的内在价值和分量。

  第三章考察了麦考密克前期的制度法理论,即以"作为制度性事实的法律"为核心的理论。该部分对规则意义上的制度法理论作了讨论,同时还比较了麦考密克的制度规则论和哈特的社会规则论,并在此基础上进一步讨论了创设规则的性质等问题。经由这样的比较研究,我们发现制度法理论一开始便向原则等价值概念开放,继而以内在观点为基础考察了麦考密克转向后实证主义时的一个关键依凭,即意愿性内在观点,这集中体现在意愿性内在观点相较于认知性内在观点的逻辑优先性地位中,规范性问题也由此涌现出来。也正是基于这种独特的规范性讨论,此时的制度法理论被理解为一种规范性法律实证主义,本章余下部分对这种理论定性给予了批判性的审视。

第四章考察了麦考密克后期的制度法理论，即以"作为制度性规范秩序的法律"为中心的理论。在此，我们将详尽考察经由规范、规范秩序以及规范秩序的制度化建立起来的另一种更具包容性的制度法理论，并着重揭示了制度化诸阶段所隐含的细微内容及其具有的社会学意味。此后，我们将在典型意义的法律实证主义观念指引下，反观此时的制度法理论的具体性质，包括强制性、事实性等内容，以及应特别值得注意的法律与道德的关系问题。研究表明，麦考密克在此经由规范秩序最终将法律和道德予以联结，并在"极端不法（不正义）不是法"的指引下将道德设计为法律的效力要素，在此基础上进一步将其理论界定为一种"后实证主义"。此外，本章还对制度性规范秩序的现实整合即宪制国等问题进行了讨论。

第五章着重考察了实践理性在制度法理论中所扮演的角色及其发挥的作用、后实证主义的理论性质以及麦考密克对自然法的基本态度等问题。法律和道德同属实践理性范畴且具有同构性，这使得麦考密克在法律和道德之间得以建立起稳固的纽带。实践理性是麦考密克制度法理论中直至后期理论资源中才获得明确阐述的一条"隐线"，诸如"制度性规范秩序"等问题也据此得到深层说明；在此，我们可以更清晰地觉察到诸如菲尼斯、阿列克西、康德和休谟等人的理论如何塑造了麦考密克的"实践理性"以及在何种方面影响和塑造后期制度法理论。此部分内容具体包括：通过"斯密式定言命令"来调和斯密与康德的努力以便为后实证主义乃至其整个制度法理论提供最根本的说明、后实证主义所包含的基本命题，以及它在何种意义上是实证主义又在何种意义上是非实证主义等内容。经由这一部分的讨论，我们基本完成对麦考密克制度法理论的考察。

最后是结语，该部分对全文线索作了回顾，并进一步捍卫了制度法理论。在制度或制度性的共同基础上，麦考密克制度法理论经由了从"事实"到"规范秩序"的演进，具有重要的价值；而如何在制度法理论、实践理性哲学与法律规范性问题间予以融贯展开则是接下来的理论任务。

是为序。

2024 年 4 月于渝北菁澜

目　录

引　论 　　1
  第一节　问题的提出 　　1
    一、为什么是制度法理论 　　2
    二、为什么是麦考密克 　　8
  第二节　国内外研究现状 　　11
    一、国内研究状况 　　12
    二、国外研究状况 　　16
  第三节　研究方法与逻辑结构 　　19
    一、研究方法 　　19
    二、逻辑结构 　　20

第一章　法律制度主义：新旧之别与异同之辨 　　22
  第一节　法律制度主义："旧"与"新" 　　23
    一、旧法律制度主义：以罗曼诺为例 　　23
    二、新旧之别：规范性视角 　　26
  第二节　制度法理论：魏因伯格与麦考密克之"同" 　　28
    一、制度性事实的本体论 　　29
    二、方法论多元主义 　　30
    三、实践理性及其局限 　　31
  第三节　制度法理论：魏因伯格与麦考密克之"异" 　　32
    一、整体风格的差异 　　33
    二、制度法理论层面的差异 　　34
  本章小结 　　44

第二章 "制度性事实"的法理重释　46

第一节 言语行为理论与制度性事实的缘起　47
　　一、奥斯汀论言语行为　49
　　二、塞尔论言语行为与制度性事实　52

第二节 制度性事实的内在差异　62
　　一、法学视野中的制度性事实　62
　　二、一个批判:"是"与"应当"　66

第三节 "制度"及其多样化使用　67

第四节 超越制度性事实(Ⅰ):规则与原则的融合　71
　　一、规则与原则:缘何融合?　71
　　二、规则与原则:如何融合?　72

第五节 超越制度性事实(Ⅱ):非正式言语行为与惯习　75
　　一、法律中的行为与非正式言语行为　75
　　二、非正式言语行为与惯习的性质　78

本章小结　81

第三章 作为制度性事实的法律:规则、内在观点与规范性　83

第一节 制度法理论语境下的规则理论　84
　　一、规则分类及其意义　85
　　二、规则与制度:一个悖论及其解决　88

第二节 规则与法律体系的结构:与哈特的比较　92
　　一、制度规则论与社会规则论　92
　　二、创设规则与承认规则　99

第三节 制度规则论中的价值问题　107
　　一、内在观点与诠释学观点　108
　　二、诠释学、法律知识与道德:前期制度法理论的基本趋向　116

第四节 规范性法律实证主义?对马默、沃尔德伦的回应　120
　　一、法律的去道德论　121

二、回应马默和沃尔德伦　　127
　本章小结　　133

第四章　作为制度性规范秩序的法律　　135
　第一节　规范秩序及其制度化　　136
　　一、何谓规范秩序　　137
　　二、规范秩序的制度化　　144
　第二节　制度性规范秩序与法律的基本性质　　149
　　一、制度化诸阶段：进一步考察　　150
　　二、制度性规范秩序视野下法律的基本性质　　155
　第三节　宪制国：制度性规范秩序的现实整合　　161
　本章小结　　166

第五章　实践理性与后实证主义转向　　169
　第一节　实践理性：贯穿制度法理论的一条隐线　　170
　　一、实践理性的缘起与发展　　171
　　二、实践理性的布局　　172
　第二节　麦考密克论"斯密式定言命令"　　175
　　一、人是规范使用者　　176
　　二、调和斯密与康德：斯密式定言命令之准备　　181
　　三、斯密式定言命令　　187
　　四、对斯密式定言命令的进一步考察　　190
　第三节　"后实证主义"的理论定性问题　　194
　　一、实证主义与麦考密克的实证主义　　194
　　二、后实证主义诸命题及其内在关联　　198
　　三、后实证主义能否成立（Ⅰ）：外围层面　　200
　　四、后实证主义能否成立（Ⅱ）：实质层面　　203
　第四节　麦考密克对"自然法"的态度　　208
　本章小结　　218

结　语	219
附录一　革新与传承：尼尔·麦考密克法概念中的流变与连贯	224
附录二　在制度法理论中探寻"法律是什么"	241
参考文献	259
后　记	271

引 论

第一节 问题的提出

在当代英美法哲学语境中,"制度性法律实证主义"①"包容性法律实证主义""排他性法律实证主义"一道构成自哈特以降的法律实证主义的三足鼎立局面,并据此成为审视英美法哲学世界的一个视窗;②然而,相较于后两者,制度性法律实证主义抑或制度法理论的相关

---

① "制度性法律实证主义"(Institutional Legal Positivism)这一提法在我国的接受度并不高,但在制度法理论的领域内却并不是一个陌生术语。实际上,如何框定诸如魏因伯格和麦考密克等人所从事的"制度法研究"的理论性质也并非一件易事。有学者以"新/旧制度主义"(Old or Neo-Institutionism)来进行说明(如 Massimo La Torre),有学者则将其称作"制度性法律实证主义"(Institutional Legal Positivism)(如 Ota Weinberger)。相关内容可以参见 Massimo La Torre, "Institutionalism Old and New", *Ratio Juris*, vol. 6, no. 2, 1993. Ota Weinberger, "Institutional Theory of Action and Its Significance for Jurisprudence," *Ratio Juris*, vol. 6, no. 2, 1993. 意欲准确掌握诸术语间的异同,则需要我们根据各个术语的具体语境和对象来确定。比如说,"制度性法律实证主义"所对应的是"包容性/排他性法律实证主义",而更深层次的问题意识则在于基于哈特理论对菲尼斯以及德沃金等人的回应;又比如说,"新/旧制度主义"则主要是基于其自身的理论传统而使用的,更多强调的是构成自身理论的诸内部异同要素。由于本书旨在考察麦考密克制度理论的内在逻辑,所以会更多地使用"制度法理论"这一概念;此外,如无特别说明,"制度法理论"皆是在新法律制度主义意义上使用的。

② 参见陈景辉:《独立的法律研究对象之确立》,载郑永流主编:《法哲学与法社会学论丛》(2004年卷·总第7期),中国政法大学出版社2004年版,第194—202页。

研究在国内仍有待深入:既缺少足够的理论投入又缺少代表性的成果,既缺少对其内部理论的异同甄别又缺少对其理论发展的创造性转化。① 如若这就是国内制度法理论研究的真实境况,那我们完全可以顺势追问一句:"何以至此?"其内在缘由是否像有学者所评价的那样,制度或制度话语本身只不过是一种"老生常谈",②抑或像苏力教授所说的那样是由于"法律人自身的问题"? 之所以首先就要提出这一问题,其理由其实相当简单:如果对该问题的回答主要是甚至完全是否定性的话,那就完全没有任何必要考察麦考密克意义上的制度法理论了。虽然全部的说明可能需要等我们穿行完"制度法"的整个理论丛林之后才能达致,但在开始正文写作之前仍有必要给出一些初步的理由和辩护,毕竟作为一种公共资源的法学研究不是、不能也不应该成为一种维特根斯坦所说的"私人语言"。研究必须是有意义的,不管其意义是理论层面的还是实践层面的。

一、为什么是制度法理论

制度法理论为什么是重要的,从而值得我们进行研究? 对此问题,至少可以从理论与实践两个维度来进行初步性的说明,前者指向制度法理论在理论史中的地位和贡献,后者则主要指该理论对中国法律、法学实践可能具有的借鉴意义。

(一)制度法理论的理论地位

对法学、社会学、语言学等学科而言,institution 或 institutional 等类似术语决然不会是陌生的,对于法理学而言尤其如此。事实上,我们在现实生活中所使用的"公""检""法"等称谓在很大程度上指的就是此处的 institution,即制度。此外,如果承认法律本身具有悠久历史的话,那么不消说,对制度的认知或对制度主义的观念肯定也同样具有久远的历史。单就"institution"一词而言,其源头便可追溯至拉丁语中的"*institutio*",这

---

① 与之不同,国外法学界已由此开发出诸多较具代表性的理论成果,比如说:Dick Ruiter, *Institutional Legal Facts: Legal Powers and Their Effects*, Dordrecht: Kluwer Academic Publishers, 1993. and his *Legal Institutions*, Dordrecht: Kluwer Academic Publishers, 2001. 以及 Massimo La Torre, *Law as Institution*, Heidelberg: Springer, 2010.

② See B. Tamanaha, *A General Jurisprudence of Law and Society*, Oxford: Oxford University Press, 2001, pp. 136-146.

一术语又出现在了历史上两本著名的法律教科书之目录中,即盖尤斯和优士丁尼的《法学阶梯》。① 当然,我们没有必要在此言必称希腊。实际上,初具规模的法律制度主义直至 19 世纪末才逐步兴起,且主要流行于意大利、法国、德国等地;在自此以降的百余年发展中,法律制度主义整体上呈现出新和旧的分别。就法律制度主义的新旧分别而言,直至新法律制度主义提出关于法律的新理论与新看法之前,我们对"制度"的理解实际上仍处于社会/法律秩序、组织机构以及功能等层面。实质性的推进仍待后来者的唤醒和推动。可以说,虽然我们对"制度"等类似概念及其观点似乎显得很"熟知",但"熟知"却不等于"真知"。诚如麦考密克所言,"在我们弄清'制度'和'制度事实'的概念以前,这个命题将一直是这样"。②

从纵向来看,制度法理论是法理论历史上关于法律本体论和认识论的一次重要的更新和推进。自约翰·奥斯丁通过"法的存在是一个问题。法的优劣,则是另一个问题"来区分"实际存在的法"和"应当存在的法"以来,③实证主义法学便逐步地将"法律与道德之间不存在概念上的必然联系"即"分离命题"奉为龟鉴;它率先着眼于法律与道德之间的分离,并由此不仅为"法律科学",也为"法学家的法学"争取到了一片自留地。然而,分离命题并没有明确回应法律的规范性问题,其中一个重要的方面便是"法律与事实是否可分"?汉斯·凯尔森敏锐地觉察到这一问题,并在由奥斯丁划定的法律实证主义基本论语下通过"排除事实"的方式对法律的规范性问题作了进一步回应。法律问题,不仅"作为一个科学问题,是社会技术问题,并不是一个道德问题",而且还"否定从规范命题推出道德命题以及从分离命题推出还原命题之可能,以免在法与事实之关系上重蹈传统理论在法与道德关系上的之覆辙"。④ 至此,法律实证主义的经典理论形态便得到基本确立。然而,自哈特《法律的概念》一书出版

---

① See Neil MacCormick, *Institutions of Law: An Essay in Legal Theory*, Oxford: Oxford University Press, 2007, pp. 12—14.
② Neil MacCormick & Ota Weinberger, *An Institutional Theory of Law: New Approaches to Legal Positivism*, Dordrecht: D. Reidel Publishing Company, 1986, p. 49.
③ [英]约翰·奥斯丁:《法理学的范围》,刘星译,北京大学出版社 2013 年版,第 229 页。
④ [奥]凯尔森:《纯粹法理论》,张书友译,中国法制出版社 2008 年版,英译者导言,第 16—32 页。

以来,关于"法律的性质"这一问题的讨论重新被置于讨论的核心位置,尤其是由"法律的性质"及其"后记"开放出来的"法概念"和"方法论"这两个基本朝向;前者关涉"法律的效力或法律的鉴别标准要不要依赖于道德",后者则涉及研究法理论的方法究竟是描述性的还是规范性的,或者说法理论是一种描述性理论还是一种规范性理论。应该说,由哈特开启并围绕这些问题展开的争论几乎触及和主导了英美法理学界自20世纪中下叶至今的整个讨论。在哈特看来,"何为法律"像语言本身一样并非一个属加种差的定义问题,而是要考虑到自身的多样化实践;法律的社会实践而非纯粹的理论才是解读法律的恰当路径,而对这类社会实践的理解则需要经由一种被称为"内在观点"的立场和方法来进行。也正是基于此,法律成为一种社会事实。

尽管哈特的作为社会事实的规则理论具有强大的说服力,但仍存在着内在的理论难题,尤其是"何为事实?"以及"何种事实?";不解决这一问题,哈特的理论便会始终不充分,同时也无法有效地回应来自德沃金等人的批判和挑战。针对此问题,制度法理论通过引入塞尔(John Searle)与安斯库姆(G. E. M. Anscombe)开放出来的"制度性事实"这一理论予以了回应;法律并非诸如树木花草之类的纯粹事实(brute fact)也并不只是任意的社会事实(social fact),而是一种"制度性事实"(institutional fact)。通过对制度性事实的理论说明,制度法理论不仅进一步明确了哈特所说的社会事实的理论性质从而将法律实证主义的本体论推向一个新的水平,同时也对德沃金对哈特理论的批判给予了强有力的回应;自此以后,德沃金的相关批判便逐步由"作为社会事实的规则理论"(法概念)转入到"描述性社会学是否可能"(方法论)层面。①

当然,这只不过是制度法理论之贡献的面向之一。它不仅通过重塑法律的本体论而发展出一套系统的法哲学理论,并在此基础上提升了人们对法律本体论的认知水平,更是在"实现规范主义的社会现实性发展"

---

① 德沃金的批判大体可分为两个面向或阶段;其一是规则无法识别原则以及事实性的承认规则无法证明"法律是一种行动的根据和理由",这基本上属于法概念层面的批判,它主要体现在《认真对待权利》的第二、第三章以及《原则问题》一书中;其二是"描述性社会学是否可能"的全方位批判,主要围绕"方法论"层面展开,尤其集中在《法律帝国》中以"建构性诠释"为基础的"整全法"理论之中。

的思路下提供了一份化解规范主义与反规范主义之争的理论方案;它不仅为"法律知识何以可能"给出了肯定性的回应和论证,更是经由实践理性将法律实证主义的研究范围拓展至更为广阔的领域;它不仅在理论上能够实现极大的包容性,同时也发展出了一种独特的法律推理理论从而为法律实践提供有益的参鉴。的确,制度法理论在很大程度上带有一种综合各派合理理论观点的融合色彩,但它却并未因此而坠入"轻率的折中主义"(facile eclecticism)的泥沼;① 而且,判断一种理论之优劣的标准并不在于它是否具有"折中"色彩,而在于它是否对社会现实具有强大的解释力,而制度法理论(尤其是麦考密克后期的制度法理论)则属于这种具有强大解释力的理论。实际上,不同理论之间的这种吸收和融合可能恰好代表和反映了"后哈特时代"法哲学的一种发展趋势,同时也更符合国人兼收并蓄、允执厥中的理论风格和品格。

  从横向来看,制度法理论是各派学说中更具理论说服力的一种理论,各式法律学说最终似乎都脱离不了"制度"这一基础和前提。在德沃金对哈特的规则理论尤其是承认规则无法识别原则的批判中,法律实证主义内部逐渐区分出两种理论立场,即包容性法律实证主义与排他性实证主义。包容性法律实证主义的回应思路是法律不必然包括道德,道德要经过特定的检验才能获得法律的效力和位格,如通过承认规则的检验;排他性法律实证主义则持一种强(strong)立场,认为法律在概念上必然不包括道德。二者间的差异就在于,"道德在承认规则中处于什么位置,即是把道德以某种不触及法律实证主义底线的方式安置进法律(承认规则)之中,还是从根本上把道德排除去"。② 它们都是法律实证主义内部的应对,而且回应的关键策略也主要采取偏形式化的进路。它们更多关注的是"承认规则能否识别道德"而较少对"承认规则"本身是什么进行追问,因而不免错失了一条极为有益的前进方向。制度法理论的回应便采取后一策略,从而能够在原汁原味的哈特法哲学基础上对诸如原则、道德以及实践理性等问题给予很好的回应。此外,制度法理论不仅由此

---

① Neil MacCormick, *Institutions of Law: An Essay in Legal Theory*, Oxford: Oxford University Press, 2007, pp. 302-303.

② 朱振:《法律的权威性:基于实践哲学的研究》,上海三联书店 2016 年版,第 173 页。

得以抵抗住来自德沃金等人的批判,更基于"法律和道德同属实践理性范畴"这一根本看法而将对法律范围的考察予以大大的扩展。在此基础上,它不仅能够说明道德在法律中的位置以及法律的规范性问题,而且也能对法律推理提供一个一致且融贯的理论学说,尤其是麦考密克后期以"制度性规范秩序"为核心的法概念能够对现代民主社会予以更好的说明。

应该说,在制度法理论的脉络发展以及在对制度法理论基本内容的考察中,我们不仅能够对当代英美法哲学的发展主题和内在理路予以更好地把握,还能够在这里发现通往其他理论学说的联结点。制度法理论似乎就像是当代英美法哲学的一个蓄水池,它吸纳了诸多合理有效的因素因此能够为法哲学的进一步发展提供极大的助益。如果初入英美法哲学的学习者感觉无从参与其中,制度法理论似乎是一个不错的入口。

(二)制度法理论的借鉴意义

制度法理论在法理学谱系中的理论地位获得肯定之后,我们还有必要进一步反观它所具有的参鉴意义——毕竟我们的问题意识的一个重要方面是源自"中国"这一特定语境并且要最终回到这一特定语境中去。普泛性的说明可能会错失中心,选择一个当前为国内法学界所热议的话题为例来进行说明可能会让人体会得更真切一些。

应该说,"制度话语"近些年来在国内正悄然兴起。其中既包括顶层维度的"制度自信",也包括中层维度的"地方法制";既包括实践中的制度践行,也包括理论中的制度研究。制度,愈加成为审视理论与实践的一扇窗户。在法学领域,这一情势显得更为明显,因为法律制度本身就被视作是与经济制度、政治制度等诸多具体制度实例相并列的一种。然而,在笔者看来,中国法学界对"何为制度"这一基础性的理论问题仍存在一定程度上的认知缺陷;而且笔者还进一步认为,正是这种不足,既有理论总是显得不够充分,即解释力有限。实际上,以苏力教授为代表的社科法学学者已经对制度问题作了许多有益的探索;[①]他认为,制度就是"在给定社会条件下,针对共同体或组织机构的某一常规性问题而实际采取的功

---

① 苏力:《大国宪制:历史中国的制度构成》,北京大学出版社2018年版。

能性应对措施之集合"。① 基于功能视角对法律制度以及制度本身进行社会学解释,这一理论实际上并不新鲜,考虑到整个法律制度主义的新近发展便更是如此。进一步的问题在于,诸如此类的理论研究还面临着难以克服的内在困境,尤其是无力回应规范性及其规范性基础等问题,这会使得(比如说)关于地方法制等问题的相关讨论面临失败的风险,②从而也使得关于制度的经验社会学研究所具有的说服力变得可疑。当然,本书并不像有学者所认为的那样,作为一种仅看重于行为经验性分析维度的法律社会学没有参与讨论法律规范性问题的"资格"③,而是认为,以苏力教授为代表的研究进路在解释作为一种制度性规范秩序的法律或法律制度时必定是不充分的,从而是有缺陷的。

与之相对,经由从制度性事实到制度性规范秩序之发展的制度法理论或许能够为制度以及法律制度问题提供有益的参照和借鉴。就整个制度法理论而言,其内部存在新/旧法律制度主义的区别,而当前国内学界通行的关于制度或法律制度的解说在很大程度上都隶属于"旧法律制度主义"阵营;它忽略了新法律制度主义对旧法律制度主义的更新和发展。这就是说,旧法律制度主义事实上就是一种基于社会学视角而进行的法律制度研究,与基于功能视角对制度进行的解释之间并不存在根本性的差异,区别在于后者所使用的功能理论是一种更为精细的理论学说。与之相比,新法律制度主义在此基础上提出了一种不仅能够包容社会学意义上的制度法理论,而且还能有效解决规范性责难的新理论。并且在笔者看来,这种解决思路是成功的,继而新制度法理论是当前较具说服力的理论,也因此能够为我们提供有益的借鉴。

当然,如若制度法理论所能提供的助益仅仅在于解决规范性问题,那其意义仍显得比较有限。实际上,制度法理论决然不仅只是对旧法律制

---

① 苏力:《何为制度?因何发生(或未发生)?——从开伯尔山口看长城》,载《比较法研究》2018年第6期,第9页。
② 《中国法律评论》2019年第3期专题讨论了地方法制的规范性问题,不少学者对此提出质疑甚至是否定。相关内容,可以参见陈景辉:《地方法制的概念有规范性基础吗》,载《中国法律评论》2019年第3期;雷磊:《"地方法制"能够成为规范性概念吗》,载《中国法律评论》2019年第3期。
③ 陈景辉:《法律的界限:实证主义命题群之展开》,中国政法大学出版社2007年版,第5—6页。

度主义的一次更新;相反,它是以制度性事实和制度性规范秩序为核心命题而展开的涵括甚广、解释力极强的理论形态。其内容不仅可以直接用于解释"法律是什么""法律应当是什么"等关于法律本质的理论追问,而且还可以间接适用于解释作为实践理性领域之一的法律推理等实践领域;①不仅可以向上发散至对实践理性之本性的讨论,还可以向下延伸到对诸如合同等具体法律制度的完善解读。而无论是国内还是国外抑或理论界还是实务界,诸如此类的内容在当前无疑都是极为重要的,这会进一步强化展开制度法理论研究的说服力。当然,本书并不意在直接处理诸如此类的问题,而是试图通过对法律制度主义内在逻辑的考察为其提供一个更为明确的参照,并为在此基础上实现进一步的创造性转换而清理地基。

二、为什么是麦考密克

"为什么是麦考密克意义上的制度法理论"这一问题同样也可以通过两方面的理由来进行说明:其一是将麦考密克放置在哈特理论一脉的语境中来进行考察;其二是将麦考密克放置在制度法理论的语境中即主要是在与魏因伯格(Ota Weinberger)相比较的意义上来进行考察。

就现代英美法哲学领域的代表人物而言,首屈一指的无疑是诸如奥斯丁、哈特、凯尔森、富勒、拉兹、菲尼斯、德沃金等人,尤其是后三位理论家几乎主导了20世纪末至今的整个英美法哲学话语权;因而,很少有人会将麦考密克与拉兹、德沃金、菲尼斯等人相提并论,对此似乎也不会感到有任何的不适。但这是否就意味着,麦考密克本身只不过是一个二流法学家,其法哲学也必定是次要的甚至是无关痛痒的? 对此论断,我们必须予以警惕。而且,在尚未真正进入其法哲学体系并一探究竟之前,我们必须毫不犹豫地对这种态度予以拒绝。理论光环本身是无法说明问题

---

① 基本说明,可以参见 Neil MacCormick, *Rhetoric and the Rule of Law:A Theory of Legal Reasoning*, Oxford:Oxford University Press,2005,pp.1-7。此外,余涛对基于制度法理论语境下的法律推理进行了研究,但他实际上并没有阐明制度法理论和法律推理之间的内在逻辑是什么以及具体联结点在哪里,从而会使得制度法理论语境对于其对法律推理的说明可有可无,甚至是随意的。相关内容,可以参见余涛:《后实证主义语境下的法概念研究:以尼尔·麦考密克的法律制度理论为基点》,法律出版社2019年版,第197—269页。

的,重点在于理论本身是否具有足够的解释力以及这种理论是否有助于理论本身的更新,是否有助于提升我们对实践本身的理解。

哈特对当代法哲学的贡献似乎怎么夸大都不为过;但就其理论本身而言,哈特本人对早先所持有和主张的一些观点、立场和方法实际上存在德沃金所说的"心意转变"(a change of heart)①(在"后记"之中或许会显露得更为明显)。在哈特之后,法律实证主义的理论旗手虽然移交到约瑟夫·拉兹的手中,但拉兹实际上却并非遵从哈特的理论研究方案,诸如拉兹之类的理论家实际上处于前哈特阶段;而哈特的其他弟子如菲尼斯和德沃金等人的理论主张和观点则与哈特理论之间存在性质上的差异,因而更多地具有针锋相对的特点,德沃金尤其如此。虽然麦考密克并非哈特学生也和他不存在持续的私人关系,更不是哈特康沃尔(Cornwall)乡间别墅的成员,但就理论本身之秉性而言,我们仍有理由将麦考密克视作是哈特理论最忠实的继承者。② 实际上,麦考密克不仅坚持了哈特法哲学的基本品格,即便是在哈特对其理论存在"心意转变"之后仍在予以坚持。其根本原因在于,在麦考密克看来,"哈特在《法律的概念》中的学说就其自身而言是极为有益的,但需要以某种方式再度发扬光大"。③ 麦考密克的法哲学正是哈特理论淋漓尽致的展现和深入推进;通过麦考密克,我们似乎可以更好地重新理解哈特、重新理解整个英美法哲学的基本逻辑。

当然,如若麦考密克的法哲学仅仅只是囿于哈特法哲学所划定的基本论域,那此处所进行的二阶研究之意义无疑会受到很大的质疑——尽管麦考密克对哈特理论的发展是独特的。实际上,人们之所以显得不太那么重视麦考密克及其理论,一个重要的原因就在于其法哲学综合了很多同时代其他理论家的理论要素,因而自身原创性的内容及其理论贡献

---

① Ronald Dworkin,"Hart and the Concepts of Law," *Harvard Law Review Forum*, vol. 119,2006,p. 102.

② 这一看法在托雷教授那里获得了印证,请参见 Massimo La Torre., "Reform and Tradition:Changes and Continuities in Neil MacCormick's Concept of Law," in Agustín José Menéndez & John Erik Fossum, eds., *Law and Democracy in Neil MacCormick's Legal and Political Theory:The Post-Sovereign Constellation*, Heidelberg:Springer,2011,p. 58。

③ Neil MacCormick., "Commentary," in R. Gavison, eds., *Issues in Contemporary Jurisprudence:The Influence of H. L. A. Hart*, Oxford:Clarendon Press,1987,p. 105.

不免就会受到质疑。① 然而，实际情形可能并非如此。在接下来的内容中，我们会相继看到诸如"制度性事实""意愿性内在观点""解释性定义""解释性—分析性方法""制度性规范秩序""斯密式定言命令"等一系列理论，这些理论以及对这些理论的再次阐释或许有助于我们重新客观地认知制度法理论。

此外，就制度法的理论阵营尤其是主要代表者而言，关注麦考密克意义上的制度法理论并不意味着魏因伯格对制度法理论的贡献不足或较少。其内在缘由在于，魏因伯格的制度法理论带有更强烈的形式逻辑色彩即形式分析，其理论底色更偏向于凯尔森的"纯粹法理论"，从而对现实的法律实践并未予以直接性的关注和说明，②从而不太像麦考密克的制度法理论那样更接地气和生动。诚然，这种说明似乎很难算作一个"理由"，从而不具有足够的说服力。毋宁是，与其说选择了麦考密克意义上的制度法理论，不如说我们的问题意识以及相关的阅读视界一开始便源自和集中在英美法哲学。它潜在的意思是，英美法哲学仍强势地引领着当代的一般法理学研究，而麦考密克意义上的制度法理论正是生根于该土壤之中，且在此获得了进一步发展。当然，麦考密克和魏因伯格之间在制度法理论层面的确是存在差异的，这是本书第一章旨在考察的内容，而对这一内容的考察在某种程度上可以被看作此处理由的一个补强。③

---

① 很多人可能会认为麦考密克的法哲学不具备太多的原创性，比如说，李锦辉博士便认为其理论"不具有太多的原创性"。(参见李锦辉:《从排队秩序到宪法秩序——麦考密克的制度法律理论核心命题》，载《北方法学》2012年第2期，第97页)本书认为这一判断是极具误导性的。"原创性"的确是我们权衡和判断理论家是否值得进行深入了解的重要标准，但"原创"并不是全部，理论本身的"融贯性"以及理论对实践的指引意义有时候可能会显得更为重要。

② 颜厥安:《规范、论证与行动:法认识论论文集》，台北:元照出版公司2004年版，第257页。

③ 魏因伯格意义上的制度法理论之所以被忽视，其原因或许在于:其一，魏因伯格的制度法理论及其所使用的概念系统并不严格遵从"制度性事实"思路，他使用的是诸如"思想—客体""以人为条件的事实"等更为宽泛且来源不甚明确的概念;其二，魏因伯格主要以德文写作，而作为法律实证主义新发展的制度法理论的影响力却主要集中在英美法学界;其三，魏因伯格带有强烈的规范逻辑特点，而且其著作几乎没有在汉语世界中得到译介。

第二节　国内外研究现状

理解麦考密克的法哲学有必要从"理论"与"实践"两个维度进行,后者与他从事和关心法律实践尤其是出任欧盟议会的苏格兰代表有关,前者大致又可分为如下四个方面:元法律理论、法律理论、法律推理理论、与法律相关的其他关联主题内容。元法律理论涉及法律知识是否可能以及实践理性是否可能等内容的讨论,尤以"作为制度性事实的法律"为重,具体牵扯到法律性质问题、规则与制度的内部结构、法律与道德、法律与事实等内容,其问题意识源起于协调规范主义与反规范主义之争并试图据此"提供一个健全的本体论和认识论基础"的理论抱负,以及后期为解决法律和道德问题而产生的对实践理性的追问;法律理论尤其涉及"作为制度性规范秩序的法律"这种对法律的解说,内容从对法律的解释性定义到宪法理论、法律多元主义、权利学说等广泛领域;法律推理理论源自对哈特学说的拓展和补救并由此发展出以制度法理论和实践理性学说为基础的一般法律推理理论;与法律相关的其他主题内容则涉及诸如欧盟议会以及社会民主等内容。"理论"维度中,前三个方面内容的关系在于,制度法理论尤其是前期哲学层面的"作为制度性事实的法律"是衔接元理论层面的"实践理性"和法律层面的"制度性规范秩序"的桥梁,而法律推理则可以被视作制度法理论在法律实践尤其是司法裁判领域中的具体演练。① 上述内容在国内外都已或多或少地被涉及,下面将进行具体阐述。

---

① 麦考密克曾对自己的法律和政治研究主题做过简要回顾,主要涉及以下主题,分别是:法律秩序的规范特征;法律秩序的制度性;国家法在社会整合中发挥的核心而非排他的作用;法律与道德间的关系;法律的系统性和综合性面向;实践推理中理性与动机之间的关系。See Neil MacCormick, "MacCormick on MacCormick", in Agustín José Menéndez & John Erik Fossum, eds., *Law and Democracy in Neil MacCormick's Legal and Political Theory: The Post-Sovereign Constellation*, Heidelberg: Springer, 2011, pp. 17-24.

一、国内研究状况

国内制度法理论研究始于20世纪90年代,①迄今为止的相关研究已有很大推进,但基础部分内容仍有不足。现有研究大致可分为以下几种类型:(1)以"学派"为视角对"制度法学"的理论重述。其中,既有从认识论、方法论、本体论视角考察制度法理论"超越法律实证主义和自然法"的理论性质的;②也有不区分麦考密克和魏因伯格求"同"不求异的总体性概述;③亦有集中关注麦考密克意义上的"制度实证主义法学"的。④(2)"基本概念"的介绍、评述和比较。比如说,比较韦伯和麦考密克在"合理性"概念上的异同;⑤此外,亦涉及"法律制度""融贯性"等概念。"合理性"是麦考密克理论中的一个重要概念,它既与法律推理中的实践理性相勾连,同时也与制度法理论中的道德问题相关,同时还涉及对菲尼斯意义上的"实践合理性"的吸收;中国学者首先便将其作为考察对象,反映了起点之高。(3)对相关著述的书评。其关注重点在于麦考密克前期著作,尤其是对国内学者影响较大的《制度法论》《法律推理与法律理论》。⑥ (4)从"法律方法"角度对麦考密克法律推理理论的征引、运用和比较。其内部又可进一步分为以下几种,如演绎推理与二阶证立,一

---

① 刘同苏:《制度法理学述评》,载《法学研究》1991年第2期。
② 张文显:《二十世纪西方法哲学思潮研究》,法律出版社2006年版,第240—267页。
③ 李桂林、徐爱国:《分析实证主义法学》,武汉大学出版社2000年版,第316—367页。
④ 沈宗灵:《现代西方法理学》,中国政法大学出版社1992年版,第175—191页。
⑤ 严存生:《法之合理性问题——麦考密克与韦伯之比较》,载《法律科学(西北政法学院学报)》1995年第4期。
⑥ 其中,有学者对麦考密克著作进行了一维性但却相对狭隘的解读,从而未能将麦考密克的基本问题意识,尤其是法律推理的性质与法律理论之间的关系相联系,最终不恰当地将其理论定性为"后果主义"或"实用主义"。[参见陈虎:《实用主义审判:一种结果导向的判决理论——读麦考密克〈法律推理与法律理论〉》,载张海燕主编:《山东大学法律评论》(第四辑),山东大学出版社2007年版]当然,亦有学者从理论争议的背景出发对其著作进行结构性的说明,为后来者提供了相对清晰的指引,但在很大程度上并未能对麦考密克的解决方案进行独立性的考察和反思(参见褚国建:《疑难案件与法律推理——麦考密克之〈法律推理与法律理论〉评析》,载《清华法治论衡》2009年第2期)。它们未能真正触及麦考密克法律理论的基础理论部分,虽然也有学者从"法律事实的定位"的当下问题意识出发来进行解读,但却没有开放出有意义的理论指引。相比于前期著作的介绍,麦考密克其他著作尤其是后期的系统著作仍未真正进入研究者的视野之中。

致性与融贯性,后果主义考量,可废止性法律与法治,法律解释,司法裁判,法律与修辞等。①

在既有研究中,李锦辉博士和余涛博士在制度法理论研究中投入了许多工作。李锦辉博士紧扣制度法理论所自述的"实现规范主义的社会现实性发展"②这一理论目标,并以"制度法律理论试图解决的核心问题之一就是凯尔森的规范性来源问题"③这一问题意识为着眼点,考察了"法律秩序何以可能"、法律的惯习基础,④制度法论与自然法理论乃至与法律现实主义之间的关系等问题。然而,它不仅过于迷信这一理论目标而且还对其给予了比较狭隘的解读,同时还在很大程度上混淆了"制度法理论"和"麦考密克意义上的制度法理论"这两个不同对象;更重要的是,它似乎不经反思地将"惯习"视作制度法理论抑或麦考密克意义上的制度法理论的"核心命题"。如若麦考密克的制度法理论本质上只不过是一种"惯习"理论抑或"制度法律理论的核心部分就是一种对哈特的承认规则理论的阐释"⑤的话,那麦考密克似乎就与哈耶克之流不存在本质区别了,制度法本身的特质也会被掩盖;此外,如若将"集体意向性"视为"惯习"继而也就是法律的本质和核心,那我们似乎会与麦考密克制度法理论的核心要义失之交臂。麦考密克的确重视"惯习",但它是否具有基础的理论地位却是值得商榷的。诸如此类的问题促使我们更细致地对待麦考密克的制度法理论,而不是满足于表层的解读;在后面的章节中,笔者会以一种更为融贯的方式来对其进行揭示,从而阐明既有看法在何种意义上是不恰当的。

---

① 其不足之处在于,它们更多地将麦考密克的某种观点或某些著述作为具有说服力的"佐证",并没有将法律推理的一般结构及其性质与"法律理论"之间的内在关系结合起来进行考察;这会使得关于麦考密克法律推理方面的研究基础极为不牢固,更不明晰他这样或那样主张的根据和理由。

② Neil MacCormick & Ota Weinberger, *An Institutional Theory of Law: New Approaches to Legal Positivism*, Dordrecht: D. Reidel Publishing Company, 1986, p. 6.

③ 李锦辉:《规范与认同:制度法理论研究》,山东人民出版社2011年版,第65页。

④ 此处的"惯习"亦即"Convention",也就是中文世界通常所说的习惯,亦有学者将其译作"成规"或"惯例"(如[美]大卫·刘易斯:《惯例:一项哲学层面的研究》,方钦译,上海财经大学出版社2021年版)。如无特别说明,本书都将其译为"惯习"。

⑤ 李锦辉:《规范与认同:制度法理论研究》,山东人民出版社2011年版,第105页。

余涛博士关注的是"后实证主义"语境下的"法概念"问题,更准确地说,它是在麦考密克制度法理论"从法律实证主义到后实证主义"的发展脉络中来把握"法概念"问题。据其自述,①它旨在探讨以下内容:"制度性事实"阶段亦即实证主义阶段的法概念问题(第三章);"制度性规范性秩序"阶段亦即后实证主义阶段的法概念问题,及其与前期理论间的比较(第四章);规范性问题(较为分散但主要集中在第四章第三节);以及实践应用问题(第五章)。除这三章以及"导言"和"结论"外,还有第一章对所涉内容的常识性铺叙,以及第二章根据"问题先行"而提出的一个能够起统领性的"诠释学"的方法论依凭。通过对麦考密克制度法理论的脉络考察并结合"法律是什么"这一核心关切,文章结构得以基本构建。在此结构之下,他认为,麦考密克前期理论中的"作为制度性事实的法律"与后期理论中的"作为制度性规范秩序的法律"都是一种"解释性定义";解释性定义的优点不仅在于能够保持一种开放包容的姿态从而广泛吸收哈特、菲尼斯以及德沃金乃至富勒等人的理论要素,而且还不至于陷入"庸俗折中主义"的泥潭;而且也正是由于"解释性定义"的性质,麦考密克才得以对相关法律问题作出相应的回应,比如说,法律的规范性基础可以溯至"关于规则的习惯"抑或作者所说的"惯习性规范的解释性理解"(第144页);又比如说,能够在哈特规则理论的基础上引入作为规则和价值观念之汇合的"原则"等内容;②当然,这一概念包含着更为丰富的内容,其中所涉及的内容也无疑也在麦考密克的制度法理论中发挥着至关重要的作用。经由对麦考密克制度法理论中两个"解释性定义"的理论考察,余涛博士得出的结论是,在规范性的意义上,"我们需要把法律理解

---

① "本书的主要关注点,正是以麦考密克法律制度理论对作为制度事实的法与作为制度性规范秩序的法两种论断的不同考量为主题,探讨后实证主义语境下的法概念。试图从麦考密克理论原初的论点出发,在其理论前后期的异同与发展的对比中,结合不同学者对其理论的认可、批判以及对他所关注问题的讨论,考察'法律是什么'问题在后实证主义语境中的回答,以及在此概念下对法律规范性问题的可能解决方案,也试图分析法律制度理论在此问题上的理论贡献、存在的问题以及本人对该问题的发展。"参见余涛:《后实证主义语境下的法概念研究:以尼尔·麦考密克的法律制度理论为基点》,法律出版社 2019 年版,第 271 页。本节下引原文,皆以括号内页码的形式在文中标出。

② Neil MacCormick & Ota Weinberger, *An Institutional Theory of Law*: *New Approaches to Legal Positivism*, Dordrecht: D. Reidel Publishing Company, 1986, p. 73.

为社会实践习惯而非抽象的一系列的规则"(第 273 页);而在解释性定义之下的法概念认知又必定是一种"流动性和开放性认识"(第 275 页)。这符合麦考密克理论的原义,而且对现实的法律实践活动也具有重要的启示意义。

与李锦辉博士的解读不同,余涛博士更为明确地触及了麦考密克后期的制度法理论,即明确触及并初步处理了"后实证主义"问题,但也存在诸多不足。就结构而言,其具体铺陈是由理论的内在逻辑所决定的,因为要回答"后实证主义"语境下的法概念就必须返回至"实证主义"处开始考察,而由于麦考密克制度法理论的本体论基础在于"制度性事实",所以考察之起点便又必要进一步地延伸至对哲学语境中的"制度性事实"概念的考察。但第二章的处理却打破了这种思路,而是将"诠释学方法""缝隙问题"以及规则与习惯等内容予以前置。其好处在于为全书提供方法论根据且由"问题导入"从而避免了对制度法理论的简单复述;其不足在于,在未对制度性事实的理论内容作铺垫时我们实际上无法切入麦考密克制度规则论与哈特社会规则论的比较层面(实际上,此时已经直接进入到制度法理论的修订和过渡阶段),诠释学方法、缝隙问题以及习惯等内容从而也就无法提出。这似乎就意味着,上述考量似乎还无法撼动制度法理论的内在逻辑。当然,这并非问题的关键,更需予以关注的是其中所涉及的"内容"。本书认同余涛博士阐述的基本内容,但其对诸如"制度性事实"以及麦考密克的制度法理论如何实现"从实证主义到后实证主义"转换等内容的考察仍显得十分薄弱;而如若不明晰这一过程,我们就无法定位"后实证主义"的理论性质,这促使我们进一步考察"法律与道德""实践理性""道德自主"等内容,这是其完全缺失了的,但却是必不可少的内容。

总体而言,相关研究已逐步趋于"全面"但"纵深"面向仍显不足,更多的是理论概述从而缺乏比较性研究与重构性研究。比如说,以学派为视角的制度法论研究,无法辨别麦考密克与魏因伯格二者在制度法论理论层面的异同(尤其是差异点),这些差异即便在《制度法论》一书中也已体现出来并得到各自的肯认,而且西方学者在进行论述时也更多地是分开予以阐述。除此之外,文献单一,视野局限,即仅靠《法律推理与法律理论》和《制度法论》两本译著,且几乎很少涉及四卷本的 Law、State and Practical Reason。实际上,麦考密克的法哲学理论早已不再停留在制度性法律实证主义层面,而是进入了后实证主义(post-positivism)的阶段,这一"转向"的内在逻辑值得我们关注。与之相比,国外对麦考密克的法哲学则有许多深入的讨论和研究。

二、国外研究状况

自 1973 年发表《法律作为制度性事实》(Law as Institutional Fact)的教授就职演讲以来,麦考密克作为学术新秀便日益受到法学家关注,1978年发表的《法律推理与法律理论》更是令其名声大噪;直至 2008 年出版《法律与道德中的实践理性》一书,他已成为现代西方法理学阵营中不容忽视的法学家。国外学界对麦考密克的关注一开始便与国内不同,它典型地涉及以下两方面的内容:如何看待制度法理论在西方法律思想史中的位置,以及这种理论所具有的现实解释力。具体而言,国外研究大致可类型化以下三种:

(1)从"思想关系"角度考察麦考密克的法哲学。罗伯特·萨默斯(Robert S. Summers)是麦考密克的好友,二人一起编辑出版了多部研讨文集;他对麦考密克与哈特之间的理论关系作过许多有益的说明,[1]但囿于他对富勒自然法理论的推崇使得相关论述更显批判性。[2] 可以明确的是,在麦考密克理论渊源的谱系中,诸如塞尔、安斯库姆、哈特、凯尔森、德沃金、菲尼斯等人都是最为经常提及的,但其间所涉及的理论关系的具体内容却鲜有人能予以明确的澄清和说明。

(2)以"制度法理论"为中心的批判性研究与建构。其中,又分为不同的面向。比如说,有的学者试图以麦考密克的制度法理论为本体论来建构新的更显社会化、组织化的法律制度理论,[3]它对制度法理论本身并

---

[1] Robert S. Summers, "Professor MacCormick on H. L. A. Hart's Legal Theory", *American Journal of Comparative Law*, vol. 31, no. 3, 1983.
[2] [美]罗伯特·萨默斯:《大师学述:富勒》,马驰译,法律出版社 2010 年版。
[3] P. A. Morton, "An Institutional Theory of Law," *Holdsworth Law Review*, vol. 13, no. 2, 1988.

无多大批判；亦有人试图通过制度法理论来对特定国家的法律制度进行重述。① 此外，由于"制度""制度理论""法律制度主义"实际上可以往前追溯到早期的制度法律论，尤其是 20 世纪初以 Maurice Hauriou 和 Santi Romano 为主要倡导者的那种理论，有学者据此论证说，由麦考密克和魏因伯格发展的"新"的法律制度主义与"旧"的理论相比并没有明显的优势，相反，会陷入一个"恶性的循环论证"即制度是规范有效性的来源，而离开了规范的制度又是不可能的。② 这一批判貌似是成立的，且具有重要的理论意义。

（3）方法论层面的审视，尤其是"后实证主义"问题。根据麦考密克一贯性的论述，德怀尔（Deirde Dwyer）重提了制度法理论中的方法论问题，即一种解释性—分析性的方法路径（an interpretive - analytical approach）是否可能？这种解释性—分析性的法学方法在麦考密克最初的《法律推理与法律理论》以及晚年的《法律制度：对法律理论的一种解说》《修辞与法治：一种法律推理理论》等著作中都得到了运用，但遗憾的是，他对其中的"解释性"方面的相关论述却始终含糊其辞。一方面，它与德沃金的诠释学方法（interpretative method）存在紧密关联——虽然存在用词上的差异，同时由于存在对菲尼斯实践理论的征引使得"解释性"面向又打上了菲尼斯基本善的浓厚色彩；另一方面，它又与哈特所主张的那种进行价值中立的描述存在关联，从而便具有了"分析性"。这一问题之所以重要，原因在于，方法论问题的进一步展开会涉及对制度法理论是否成功地解决了其面对的基本问题的理论评价，以及对制度法理论的性质认定问题。德怀尔认为，麦考密克方法论的解释性面向实际上建立在对德沃金与菲尼斯二者共同的基础之上；对于标榜继承和发展哈特理论的麦考密克而言，其中的深意值得进一步审视。虽然通过对"分析性"尤其是语言分析的坚持，麦考密克坚持了哈特和凯尔森的基本方法，但进一步的实质性问题是分析性的与解释性的二者之间如何融合？其结论在于

---

① Bibi Sangha & Robert Moles, "MacCormick's Theory of Law: Miscarriages of Justice and the Statutory Basis for Appeals in Australian Criminal Cases", *University of New South Wales Law Journal*, vol. 37, no. 1, 2014.

② Massimo La Torre, "Institutionalism Old and New", *Ratio Juris*, vol. 6, no. 2, 1993.

认为"以'内在方面'为基础的分析性方法与建立在'共同善'之上的解释性方法无法充分耦合"。① 我们似乎只能在两种甚为不同的理论之间进行选择？由此，"制度法理论是否可能"便成为一个亟待解决的问题，它不仅会间接地影响到前期制度法理论"提供一种本体论和方法论"的理论承诺，更会影响到后期制度法理论尤其是后实证主义能否成立的问题。卡伦(Karen Petroski)对此问题给出了否定性的回应，她从实证主义与后实证主义的基本界定入手考察了麦考密克寻求转向后实证主义法理论的缘由、必然性以及条件等问题，并最终认为既有的实证主义理论能够容纳批评，后实证主义法律理论是"堂吉诃德式的，从而是不必要的"。② 当然，亦有学者指出其诸多误解之处，继而捍卫了"后实证主义"。③ "后实证主义是否可能"是麦考密克晚年无法回避的一个问题，这实际上也是研究麦考密克法哲学无法回避的一个问题。应该说，包括后实证主义在内的、集中于"制度性规范秩序"的讨论已在国外逐步铺展开来，涉及麦考密克制度法理论尤其是后期制度法理论的诸多方面，且讨论已有较大进展。④

总体而言，国外文献对麦考密克法哲学尤其是制度法理论的研究更具基础性、针对性、批判性；但就本书考察对象即麦考密克制度法理论的内在逻辑而言，上述研究(无论是国内还是国外)都显得过于碎片化。即便有较为系统性的考察，但也存在诸多不足，要么是与麦考密克的理论逻辑出入较大，要么是无法充分展现其中的基础性内容及其理论演变的内在根源，更无法兼顾麦考密克与诸多其他同时期理论家之间的理论关联。这意味着，"麦考密克制度法理论的内在逻辑"不可能仅仅关注麦考密克法哲学自身系统的逻辑，它同时还涉及这一系统与其他理论系统之间的

---

① Deirde Dwyer, "Beyond Kelsen and Hart: MacCormick's Institutions of Law", *Modern Law Review*, vol. 71, no. 5, 2008.

② Karen Petroski, "Is Post-Positivism Possible", *German Law Journal*, vol. 12, no. 2, 2011.

③ Thomas Bustamante, "Comment on Petroski: On MacCormick's Post-Positivism," *German Law Journal*, vol. 12, no. 2, 2011.

④ See Maksymilian Del Mar & Zonon Bankowski, eds., *Law as Institutional Normative Order*, Burlington: Ashgate Publishing Company, 2009. and Agustín José Menéndez & John Erik Fossum, eds., *Law and Democracy in Neil MacCormick's Legal and Political Theory*, Heidelberg: Springer, 2011. Also see Neil Walker, eds., *MacCormick's Scotland*, Edinburgh: Edinburgh University Press, 2012.

关联问题,而这一点正是本书试图达致的一个重要方面。

第三节 研究方法与逻辑结构

一、研究方法

本书属于基础理论研究,着重挖掘和论述麦考密克法哲学理论中潜在的但研究不充分的理论资源,具有重要的理论价值;与此同时,本书研究并未脱离现实,而是在法理论性质的关照下,为司法实践提供力所能及的助益。当然,本书并不试图不加区分地对制度法理论进行一般性的总体概览,而是选择麦考密克意义上的制度法论为研究对象,并由此切入到麦考密克制度法理论的内部及其发展的内在脉络,希冀通过这一策略来推进学界对制度法理论的认知。具体而言,本书侧重以下3种研究方法:

1. 比较研究。麦考密克的法哲学无疑具有内在的融贯性,但对其进行解读却无法脱离同时代及其早前的相关理论。比如说,在第一章中,我们不仅会对新旧法律制度主义进行比较,而且还会对魏因伯格和麦考密克之间的制度法理论进行比较;此外,在后面章节中,我们还会间或涉及麦考密克与哈特、凯尔森、阿列克西、菲尼斯、德沃金、拉兹等人之间的理论比较。通过这样的比较研究,我们不仅可以更好地理解麦考密克理论自身的内容,还可以对其理论在现代法哲学语境中予以更好的定位和把握。

2. 文本解读。通过精读麦考密克的原文著述,爬梳其理论研究的整体演进与细枝末节,试图最真实地还原、展现和揭示制度法理论的基本内容,乃至其中所涉及的诸多矛盾之处;力求每一观点都持之有据,每一判断都有原始文献支撑。

3. 理论重构。本书并非经典解读,而是展现其理论的内在逻辑,因此存在一定程度的理论重构。这意味着,在展现麦考密克制度法理论的原初面貌之时,我们还必须对其中所涉及的"矛盾之处"予以融贯性的解读,并考察它与整个理论之间的内在关系,并在此基础上反观麦考密克制度法理论整个逻辑是否成立等问题。

二、逻辑结构

本书遵从"内"与"外"两个视角。前一个视角集中关注麦考密克制度法理论自身的内容和逻辑，它注重理论自身的一致性和融贯性；后一个视角集中与其他法律理论之间的关系，强调在一定基础上的比较。

我们将由通过考察较为宏观的"法律制度主义"来切入麦考密克制度法理论的内在逻辑。这一考察是必要的，这不仅是因为魏因伯格和麦考密克二者在制度法理论层面的异同在国内法学界被基本忽略，从而有必要弥补这一部分的知识；同时还在于，后期麦考密克面临着退回到"旧法律制度主义"的责难，因而必须首先对其进行了解和铺陈。在这一部分中，经由考察魏因伯格和麦考密克二者在制度法理论层面的异同，我们会得出四点基本结论，这部分得出的基础结论总体性地划定了后面章节的结构，即从"实证主义"到"后实证主义"的演变逻辑，亦即麦考密克制度法理论从前期到后期的转向。

前期理论集中在"作为制度性事实的法律"这一法概念命题中，因而，何为制度性事实、麦考密克如何理解制度性事实以及制度性事实在"制度法理论"中的位置就会变得尤为关键。通过对"制度性事实"这一概念进行溯源式的爬梳和分析，来反思它与制度法论的哲学基础或更准确地说麦考密克法哲学的基础概念的内在关联与差异，我们可能会得出一种既不同于塞尔或哲学意义上，亦不同于大多数法理学者对制度性事实的一种新的解读。这会使得麦考密克的制度性事实通往"非正式言语行为"即通往"惯习"。如果认为"制度性事实"或"制度性"概念在其思想中具有基础性作用的话，那么，详细分析塞尔的制度事实理论将最有效地提供一种理论上参照，它既可以触及其中的核心命题，也可以由这一哲学基础的内在规定性出发反思麦考密克后期法律哲学思想的进一步发展。

在详细考察"制度性事实"这一制度法理论的核心的基础上，我们转入以此为基础的前期制度法理论的基本内容，尤其是与哈特比较意义上的"制度法理论"。在此，我们会发现麦考密克的制度法理论一开始便经由"原则"打开了一扇超越法律实证主义抑或超越法律实证主义与自然法理论之争的"窗口",这一点可以解释为什么制度法理论在后期必然会经历转向。除"原则"之外,随着"实践理性"作为一条自始存在于制度法理论之中的"潜在线索"的明朗化,后期的"制度性规范秩序"问题才会得到更为全面的表达;在此,我们可以更详细地觉察到诸如菲尼斯、富勒、康德、休谟等人如何塑造了麦考密克的"实践理性"理论并由此如何塑造了后期的制度法理论。当然,忽略"意愿性内在观点"可能会使我们无法理解诸如原则或道德等要素得以进入制度法理论的关键时刻。在此基础上,我们将全面驶入以"制度性规范秩序"为中心的后期理论形态之中,其核心演变逻辑就在于"从'事实'到'规范秩序'"。在此,我们会明确考察诸如"规范秩序"以及"后实证主义"等理论问题,并以此为基础批判性地考察麦考密克的制度法理论,既包括矛盾之处如何得到解决,同时也包括诸如"后实证主义"等理论能否得到辩论等问题;其中,我们会对隐含在制度性规范秩序以及后实证主义乃至整个制度法理论中的实践理性问题予以考察,尤其集中于斯密式定言命题,并通过对麦考密克对自然法理论的基本态度的考察达致对制度法理论的系统考察。

第一章　法律制度主义：新旧之别与异同之辨

制度主义(Institutionism)的词源可以追溯到拉丁语中的"Institutio"，其后又出现在两部著名法律教科书的目录中，即盖尤斯和优士丁尼的《法学阶梯》。[①] 法律制度主义则兴盛于19世纪末，且主要流行于意大利、法国以及德国等地；在自此以降的百余年发展中，法律制度主义整体上呈现出旧和新的分别。[②] 旧制度主义主要以罗曼诺(Santi Romano)为代表，而新制度主义则是通常所说的以魏因伯格和麦考密克为代表的制度法理论。无疑，新旧制度主义之间的差别是巨大的；不仅如此，新旧制度主义内部实际上也存在具体内容上的差异，这些内容在很大程度上都为国内的制度法理论研究所忽略。这意味着，不管是对制度法理论的研究本身还是试图以此为理论资源开创具有中国特色的制度法学，[③] 仅仅停留在一般意义上的制度法学派或不加区分地混同法律制度主义的

[①] Neil MacCormick, *Institutions of Law: An Essay in Legal Theory*, Oxford: Oxford University press, 2007, pp. 12-14.

[②] Massimo La Torre, "Institutionalism Old and New", *Ratio Juris*, vol. 6, no. 2, 1993, pp. 190-201.

[③] 邱水平教授曾表达过建立具有中国特色社会主义的"制度法学"的构想，但它与本书所谈的制度法理论是截然不同的，其中的一个重要差别就反映在Constitutionism和Institutionism的区分之中。关于前者，可以参见：邱水平：《重析"法制"与"法治"　构建中国的"制度法学"》，载《北京大学学报(哲学社会科学版)》2019年第3期，第5—12页。

新旧异同,这都是远远不够的。职是之故,对法律制度主义内部展开全面的讨论就显得极为必要,这不仅可以弥补当前理论研究之不足,更主要可以通过这种讨论把握其内在特征并澄清与之相关的理论问题。

第一节　法律制度主义:"旧"与"新"

旧制度主义主要以实证主义法学家罗曼诺为代表,此外也包括意大利的史弗扎(Cesarini Sforza)、法斯欧(Guido Fassò),乃至制度色彩不甚明显的施密特(Carl Schmitt)。法律制度主义的新旧之别虽然涵括了纵向的时间维度,但其主要依据仍在于各自的理论内容本身。

一、旧法律制度主义:以罗曼诺为例

罗曼诺[①]的法律制度主义源自一个前提性区分,即单个意义上的法律规范和整体意义上的法律秩序,后者是"制度"的立基点。由此,对制度和制度法理论的把握也就无法脱离对法律秩序的理解,而法律秩序的一个重要特性就在于其体系化和系统化。该区分的意义在于,它指出了法律秩序并非单个法律规范的简单加总,因为如若仅仅关注其中的不同法律规范而忽略整体的法律体系时,那么法律秩序的性质就将无法得到完整揭示。[②] 进一步讲,对法律秩序的这种理解(从而也就是对制度的理解)使得罗曼诺区别于其他的旧制度主义者,如史弗扎和法斯欧。与罗曼诺不同,史弗扎对法律进行的是"客观"与"主观"的划分,并将其制度法理论归为主观理论。这种主观理论则将法律制度视作权利义务的复杂关系网络,即两个或两个以上的法律主体以规范为基础的行为相互性,一方据此享有权利而另一方负有义务;而客观理论则建基于规范的至上权

---

① 桑缇·罗曼诺(Santi Romano,1875—1947),意大利法学家,法律实证主义理论的支持者、温和的反规范主义者、多元论者、实在论者。需要注意的是,此处的"法律实证主义"一词是在宽泛意义上使用的,只要承认"法律是人类的产物"就基本符合罗曼诺对法律实证主义的理解。

② Santi Romano, *L'ordinamento Giuridico*, Sansoni, 1977, p. 14. 转引自 Massimo La Torre, "Institutionalism Old and New", *Ratio Juris*, vol. 6, no. 2, 1993, p. 192。

威,且这种关系的典型实例只存在于规范施予者与规范承受者之间,这是一种典型的带有神学自然法的论调。主客观划分的意义在于明确:主观理论下的这种关系是现实社会的首要单元和不可还原的核心。更具体地讲,这种关系是在个人意义上展开的,是个人间的相互关系,从而法律秩序也与"个人间的相互关系"具有类似的意涵。法斯欧也同样认为只要有关系存在的地方就存在着法律,并且法律就是这种个人间的相互关系,这种相互关系即"制度"。只不过,在罗曼诺看来,将制度理解为一种"关系"其实已经预设了"整体的法律秩序",但这种法律秩序本身又不可能是个人间相互关系的简单加总。这就是说,无论是史弗扎还是法斯欧,他们在使用"关系"时就应该已经预设了"作为整体的法律秩序",但他们却要将这种关系等同于"个人间的相互关系",这显然会导致逻辑上的矛盾。

"作为关系的法律"预设了"作为秩序的法律",这同样适用于对"规范"的理解。这就是说,规范只有在秩序语境中才能存在,但秩序却不仅包括规范在内,还包括秩序中的组织机构。在宽泛的意义上,法律体系要根据规范而展开,但更为重要的却是秩序本身及其运行,"相比于棋盘中的棋子,法律秩序更多表征着下棋这一活动对象"。[1] 由此可以说,秩序从而也就是制度要高于规范,而规范是法律秩序之产物,而非相反。在罗曼诺的比喻中,秩序就好比是下棋这一活动,而规范则不仅像棋子一样深深地嵌在棋盘之中,还要以下棋规则为根据;重要的不是棋子,而是下棋的规则秩序。这种带有浓厚集体主义的思想倾向使得他与另外一位制度主义者施密特具有了可比性;因为在施密特那里,法律规范的有效性只有在一个具体法律系统之中才是可能的,而无法与之相分离。[2]

尽管旧制度主义内部对于秩序与个人间关系以及秩序与规范何者优

---

[1] Massimo La Torre, *Law As Institution*, Heidelberg: Springer, 2010, p. 100.
[2] 将施密特视为法律制度主义者是比较意义上的,更准确地说是基于秩序优先于规范这一考虑。但即便如此,二者间仍然"异"多于"同":比如说,其决断主义倾向恰好是罗曼诺反意志论立场所要克服的;又比如说,法律和道德的混同在罗曼诺的法律实证主义立场中是两个明确区分的领域。相关论述,可以参见 Mariano Croce & Andrea Salvatore, "Ethical Substance and the Coexistence of Normative Orders: Carl Schmitt, Santi Romano, and Critical Institutionalism", *Journal of Legal Pluralism and Unofficial Law*, no. 56, 2007, pp. 1-30。

先存在价值分歧,但将秩序等同于制度从而视为法律的核心却是其共同看法;在此基础上,旧制度主义更进一步地将法律、秩序、制度与"社会"连接起来。① 与对秩序的理解一样,社会同样不是个人间关系的简单加总,而应被看作有别于个人间关系的另一种有效联合,这种有效联合即是对作为质料的个人间关系的组织化和制度化。基于此,个人间关系也就进入组织化和制度化的新阶段。具体而言,"社会"涵括了社会秩序,作为制度的法律则是对社会秩序的一种表达,法律就等同于社会秩序;制度由此也就等同于社会秩序,因为"每一法律秩序就是一种制度,反之,每一制度都是一种法律秩序"②。但要注意的是,社会秩序并非由规范或规则创设的,法律在成为规范从而获得规范性之前,就已组织化和制度化了。它在逻辑上要先于规范而存在,这实际上是对秩序优于规范的进一步深化。在社会秩序意义上,作为个人间关系有效联合的社会秩序最典型的体现为社会组织机构,制度由此又与组织机构等同起来;制度就是社会组织机构这类社会存在物,它们拥有一个稳定而持久的模式,且拥有自己的生命。③ 当然,社会机构或组织并不完全等同于社会存在物或社会体,前者要成为制度意义上的社会存在物还必须满足一些基本条件,比如说,它必须是客观存在的、具有社会性以及拥有强制力(只不过这种强力是宽泛意义上的"社会强制力")。④

通过上述讨论可以发现,在旧制度主义语境中,作为制度的法律强调其秩序特性,并将规范置于秩序之下;更为重要的是,它突显出:法律现象的社会性质,并强调社会组织机构以及个人间关系的组织化、制度化在理解法律中的重要地位。相较于传统的神学/理性自然法,对法律社会性的强调无疑是一种进步,这种进步在与早期法律实证主义理论仅仅强调"主权者的命令"的比较中亦可体现。只不过,根据这种社会学进路的法律制

---

① Massimo La Torre, *Law As Institution*, Heidelberg:Springer, 2010, p. 101.
② Santi Romano, *L'ordinamento Giuridico*. Sansoni, 1977, p. 27,转引自 Massimo La Torre, *Law As Institution*, Heidelberg:Springer, 2010, p. 102。
③ Santi Romano, *Frammenti di un dizionario giuridico*, p. 82,转引自 Massimo La Torre, *Law As Institution*, Heidelberg:Springer, 2010, p. 102。
④ 制度并不仅仅表现为等级化的组织机构,还可以是非等级化且分散的,这与其潜在的多元主义立场相吻合。参见 Mauro Barberis, "Santi Romano, Neoinstitutionalism and Legal Pluralism," *Digest:National Italian American Bar Association Law*, no. 21, 2013, pp. 33-35。

度主义理论,它无法有效地说明诸如"法人""合同"等法律现象的深层本质。诸如法人等制度的确可以进行社会秩序、组织机构式的理解,它们都属于"制度性事实",但这却不等于说所有的制度性事实都是社会秩序、组织机构、社会存在物,因为事实上还存在着魏因伯格所说的"思想—客体"或者塞尔所说的"独立的 Y 项"。① 与此同时,它还面临着无法从实然意义上的社会秩序中推出法律规范性的休谟难题。诸如此类的理论难题不仅需要新制度主义理论来进行解决,也构成了新旧之别的基本判准之一。

二、新旧之别:规范性视角

新旧制度主义由于同属制度主义阵营从而必定具有诸多共同之处,如法律与语言具有相关性,法律事实区别于纯粹的物理事实,区分描述与评价的实证主义方法论,区分法律与道德。② 但新制度主义的"制度性事实"特征以及由此而来的对法律规范性问题的解决却使得这些共同点变得次要,因为它通过"制度性事实"的本体论构建起了全新的制度法理论。在此,我们将以法律规范性问题为中心对新旧制度主义的差别作进一步的考察,而关于制度性事实以及新制度主义内部的异同则放在后面两节中展开。

任何法理学或法哲学必定都无法回避法律的规范性这一为"核心主题",而且不同的回答折射出的是基础层面上的差异;制度法理论亦是如此,这突出反映在新旧制度主义对"是"与"应当"之关系的回应中。在旧法律制度主义理论中,由于作为制度的法律被界定为一种社会存在物,由此它便不属于"应当"领域,而属于"是"领域;但它同时认为,在规范的意义上,法律也属于"应当"领域。由此,法律同时具有"事实"与"规范"两种属性,它不仅与只具有规范属性的道德相区别,还为"从是推出应当"提供了契机。与之相比,新制度主义虽然也秉持"是"与"应当"的区分,但更明确地指出法律是用"应当"意义上的规范术语而非"是"意义上

---

① [美]约翰·塞尔:《人类文明的结构:社会世界的构造》,文学平、盈俐译,中国人民大学出版社 2014 年版,第 18—19 页。
② Massimo La Torre, "Institutionalism Old and New", *Ratio Juris*, vol. 6, no. 2, 1993, p. 196.

的术语进行界定的,并且坚持二者之间不能相互推导。① 由于新旧制度主义基本都认同"实证主义",这会使得它们在"是"与"应当"上的差异显得不太容易理解。其原因在于,它们各自赋予了"是"和"应当"不同的含义:以罗曼诺为代表的旧制度主义采取的是一种本体论的态度,即"是"与"应当"分别是对"现实世界"不同领域的表征。当法律指向"制度"时就属于"是",当法律指向"规范"时便属于"应当",由于制度先于规范而存在,所以由制度(是)便可以推出规范(应当),法律的规范性基础似乎也就由此得到解决。就此观点,新制度主义者尤其是魏因伯格从两方面给予了激烈批判。其一,他认为这种观点是建立在一种想当然的应然意义上的"世界"(world)观念之上的,这一"世界"能够容纳所有可以想象到的规范;但这种观念却只有在其中的各个规范部分不相互矛盾的前提下才是可能的,而如果将这种"应当"意义上的"世界"限定在实际有效的规范领域,那我们就不可能得到这样一个应然意义上的"世界",因为实际有效的规范之间往往是相互矛盾的;所以,法律领域就不存在那样一种想当然的"世界"。② 其二,由于一个规范不属于"是"的领域,所以便可以用"非—是"(non-being)的逻辑方式来进行界定,但它们却都是一种"实存"(existing)。虽然可以采用从"实存"到"存在"(being)的解决思路,但这却是无法令人满意的,因为它们都具有"时间"维度;相反,不应将"是"与"应当"理解为对"现实"的不同领域的表征,而应将其理解为语义学意义上的不同陈述,即魏因伯格所说的描述性陈述和规范性陈述,前者表达"是",后者主要表达"应当"。描述性陈述具有对与错的真值区分,规范性陈述则没有,但它却有与之相似的价值面向;正是由于"价值"的存在,魏因伯格才认为两种规范在逻辑上的相互矛盾才得以避免。

总体来看,魏因伯格的批判无疑是正确而有力的,但他似乎并没有正面回应旧制度主义表征现实世界的两个领域如何沟通的问题;而且也误解了罗曼诺,因为罗曼诺与魏因伯格一样承认是与应当的划分,只不过作

---

① Neil MacCormick & Ota Weinberger, *An Institutional Theory of Law: New Approaches to Legal Positivism*, Dordrecht: D. Reidel Publishing Company, 1986, pp. 21-24.

② Ota Weinberger, *Ontologie, Hermeneutik und der Begriff des geltenden Rechts*, Steiner, 1987, p. 112。转引自 Massimo La Torre, *Law As Institution*, Heidelberg: Springer, 2010, p. 111。

为一个温和的反规范论者，罗曼诺仅仅认为规范只是法律制度中的一个部分甚至是非主要的部分。当然，关键问题还是在于，旧制度主义无法根据其社会秩序意义上的制度理论解决应当意义上的规范性问题，即便按他所说的在规范的意义上法律也属于应当领域，但这无疑也只是一种循环论证。实际上，新制度主义完全可以抬出法律作为"制度性事实"的独特性来予以回应，这一点可以在"制度性事实的本体论"部分得到进一步说明。新旧制度主义在"是"与"应当"问题上的差异折射出二者在"事实与规范"的不同立场，与旧制度主义重秩序轻规范相比，新制度主义则将规范问题置于其理论的核心地位，这尤其表现在"实践的首要性"的相关论述中；而这种对规范性的强调与新制度主义（以下称作"制度法理论"）的理论语境和理论目的有关。

第二节　制度法理论：魏因伯格与麦考密克之"同"

麦考密克和魏因伯格的制度法理论具有明确的指向，即"实现规范主义的社会现实性发展"。[①] 他们认为，规范主义和反规范主义是法学中的两种极端倾向：规范主义或是假定实体的存在，如凯尔森的基础规范，或是假定某种具有绝对规范约束力的道德存在，如自然法；与之相比，反规范主义或是将法律仅仅理解为黑体字的法律条文，从而进行类似于法教义学式的研究，或者是将法律视为一种社会现实，从而否定"权利""义务""责任"等范畴的存在，如法律现实主义。在这个意义上，制度法论试图扮演一个调和者的角色，其目的在于：为规范主义和反规范主义提供一个切实的本体论基础，即"制度性事实"的本体论建议；找出有助于理解法律结构和法学研究的方法；表明实践理性在法律和社会生活中的地位及其局限。[②] 这三点不仅是制度法论试图达致的理论目标和贡献所在，同时也是麦考密克和魏因伯格在制度法理论中的最大公约数。

[①] Neil MacCormick & Ota Weinberger, *An Institutional Theory of Law: New Approaches to Legal Positivism*, Dordrecht: D. Reidel Publishing Company, 1986, p.6.

[②] Neil MacCormick & Ota Weinberger, *An Institutional Theory of Law: New Approaches to Legal Positivism*, Dordrecht: D. Reidel Publishing Company, 1986, p.27.

一、制度性事实的本体论

"制度性事实"经由安斯康姆作为一种解释背景的阐释和酝酿,①在塞尔那里获得了基础而核心的地位。相较于不依赖于任何人类制度而存在的纯粹事实(如珠穆朗玛峰)而言,制度性事实只能在人类制度中存在,并具有认识论上的客观性,如货币。其中,地位功能赋予、集体意向性和构成性规则三者共同构成了"制度性事实";其内部结构在于:地位功能的赋予要凭借集体意向性才得以实现,它承载着并通过道义性权力而发挥作用;道义性权力的存在为我们的行为提供了独立于欲望的理由,这是人类社会团结的"黏合剂";而地位功能的赋予是通过言语行为(尤其是"宣告式言语行为")来完成的,言语行为使得"X 在 C 中算作 Y"的构成性规则得以成立,制度性事实由此是一套构成性规则;②而且,它只有在构成性规则的系统内才存在。③

通过引入"制度性事实"并凭借其自身的独特性质,制度法论得以通过调和规范主义与反规范主义(旧制度主义在某种程度上也可归于此类)来重塑法律的本体论。在与纯粹事实相区别的意义上,制度法理论得以可能批判反规范主义;而在制度性事实本身依赖于人类而存在的意义上,制度法理论得以可能批判自然法理论和凯尔森的基础规范理论等规范理论:它既不需要像规范主义那样假定某种完全先于或独立于物理世界的实体,也不会坠入与物理世界不相区分的纯粹事实的泥潭。这种本体论推进工作的一个重要方面就体现在对哈特社会规则理论的重新诠释之中。当哈特将法律界定在"社会事实"层面时,他实际上并未阐明"社会事实"的基本性质,因而在面对德沃金的批判时始终处于守势;而制度法理论则将其明确地界定为一种"制度性事实",从而大大地推进了法律实证主义的本体论研究。

---

① G. E. M. Anscombe, "On Brute Facts", *Analysis*, vol. 18, no. 3, 1958, pp. 69–72.
② [美]约翰·塞尔:《人类文明的结构:社会世界的构造》,文学平、盈俐译,中国人民大学出版社 2014 年版,第 4—9 页。
③ [美]约翰·R. 塞尔:《社会实在的建构》,李步楼译,上海人民出版社 2008 年版,第 25 页。

二、方法论多元主义

制度性事实的本体论在很大程度上决定了麦考密克和魏因伯格在方法论上的多元主义立场,从而"任何一种促使我们更好地理解法律以及对法律之本质及其社会作用的解释方法都是可以采纳的"。[①] 不同于纯粹的事实,作为制度性事实的法律是通过一种特殊方式而出现的复杂事实;它们不仅是重要的规范构成物,同时也是现实地存在于社会之中的事物。而且,只有当它们不仅被理解为规范的精神构成物同时还被理解为现实的组成部分时,法律才能得到理解。就规范维度而言,法律当然可以通过规范术语得到说明,但这并不意味着对"应当如何"的考察只能局限于规范性领域,甚至是基于某种认识论的理由将"是如何"完全排除在外;这是凯尔森纯粹法学的不足之处,同时似乎也是包括自然法理论在内的大多数规范主义的一个通病。当凯尔森将基础规范作为规范有效性的绝对充分条件时,他忽略了基础规范与社会事实具有同等重要的地位,而且法律规范的动态运行也只有在现实社会的实际条件得到满足时才会发生;而自然法理论声称通过某种神秘物而保证法律的规范性效力无疑也犯了同样的错误。基于此,我们需要秉持一种非唯知论(non-congnitivism),它"否定绝对价值的存在、否定先验的正义原则的有效性,并排除任何种类的可能声称给客观价值或正确的规范原则提供一个纯粹的认知的实践认知"。[②] 这就是说,我们不应该忽略诸如感性经验、直觉以及目的等因素在理解法律及其规范特性时的重要作用。

此外,就法律存在于社会这一观点而言,制度法理论还强调诠释学方法,因为法律科学如果不考虑社会现实便将是不可思议的。作为社会科学的法学之所以不同于自然科学,就在于对它的理解不能单从外部进行说明,而是要包含主体性维度的解释,尤其是从人类的社会实践以及规范性角度出发作出的解释。诠释学方法使得法学研究者可以相对地脱离社会中人们的立场,而且当研究者采用这种方法时他们可以认识到法律中

[①] Neil MacCormick & Ota Weinberger, *An Institutional Theory of Law: New Approaches to Legal Positivism*, Dordrecht: D. Reidel Publishing Company, 1986, p. 45.

[②] Neil MacCormick & Ota Weinberger, *An Institutional Theory of Law: New Approaches to Legal Positivism*, Dordrecht: D. Reidel Publishing Company, 1986, p. 162.

的价值以及价值与规则间的密切关联,但他本人却不需要予以赞同;这便是改进哈特"内在观点"之后的"非极端的外在主义"立场;据此,制度法理论将法律实证主义逐步扩大、延伸到原则以及价值等领域,并据此对所涉理论争论给予了正面回应。当然,非唯知论和诠释学方法只是制度法理论多元主义方法论中的两个典型(侧重点的不同暗示着魏因伯格和麦考密克的理论区分),除此之外,还包括社会学方法以及分析方法等。其间更为重要的在于,作为理解法律现象和获取法律知识的方法,它们不仅"向里"服务于制度性事实的本体论,还"向外"指向实践理性;这不仅是因为诸如诠释学本身就隶属于实践哲学,还在于"规范主义的社会现实性发展"势必在规范主义的指导下将法律实证主义的考察领域拓展至实践理性领域,因为法哲学的本质任务不仅要提供关于法律的知识论,还要阐明实践理性的运作及其性质。①

三、实践理性及其局限

当代法理学的实践理性转向促使人们关注法律的实践品格,制度法理论的关注体现在两个方面:本质层面和实践合理性层面。前者涉及"实践理性是否可能",其回答是肯定的,即"实践理性是形塑人之为人的最重要部分,这对于作为道德主体的我们来说是决定性的"。② 但其关注重点则在于后者,这可以视作其方法论多元主义的一个延伸。

实践本身是有目的的理性行为,但却不存在所谓的"实践认知",这是非唯知论的一个体现;而且实践活动(如道德或法律活动)本身就是不同于描述事实的规范活动,因为实践语句是一种不同于理论语句的规范语句。这就是说,实践是与"态度"相连的,所以如果不求助于态度就完全不可能证明实践活动的合理性;③进一步而言,实践理性并不存在真值问题,而只有合理与否的问题,但这并不等于说实践合理性具有决定性地

---

① Neil MacCormick," Contemporary Legal Philosophy:The Rediscovery of Practical Reason", *Journal of Law and Society*,vol. 10,no. 1,1983,p. 1.

② Neil MacCormick, *Practical Reason in Law and Morality*, Oxford:Oxford University Press,2008,p. 10.

③ Neil MacCormick & Ota Weinberger, *An Institutional Theory of Law:New Approaches to Legal Positivism*,Dordrecht:D. Reidel Publishing Company,1986,p. 155.

位、智慧、同情以及正义感等因素亦扮演着重要作用。不仅如此,建立于哲学诠释学基础之上的诠释学方法本身就暗示着,"在我们对制度性事实的认识中,经常有一个与'理解'相关的因素,一个从内在观点进行理解的因素"。① 基于此,我们便可以从内在法律实践者的角度对法律活动进行理解,而这一理解活动本身便涉及其中的诸价值因素;于是,事实、法律和价值并不存在绝对的区分。当然,制度法理论在承认实践理性之地位时亦承认实践理性之局限,这典型地表现在对德沃金整全法理论的批判中;②由于法律和道德都同属于实践理性范畴,道德以及价值等必当在法律实践中发挥着重要作用,但这种作用可能是相互竞争的,而且受实践合理性支配的法律推理可能是多元的,实践推理据此就不会限缩在德沃金的"政治道德"层面,从而也就不会存在关于法律实践的"唯一正确答案",实践理性总是辩证性的。

第三节　制度法理论:魏因伯格与麦考密克之"异"

通过上述三个层面的阐述,制度法理论不仅得以回应旧法律制度主义中的规范性难题,同时更在规范主义和反规范主义的宏大语境中就其基本观点和立场给予了基本阐述。虽然魏因伯格和麦考密克在制度法理论中能够取得上述一致,然而,一旦进入各自理论的内部结构和具体论述时,我们便会发现其中的诸种差异。实际上,二者都不否定这种差异的存在,③它首先体现在整体风格中,但更重要的则在于理论基础层面。

---

① Neil MacCormick & Ota Weinberger, *An Institutional Theory of Law: New Approaches to Legal Positivism*, Dordrecht: D. Reidel Publishing Company, 1986, p. 16.
② 杨仁寿:《法学方法论之进展:实践哲学的复兴》,台北,三民书局2013年版,第229—249页。
③ Neil MacCormick & Ota Weinberger, *An Institutional Theory of Law: New Approaches to Legal Positivism*, Dordrecht: D. Reidel Publishing Company, 1986, pp. xi‐xii. Ota Weinberger, *Law, Institution and Legal Politics: Fundamental Problems of Legal Theory and Social Philosophy*, Dordrecht: Kluwer Academic Publishers, 1991, pp. ix‐xi.

一、整体风格的差异

魏因伯格的理论兴趣集中在两个基本领域：规范与法律的逻辑理论，以及法律的分析理论。与将描述层面的一般逻辑规则简单地拓展至谓词逻辑不同，"规范与法律的逻辑"试图改变逻辑推导的传统定义；①这种传统定义并不承认描述命题与规范问题在认识论与语义学上的差异，从而不可避免地会产生冲突和矛盾。其原因在于，一个规范性语句只能从其他至少包含一个规范性语句的前提中才能推导出，这与前面所说的"是"与"应当"以及接下来要讲的理论陈述与实践陈述紧密相关。与此同时，魏因伯格还将这种规范逻辑理论用于对法律的分析，而其法律分析理论的基本语境则建立在对以凯尔森为代表的维也纳学派以及以韦尔(Franz Weyr)为代表的布诺学派(Brno School)的批判之上，尤其集中于凯尔森的纯粹法理论。其中，不仅包括对凯尔森纯粹法理论中的方法一元论的批判，同时还包括对凯尔森法律规范的形式分析的批判。魏因伯格一方面建议对法律进行形式逻辑的分析，另一方面又不满足于此：实质性判断是必要的，因为程序性的判准(如哈贝马斯和阿列克西)无法说清一个理论是否为真或一则意见是否正确。②

麦考密克的研究主题基本集中在法哲学和政治哲学，前者主要包括"制度法理论"和"法律推理"，后者则涉及"本土的世界主义"(local cosmopolitanism)及其政治实践等内容。③ 制度法理论不仅是对法律实证主义的深化，麦考密克的法哲学还被视作最符合哈特原义的一种理论形态；④其法律推理理论不仅发展出一种能够初步有效回应法律实证主义者无力解决法律实践尤其是司法推理的理论质疑，而且还将既有的理论研究推向实践理性的新阶段：它们共同成就了麦考密克在当代法理学中的理论地位。"本土的世界主义"是其法哲学理论在政治领域的衍生和

---

① Peter Koller,"Ota Weinberger: In Memoriam", *Ratio Juris*, vol. 22, no. 3, 2009, p. 418.
② Massimo La Torre, "Professor Weinberger's Lectures on Jurisprudence", *Ratio Juris*, vol. 5, no. 1, 1992, p. 124.
③ Zenon Bankowski, "Neil Maccormick", *Law of Ukraine: Legal Journal*, vol. 2013, no. 4, 2013, pp. 250-262.
④ Agustín José Menéndez & John Erik Fossum, eds., *Law and Democracy in Neil MacCormick's Legal and Political Theory: The Post-Sovereign Constellation*, Heidelberg: Springer, 2011, p. 58.

适用,同时也与他就任欧盟议会苏格兰代表的经历有关,这反过来又影响到他对法律与政治之间关系的看法,并在后期理论中的法律、道德与政治等论述中有所体现。

魏因伯格和麦考密克在骨子里属于不同的理论世界,即英美法传统和大陆法传统。这种整体风格的差异会涉及的进一步问题在于,制度法理论是否能够成为英国和欧洲大陆不同法理论传统的中介? 以及制度法理论和语言哲学是否与社会学思维方式相兼容?① 这种理论谱系上的差异或许会使二者的具体理论及其演变产生某种变动。这就是说,由于麦考密克和魏因伯格隶属于不完全相同的理论谱系,从而具有不同的理论基础,这其实就会将它们导向不同的理论方向并衍生出不同的理论内容。大体上,我们可以这样来把握二者之间的异同:就像具有不同家族背景和家族使命的两个人从各自地域出发,在某一个共同的地方相遇了,但经过了这一共同区域之后,他们便要迈向不同的方向。如果说魏因伯格是制度法理论中的"凯尔森",那么麦考密克便是制度法理论中的"哈特";他们都属于制度法理论,就像凯尔森和哈特都隶属于法律实证主义阵营一样。

二、制度法理论层面的差异

在制度法层面,魏因伯格的法理论以如下四个理论为基础:以描述语句和实践语句为根基的关于行动的"形式—目的"理论;实践推理的逻辑理论;以实践信息为核心的制度的规范观念;法律的实证主义立场。② 实

---

① Zenon Bankowski, "Institutional Legal Positivism", *Rechtstheorie*, vol. 20, no. 3, 1989, p. 290.

② Ota Weinberger, "Institutional Theory of Action and Its Significance for Jurisprudence," *Ratio Juris*, vol. 6, no. 2, 1993, pp. 171-172. 需要注意的是,这四方面内容凝练的是魏因伯格制度法理论的"理论基础",而非"理论内容",本书认为在"理论基础"层面进行比较会更具说服力和穿透力。魏因伯格曾将自己的制度法理论的相关命题总结为 10 个,(简要地讲)它们分别是:(1)每一个制度都拥有一个规范性内核。(2)社会制度的存在与社会制度的规范性具有内在的关联。(3)法律理论必须被构建为一种理性的分析理论。(4)分析法哲学学分发展过程可以区分出两个阶段:揭示法律语句的共同结构以获得法律内容表达的形式手段;对不同法律结构之差异进行考察。(5)法律是一个动态的规范系统。(6)现代社会的一大特点在于,多种多样的社会规范系统并存于其中。(7)存在着法律制度与非法律制度的区分。(8)法律规则不仅需要被看作个人的或孤立的应当语句,还需要被看作具有功能性的复杂系统。(9)文明社会中的人不可能离开制度而生活。(10)制度性法律实证主义隶属于实证主义理论,尽管它拒绝某些被实证主义者经常提及的论断。See Ota Weinberger, *Law, Institution and Legal Politics: Fundamental Problems of Legal Theory and Social Philosophy*, Dordrecht: Kluwer Academic Publishers, 1991, pp. 112-115.

际上,它们不仅是魏因伯格制度法理论的基础,同时也是区别于麦考密克制度法理论的一份理论指南;经由对这四项内容的比较分析,我们便可以进一步明确二者在制度法层面的差异。

(一)"行动的形式—目的论"与"非正式言语行为论"

行动(action)不同于行为(behavior)。在魏因伯格那里,后者只不过是通过对纯粹事实的描述而展现出的原始状态,在此没有"行动"存在的余地,因为行动是"一个基于信息的行为决定过程"。① "行动"依赖于"信息",由于每个人具有不同的信息或知识,从而人们的行为选择继而人们的行动也就不尽相同。基于此,可以得出两个基本推论:行动领域存在着一个可供选择的范围;选择和实施何种行动则由信息来决定。由此,问题的焦点就转入对"信息"的考察。在此,魏因伯格区分出"理论信息"和"实践信息"两种类型,②而它们在语用学层面就类型化为"描述陈述"与"实践陈述"。根据这种划分,"行为"仅仅只是建立在理论信息之上的,而"行动——继而必然是所有的实践领域——都取决于理论信息和实践信息"。③

实际上,根植于理论信息和实践信息的行动理论旨在说明行动既是形式论的又是目的论的,行动不可能完全是纯粹形式的或纯粹目的的。既然行动是依赖于信息的行为,那么目的要素的缺失必将导致行动的无法理解,但纯粹原因结果式的形式解释策略只会将"目的"的考察范围扩展至无边无界,因而这种纯粹基于理论信息的个别行动必须予以限定。就其反面而言,"限定"同时也是"长期指引",因为人们行动的可预见性和长期有效性只有在一个可供参照的结构框架中才会得到保障和增强,这便是由实践信息所提供的规范指引;而最重要的实践信息则是作为制度的法律所提供的规范和规范性规则。行动的形式目的论基本上就可

---

① Ota Weinberger, "Institutional Theory of Action and Its Significance for Jurisprudence," *Ratio Juris*, vol. 6, no. 2, 1993, p. 172.

② 理论信息和实践信息是魏因伯格的独特术语,前者包含对事实的或实际行为的描述,后者则不在于描述而在于表达行动主体的态度,如目标、价值准则、评价、偏好、规范等内容。

③ Ota Weinberger, *Law, Institution and Legal Politics: Fundamental Problems of Legal Theory and Social Philosophy*, Dordrecht: Kluwer Academic Publishers, 1991, p. 6.

以等同于形式制度论。① 此外,要注意的是,理论信息/陈述与实践信息/陈述的区分虽会从方法论层面决定行动的形式目的论,但由于二者之间不能相互推导,这实际上会促使魏因伯格进一步将行动的形式目的论偏向"形式"维度,如果将它与"实践推理的逻辑理论"相结合这种倾向便会更加明显。

当然,根据实践理性的基本立场,我们可以推测麦考密克会基本认可魏因伯格在"行动的形式目的论"中的基本观点,只不过他的关注重点却不在于此,而在于"法律中的行动"②及其背后的非正式言语行为基础。在麦考密克看来,制度法理论所说的"制度性事实"并不仅仅局限在地位功能赋予、集体意向性和构成性规则层面,除此之外,还有更深层次的"言语行为理论"这一基础(这一点几乎完全为国内的制度法理论研究所忽略),塞尔的"正式言语行为"、魏因伯格的行动理论以及哈特的"法律中的行为"都主要是在这个意义上展开的。与之不同,麦考密克在此基础上进一步发展出一种"非正式言语行为"(informal speech acts)理论,并将其用于解释法律中的行为。虽然麦考密克关于正式言语行为和非正式言语行为的理论区分牵扯到的理论内容较为复杂,但其基本指向却是大致明确的,即试图证成"法律的惯习基础"这一命题,"不管是在语用学层面还是语义学层面,惯习性规范或规则对言语行动的可能性是非常关键的。正是惯例和言语共同体的习惯使得我们能够理解其他人的话语表达;同样地,也正是它们使得某些表达变得可理解,比如说承诺,而且(或许)也正是它们使得我们能够辨识出某人作出何者应当遵守的承诺。很明显,语言的习惯性规范(语言惯例)就是我们语言行为背后的原因所在。因而,它同样也是法律中言语行为背后的原因所在"。③ 与社会学或人类学对惯习的描述性研究不同,麦考密克不仅通过非正式言语行为为法律

---

① Neil MacCormick & Ota Weinberger, *An Institutional Theory of Law: New Approaches to Legal Positivism*, Dordrecht: D. Reidel Publishing Company, 1986, p. 158.

② "Acts-in-the-Law"这一概念源自哈特。See H. L. A. Hart, *Essays in Jurisprudence and Philosophy*, Oxford: Clarendon Press, 1983. p. 4.

③ Neil Maccormick & Zenon Bankowski., Speech Acts, Legal Institutions and Real Laws, in Neil MacCormick & Peter Birks, eds., *The Legal Mind: Essays for Tonny Honoré*, Oxford: Clarendon Press, 2001, p. 124.

中的行为提供了一般哲学层面的基础,同时还为"惯习"本身开放出一条新的研究思路,这似乎值得既有习惯法研究大力借鉴。回到正题,与魏因伯格将行动的理论研究引向形式目的层面不同,麦考密克将"法律中的行为"的考察进一步延伸至惯习层面主要在于解释我们行动背后的深层根据。更明确地说,前者要解决的是人们"如何行动"即行动本身的性质问题,根据其分析逻辑理论,其解决思路也主要是"自上而下";而麦考密克则试图回答人们"为何如此行动"即行动的规范性基础,"这些规范性理由不可能只是源于正式言语行为而不是源于非正式言语行为"①,其方式也就相应地变为"自下而上"。

(二)"实践推理的逻辑理论"与"实践推理的合理性理论"

规范指引下的行动是典型的实践,行动的形式—目的论能为行动提供一般结构,继而也成为实践理性的一个表征。一般而言,实践理性既可以指一种理性能力,即要么是提供一种关于价值和义务的绝对原则,要么是在理性能力的帮助下把握什么是道德上的正当或者什么是客观上的有效价值;同时也可以指整个实践推理的逻辑系统。② 在魏因伯格看来,并不存在前者意义上的实践理性;理性能力本身是有限的,并不存在所谓的实践认知,这是对价值客观性表示质疑的不可知论。对于后者,则有必要细述一种有关实践推理的独特逻辑系统,即"实践推理的逻辑结构"。由于行动理论的理论信息与实践信息的区分同样适用于实践哲学,而理论语句与实践语句总是与特定的制度相关联,所以在一个制度下有效的东西不一定在另一制度下也是有效的,这使得基于形式逻辑结构的实践哲学又表现为一种相对主义。

基于此,魏因伯格必定反对康德、拉伦茨、阿列克西等人的实践理性观,因为他们所提供的实践理性论证是"虚假的"。以阿列克西为例,其所持有的逻辑主义在论证中是无效的观点以及只有言语哲学(discourse philosophy)才能详尽阐述所有论证可能性的主张之所以是虚假的,其原

---

① Neil Maccormick & Zenon Bankowski, Speech Acts, Legal Institutions and Real Laws, in Neil MacCormick & Peter Birks, eds., *The Legal Mind: Essays for Tonny Honoré*, Oxford: Clarendon Press, 2001, p. 128.

② Ota Weinberger, "Conflicting Views on Practical Reason: Against Pseudo-Arguments in Practical Philosophy", *Ratio Juris*, vol. 5, no. 3, 1992, p. 252.

因在于:言语虽然可以成为有效的工具,但言说的正确与否却不能由言说的结果来决定;相反,只有通过逻辑主义才能为关于价值决定的论证提供明确的说明。① 很明显,强烈的逻辑主义倾向致使魏因伯格对那种旨在解决实践问题的言说理论并不感兴趣。颜厥安教授认为,魏因伯格完全误解了言语理论的真正意义,因为"言语理论是一种程序理论,此种理论主张,一个规范如果能为一个言说规则所定义的程序的结果时,此一规范即为正确的规范"。② 实际上,阿列克西和魏因伯格的立场大体是一致的;只不过,其实践推理的逻辑理论主要在于"对实践领域诸概念以及决定的选择与行为控制的信息过程提供理论解释"。③ 这使得魏因伯格尽可能地以形式逻辑化的思路处理问题、从而对社会中具体实践尽可能地保持克制和距离。

与魏因伯格相异,麦考密克基于其解释学立场对法律逻辑主义始终保持着一定距离,而对司法实践中的案件处理则表现出巨大的理论兴趣,其最终目的在于提供一种有助于理解道德和法律实践的实践合理性理论,并将这种合理性称作道德和法律的"首要优点"。④ 在此,麦考密克逐步放弃了原初基于休谟的非唯知论(这一点一直为魏因伯格所坚持,所以他才会去否定康德的实践哲学),⑤而转向混合使用斯密和康德的立场。这种转向的理论根据在于,康德有力地证明了实践理性存在的可能性,而休谟则对从人性出发最终形成社会秩序给予了说明。通过调和斯密和康德哲学,实践合理性理论不仅能够为更好地解决诸如对与错、正当与非正当等道德和法律中的基本问题提供指引,而且还证明了:人不仅具有实践

---

① Ota Weinberger, "Conflicting Views on Practical Reason: Against Pseudo-Arguments in Practical Philosophy", *Ratio Juris*, vol. 5, no. 3, 1992, p. 267.
② 颜厥安:《法与实践理性》,中国政法大学出版社2003年版,第172页。
③ Ota Weinberger, "Conflicting Views on Practical Reason: Against Pseudo-Arguments in Practical Philosophy", *Ratio Juris*, vol. 5, no. 3, 1992, p. 253.
④ Neil MacCormick & Ota Weinberger, *An Institutional Theory of Law: New Approaches to Legal Positivism*, Dordrecht: D. Reidel Publishing Company, 1986, p. 189.
⑤ 在为魏因伯格 *Law, Institution and Legal Politics* 一书所写的序言中,麦考密克明确说道,"我不得不承认,我自己最近的著述在很大程度已远离了在之前理论中所采取的视角,即强烈反对由我的同仁所建立起来的那种认知主义的观点。" See Ota Weinberger, *Law, Institution and Legal Politics: Fundamental Problems of Legal Theory and Social Philosophy*, Dordrecht: Kluwer Academic Publisher, 1991, p. x.

理性,而且人本身就是"规范的使用者"。① 这一理论集中体现在"斯密式的定言命令"(Smithian Categorical Imperative)之中:首先,"意欲致力于保持互信以便于在彼此之间建立起一个支持或反对的共同标准,则尽你所能地充分感受每个直接参与或受事件或关系之影响的人的感受,并公正地形成一个判断何谓正确且能为所有人都接受的准则"。其次,"如此的行为,与对特定事件或关系的公正判断相一致"。② 依照此命令,经由考虑当事人的情感、客观公正地形成判断以及将该判断普遍化等阶段,道德主体的自主性与实践理性的普遍性要求之间达致相互协调的状态,道德主体"为何如何行为"由此也拥有了理性而客观的根据;而由于法律和道德同属于实践理性领域且具有同构性,法律合理性问题也就得到了相应的解决,人们据此才可以"将理性运用于决定在特定情形下如何行动才算是正当的"。③ 在这一过程中,只要有助于客观公正地形成判断并能够得到普遍化证成的要素都可以纳入其中,如常识、后果主义考量、修辞等。

(三)"制度的规范观念"与"制度的惯习观念"

经由对行动理论和实践推理的逻辑理论的阐述,我们得以可能考察"制度的规范观念"。在魏因伯格那里,存在"思想—客体"层面和现实层面的两种规范,作为制度性事实的法律属于前者。"思想—客体"意义上的规范与现实意义上的规范之间不仅存在语义学区别,而且这一区别本身就是功能性的:规范性陈述不是中立的,其功能主要在于决定行为并且协调社会中不同类型的人类行为从而创设社会秩序。④ "功能"与前面所说的"行动"和"实践理性"具有紧密关联,它构成了"制度的规范观念"的主要内容,因为"法律的规范性制度理论的最为重要的影响就在于对功能

---

① Neil MacCormick, *Institutions of Law: An Essay in Legal Theory*, Oxford: Oxford University Press, 2007, p. 2.

② Neil MacCormick, *Practical Reason in Law and Morality*, Oxford: Oxford University Press, 2008, p. 178.

③ Neil MacCormick, *Legal Reasoning and Legal Theory*, Oxford: Clarendon Press, 2003, forword.

④ Neil MacCormick & Ota Weinberger, *An Institutional Theory of Law: New Approaches to Legal Positivism*, Dordrecht: D. Reidel Publishing Company, 1986, pp. 36-37.

分析之方法的关注这一事实"。① 实际上,不管是行动的形式—目的论还是实践推理的逻辑理论,它们都离不开功能所依凭的实践信息这一基础,更离不开其背后的法律制度的规范观念,因为"制度"本身指的就是"人类行动的框架—体系。它们拥有实践信息这一核心。在此意义上,它们由一个秩序井然的实践信息体系所构成"。② 实践信息构成制度之基础和核心,形式目的论语境下的行动是受规范指引的,它本身就是实践推理的一个部分,二者都揭示出"实践的首要性",亦即"规范的首要性"。③ 在此情形下才有诸如行动等内容之产生;这实际上就是制度的规范观念所要传达的主要信息,而且也仅仅止步于此,它并没有像麦考密克那样深入到制度的深层基础层面。

在麦考密克看来,对制度的规范观念的说明不仅不能依靠魏因伯格基于语义学的实践信息理论的认识论思路,而且不能简单地依靠哈特式的规则理论。前者在于没有深入规范性基础而且单靠这种方法也不可能进行实质性说明,后者则在于规则理论本身并不像哈特所说的那样能够对规则和习惯进行有效的区分。虽然麦考密克承认哈特将法律视作社会规则是其最有价值的贡献,但哈特对规则与习惯的区分存在着对奥斯丁"习惯"理论的曲解和误解。众所周知,哈特是通过将习惯界定为外在可观察的规律性行为,并根据"内在观点"将其与规则相区别的。④ 然而,在奥斯丁理论尤其是后期理论中,它不再简单地认为凡存在主权者且该主权者乃是人们惯于服从的个人或群体的地方就存在法律。⑤ 麦考密克不仅诉诸哈特理论本身的不足,并且还将可供寻求的理论资源库从古希腊亚里士多德对习惯的论述一直延续到当代认知科学和心理学对习惯的最

---

① Ota Weinberger, *Law, Institution and Legal Politics: Fundamental Problems of Legal Theory and Social Philosophy*, Dordrecht: Kluwer Academic Publishers, 1991, p. 28.

② Ota Weinberger, *Law, Institution and Legal Politics: Fundamental Problems of Legal Theory and Social Philosophy*, Dordrecht: Kluwer Academic Publishers, 1991, p. 21.

③ Ota Weinberger, *Law, Institution and Legal Politics: Fundamental Problems of Legal Theory and Social Philosophy*, Dordrecht: Kluwer Academic Publishers, 1991, p. 5. 当然,"实践的"与"规范的"并不完全等同;在魏因伯格那里,"实践"是一个比"规范"范围更广的范畴,但"规范"无疑是其主要的部分。

④ H. L. A. Hart, *The Concept of Law*, Oxford: Clarendon Press, 1994, pp. 82-91.

⑤ Neil MacCormick, *Institutions of Law: An Essay in Legal Theory*, Oxford: Oxford University Press, 2007, pp. 64-65.

新成果;其目的之一在于说明,习惯不仅具有哈特所说的"内在方面",而且习惯的内在方面在某种意义上比规则更重要、更持久,"习惯像规则一样身处同种话语领域之中。每一种习惯都能对我们将做什么作出说明,虽然这些说明确实不相一致,但只是'内在观点'内部的差异。"① 实际上,在非正式言语行为理论中,行为的习惯面向的论述已经预示着哈特后期的惯习转向。不仅如此,在证成惯习的基础上,麦考密克进一步将惯习视作非正式规范性秩序的典型(并通过一个"排队"的例子来进行说明),而法律制度则是一种制度性的规范秩序;前者是后者之规范性的基础和根据,即任何制度性秩序之下都必定潜存着一种惯常做法或习俗。其内容可以表述如下:宪法及其法律应当被尊重,惯习性的基本规范是必需的规范性基础。② 由于制度性规范秩序的规范性力量奠基于非正式规范秩序之上,因而制度的规范性也就来自"惯习",其本质是一种集体意向性意义上的相互信念。

虽然魏因伯格和麦考密克都承认制度的"规范性"以及对法律进行规范性审视是极为重要的内容,但这却无法掩盖其中的深层差异。在"规范的首要性"问题上,魏因伯格关心的是其中的"认识论"问题,即"实践的认识论的首要性",③ 而麦考密克则通过对制度或法律的规范性考察意图解决法律制度的"规范性基础"问题,而该基础就在于苏格兰式的"惯习"。因此,二者在"制度的规范观念"上就不仅呈现出"认识论"与"惯习"之间的内容差异,还呈现出"对塔说塔"与"直入塔中"的程度差异。

(四)"实证主义"和"后实证主义"

在魏因伯格那里,"实证主义"的法律观主要由四方面内容构成:规范与价值不可能通过纯粹的认知方式而建立;制度的基础在于人造事实而非任何先验实体;不同的社会规范体系可以共存;道德标准并非法律有

---

① Neil MacCormick, *Institutions of Law: An Essay in Legal Theory*, Oxford: Oxford University Press, 2007, p. 63.

② Neil MacCormick, *Institutions of Law: An Essay in Legal Theory*, Oxford: Oxford University Press, 2007, pp. 49-68.

③ Ota Weinberger, *Law, Institution and Legal Politics: Fundamental Problems of Legal Theory and Social Philosophy*, Dordrecht: Kluwer Academic Publisher, 1991, p. 5.

效性的条件。① 以它为参照系,在与麦考密克相比较的意义上,可以发现:第一点关涉的是非唯知论问题,这实际上也是理论/实践陈述、实践推理的逻辑理论、制度的规范观念都潜在含括的内容;在魏因伯格那里,它主要涉及认识论问题,而麦考密克则放弃了非唯知论并遵从哈特的思路以诠释学的方法来看待此问题。第二点所说的"制度是一种人造事实"等同于制度法理论的本体论建议;二者在此并不存在多大的理论差异,更多的是措辞上的分别,魏因伯格习惯将其称作"人造事实"而麦考密克则始终将其称作"制度性事实"。在第三点上,由于魏因伯格和麦考密克都是从规范角度展开对制度法理论的论述,而且法律和道德都属于规范范畴,从而在"实现规范主义的社会现实性发展"的目标指引下,法律和道德完全可以并存而不相互矛盾。在第四点上,虽然法律和道德同属规范范畴从而可以并存且不相互矛盾,但这并不否定法律与道德之间存在着区别。在《制度法论》一书中他们大致秉持基于"分离命题"的实证主义立场,②但在后期理论尤其是在麦考密克后期对制度法理论的论述中,这一立场发生了变化:魏因伯格仍将其制度法理论称作"制度性法律实证主义",而麦考密克则明确地将其制度法理论归为"后实证主义",并明确承认"当前的制度法理论……不再是一种'实证主义'理论了。无论人们是否将其归于'自然法'传统,它确确实实是一种后实证主义"。③

根据麦考密克早期的观点,一种理论之所以被称作"法律实证主义"主要是基于两个标准:法律之存在不取决于是否满足任何特定的或普遍

---

① Ota Weinberger, *Law, Institution and Legal Politics: Fundamental Problems of Legal Theory and Social Philosophy*, Dordrecht: Kluwer Academic Publisher, 1991, p. 29.

② 对此论述,必须提请注意的是:虽然魏因伯格和麦考密克在合著 *An Institutional Theory of Law* 一书时对法律的实证主义态度基本上能够取得极大共识,但其中仍存在一些细微的差别。比如说,在该书中,魏因伯格的理论意图在于"超越"(beyond)实证主义与自然法,而麦考密克则试图用诠释学方法来对二者进行"调和"(convergence)。请比较:魏因伯格的"Beyond Positivism and Natural Law"与麦考密克的"The Convergence of Positivism and Natural Law"。相关内容,请参见 Neil MacCormick & Ota Weinberger, *An Institutional Theory of Law: New Approaches to Legal Positivism*, Dordrecht: D. Reidel Publishing Company, 1986, Chapter. Ⅴ-Ⅵ。

③ Neil MacCormick, *Institutions of Law: An Essay in Legal Theory*, Oxford: Oxford University Press, 2007, p. 5.

的道德价值(分离命题);法律由人类创立(社会事实命题)。① 按此论述,不管是麦考密克还是魏因伯格自始至终都承认社会事实命题,在此并不存在"后实证主义"之"后"的问题;关键点在于由分离命题凸显出的法律与道德的关系。与哈特式的法律实证主义一样,麦考密克承认法律与道德之间存在概念上的区别;②但这却无法否定二者共同具有的规范性特征以及同属实践理性范畴这一事实,而且它也无法否定区分法律与道德之标准是承载着道德的,区分标准本身"不可能是价值无涉的"。③ 支持法律和道德之分离的理由必定是一个道德理由,就像支持政教分离的理由是一个道德理由一样。这实际上意味着,法律并非可以具有任何内容,内容上的分离命题在此逐步被抛弃。由于法律是一种制度性的规范秩序,它与道德之间的一个差异就在于法律的"制度化",麦考密克据此为法律设定了一个外在的"道德"限制,从而"未经参酌任何合理道德论证的法律条款,就不应当被视作有效的法律"。④ 效力上的分离命题也逐渐被抛弃。在此,麦考密克接受了拉德布鲁赫"极端的不正义将取消法律的存在"的主张;但由于社会事实命题的存在,先验意义上的"理想法典"既是不存在的也是无法接受的,⑤所以对拉德布鲁赫观点的接受并不会使后实证主义的制度法理论成为一种自然法理论。基于此,魏因伯格和麦考密克在法律与道德关系问题上的制度性实证主义与后实证主义的区分就具有了实质意义。魏因伯格虽然认为法律需要满足某种最低限度的道德标准,但这一点却并没有促使他进一步接受法律效力要由某种基于道德内容的考察标准来决定,即便在最低限度的道德标准意义上它也无

---

① Neil MacCormick & Ota Weinberger, *An Institutional Theory of Law: New Approaches to Legal Positivism*, Dordrecht: D. Reidel Publishing Company, 1986, pp. 128-129.
② Neil MacCormick, "The Concept of Law and 'the Concept of Law'", *Oxford Journal of Legal Studies*, vol. 14, no. 1, 1994, p. 7.
③ Neil MacCormick., "Natural Law and the Separation of Law and Morals", in Robert P. George, eds., *Natural Law Theory: Contemporary Essays*, Oxford: Clarendon Press, 1992, p. 111.
④ Neil MacCormick, *Institutions of Law: An Essays in Legal Theory*, Oxford: Oxford University Press, 2007, p. 242.
⑤ Neil MacCormick., "Concluding for Institutionalism", in Maksymllian Del Mar & Zenon Bankowski, eds., *Law as Institutional Normative Order*, Burlington: Ashgate Publishing Company, 2009, pp. 199-200.

法取消法律之存在和效力；①而麦考密克则迈出了这一步，并由此转向了后实证主义。

本章小结

法律的制度话语具有丰富的内涵，它不仅可以意指社会组织或社会秩序，也可意指动态的制度化过程，更可以意指一般哲学层面的制度性事实，而对这些内容的不同侧重相应地就衍生出具有不同特征的制度法理论。综观法律制度主义百余年的"新旧异同"，可以发现：首先，在学术理路上，法律制度主义经历了从重事实到重规范的演进，并逐步呈现出调和事实和规范的理论特征。旧制度主义主要在社会秩序和组织机构这种社会学意义上来理解作为制度的法律，新制度主义则通过制度性事实首先将规范和规范性提升至法律的首要特征，并在此基础上追求"规范主义的社会现实性发展"。其次，在理论渊源上，法律制度主义经历了从理论引入到理论产出的蜕变，并在此基础上促使制度法理论得到更深层次的发展和完善。旧制度主义主要立基于粗糙的社会秩序与个人间关系以及秩序与规范的二分视角来理解作为制度的法律，而新制度主义则不仅引入了语言哲学的制度性事实理论，同时还引入了形式逻辑理论以及实践哲学等理论，更在既有理论基础上开创出非正式言语行为理论以及制度性规范秩序等全新理论资源。最后，在发展内涵上，法律制度经历了从区分法律与道德的"实证主义"到承认法律效力之道德限制的"后实证主义"，表现出理论自主化的不断强化。旧制度主义和早期的制度法理论都基本秉持法律与道德的分离立场，而麦考密克的后实证主义理论则承认"极端的不正义将取消法律的存在"，制度法理论由此开始摆脱实证主义的理论框架并在自身理论之定位的追问中朝着理论自主化的方向大步迈进。

至此，我们不仅得以完全进入麦考密克意义上的制度法理论，而且本

---

① Ota Weinberger, *Law, Institution and Legal Politics: Fundamental Problems of Legal Theory and Social Philosophy*, Dordrecht: Kluwer Academic Publisher, 1991, p. 29.

章第二节和第三节的讨论结论基本上也为后面内容设定了总体性的论述框架。在紧接下来的考察中,"制度性事实"这一基础且核心性的概念会首先得到针对性的处理,并以此开启对麦考密克制度法理论逻辑的专门考察。

第二章 "制度性事实"的法理重释

众所周知,制度法理论尤其是麦考密克的前期理论抑或魏因伯格和麦考密克在《制度法论》一书中所阐述的那种制度法理论是建立在"制度性事实"基础之上的,学界通常所说的"制度法理论"抑或"新法律制度主义"正是以"制度性事实"为本体而构建起来的一种新的法律理论形态。在此基础上,制度法理论不仅为既有法律理论提供了一种新的本体论、方法论和知识论,同时还助推当代法律实证主义的研究视野拓展至实践理性的广阔领域,对此前面已有专门论述。这意味着,"制度性事实"不仅由此成为理解制度法理论的最佳出发点,而且成为考察其内部理论演变的一条主线,这一点在麦考密克意义上的制度法理论中表现得尤为明显。可以说,要理解制度法理论(尤其是前期制度法理论),"制度性事实"无论如何都将是一个不可回避的话题,抛离制度性事实讨论制度法理论或将只是"隔靴搔痒"。然而,细究麦考密克前后期关于制度法理论的论述,我们不免会发出这样的疑问:"制度性事实"这一本体论基础是否得到了一以贯之的坚持?质疑的理由在于:麦考密克后期著述总体上对制度性事实概念的发挥显得非常贫瘠,它在很大程度上转向了对"规范秩序"的强调,以致从中无法明确制度性事实是否仍在发挥作用以及发挥了何种作用;与此同时,后期著述中还存在"制度"对"制度性事实"的明显转换和替代。如果这一隐微式的术语转换具有实质性的意义,那么,制度性事实原本存在的意义和价值将会就此崩塌。托雷教授也同样感慨道,"令人感到不安的是,当我们回过头来看这场题为'作为制度性事实的法律'的讲演时,'制度'的哲学性解读(亦即塞尔主张的'制度性事实')在其结论部分被抛弃了,仅仅只有社会学意义上的使用得到了完全承认"。① 若果真如此,缺失了制度性事实的制度法理论就应当基于其浓厚的社会学色彩而被归入"旧法律制度主义"阵营,新法律制度主义之"新"将就此消解,其旨在辩护的理论也将无法得到证成。

到目前为止,理论界似乎已在制度法理论的研究道路上走了很远而且也确实取得了很多成果,但这一釜底抽薪式的质疑却尚未得到有效的关注和反思。在本章中,该问题将会得到理论层面的整体且融贯性的考察和说明;初步给出的答案将是肯定性的,即"制度性事实"在麦考密克制度法理论(不管是前期还是后期)中实际上都是得到了坚持和贯彻的,只是由于其理论任务的基本设定使得具体的关注点、作用方式以及涵括范围存在不同程度上的差异和一定程度上的拓展。具体论证如下:首先,对制度性事实在塞尔理论和麦考密克理论中的差异给出一个概览,并试图揭示出制度性事实的深层本性(第一节);其次,考察麦考密克对"制度"概念的多样化使用以及制度性事实在其中所处的位置和充当的角色(第二节);再次,在此基础上,进一步考察通过原则与规则的融合(第三节)以及非正式言语行为和惯习的介入(第四节)对制度性事实所实现的法理学改造;最后是一个小结。

第一节 言语行为理论与制度性事实的缘起

众所周知,当代哲学研究经历了一个"语言转向"(the linguistic-

---

① Massimo La Torre., "Reform and Tradition: Changes and Continuities in Neil MacCormick's Concept of Law", in Agustín José Menéndez & John Erik Fossum, eds., *Law and Democracy in Neil MacCormick's Legal and Political Theory: The Post-Sovereign Constellation*, Heidelberg: Springer, 2011, p.65.

turn),罗素曾将其视作"代表着类似伽利略带给物理学的那样一种进步"。① 如果说"语言"是自"语言转向"之后分析哲学"最基本的特征"②,那么经由言语行为理论发展出的制度性事实理论便称得上是其中的一颗耀眼明珠,回溯和考察制度性事实与语言哲学尤其是言语行为理论之间的关系由此就显现非常必要。但需要说明的是,这种"回溯"绝不旨在于满足思想史的个人偏好,而在于整理出一条理解制度性事实的恰当理路,同时也为下文的"非正式言语行为"提供一个可供参照的基础。

按照罗蒂(Richard Porty)的说法,"语言转向"指的是:

> 所有的语言哲学家都通过谈及适合的语言谈论世界。这就是语言转向,即基本方法上的策略,在这一点上日常语言的哲学家和理想语言的哲学家都赞同。同样基本的是,他们之间在有关"语言"是什么和什么样的语言才是"适合"的问题上,存在分歧。一个哲学家当然可以进行这样的转向。但问题是他为什么应该进行这样的转向。为什么这不仅仅是令人讨厌的兜圈子?我将提出以下三个理由:(1)词要么日常地(符合常识的)使用,要么哲学地使用。这 区分在方法论上至关重要。然而,前语言(转向)的哲学家(the prelinguistic philosophers)不进行这样的区分。他们哲学地使用词。显然,这样的使用是不理智的。这些用法需要给予常识的说明。我们可以为此提供这样的方法……(2)前语言(转向)的哲学中的许多悖论、荒唐性和晦涩性来源于不区分说和关于说的说。这样的错误和混乱比人们所设想的更难避免。(3)对于某些东西来说,任何可设想的语言只能是显示(show)它们。在此不是说这些东西不能用文字来表达;宁愿说,正确地(和安全地)谈论它们的方式是谈论语言(语言的句法及其解释。)③

---

① [英]伯特兰·罗素:《我们关于外间世界的知识》,陈启伟译,上海译文出版社1990年版,第2页。
② 张庆熊、周林东、徐英瑾:《二十世纪英美哲学》,人民出版社2005年版,第10页。
③ Richard Porty, *The Linguistic Turn*, Chicago: The University of Chicago Press, 1967, 1970, p.9.转引自张庆熊、周林东、徐英瑾:《二十世纪英美哲学》,人民出版社2005年版,第11页。

语言转向表征着哲学家们对哲学任务之看法的转变。哲学不再是提出一种可以一劳永逸地解决所有问题的整体理论,而是对每一个问题之"意义"的澄清,即"哲学的目标是思想的逻辑澄清。哲学不是任何理论,而是一种活动。一部哲学著作本质上说来是由说明构成的。哲学的结果不是'哲学命题',而是命题的澄清"。① 这种澄清意义的活动亦即人们常说的"分析",其所适用的工具便是"语言"。在这个意义上,语言哲学家大抵多是分析哲学家,语言转向正是在这个意义上成为分析哲学"最基本的特征。"这种整体意义上的、相较于传统的转向一般被称作"外部转向"。经此转向,通过语言从事分析工作的哲学又划分成两种类型,一种是以弗雷格和罗素以及早期维特根斯坦为代表的理想语言学派,另一种是以摩尔与奥斯汀为代表的日常语言学派。作为语言哲学的一个特殊领域,奥斯汀所提出的言语行为理论侧重于分析语言的实际运用,从而将与语言分析和日常生活场景相结合,进一步催生出语言哲学研究的"内部转向",即"语言分析侧重的不是词句的意义,而是言语行为的作用,人们的注意力也就从关注语言说了什么转移到关注语言做了什么"。② 就法学研究尤其是哈特一派以降的法哲学研究而言,后期维特根斯坦尤其是奥斯汀的日常语言哲学具有重要的影响;实际上,制度法理论首先依靠的哲学理论就来源于此,即经由安斯库姆和塞尔分别对维特根斯坦和奥斯汀语言哲学之继承而发展出的那种哲学理论。其中,无论是对于哈特、麦考密克还是塞尔而言,奥斯汀的语言哲学都有着基础性的影响,我们的考察也将由此展开。

一、奥斯汀论言语行为

J. L. 奥斯汀(John Langshaw Austin,1911—1960)的"言语行为理论"旨在运用"语言现象学"的方法探求语言本质,③属于后期较为成熟的理

---

① [奥]维特根斯坦:《逻辑哲学论》,韩林合译,商务印书馆2012年版,第40页。
② 孔慧:《塞尔言语行为理论探要》,上海人民出版社2015年版,第3页。
③ 根据杨玉成教授的研究,奥斯汀语言哲学可分为三个部分:一是语言现象学,这是奥斯汀整个哲学的前提和基础;二是言语行为理论,这是他用语言现象学方法探求对语言本质之认识即语言哲学的重要部分;三是对传统哲学的语言分析,如真理、行为等问题。相关内容,可以参见杨玉成:《奥斯汀:语言现象学与哲学》,商务印书馆2002年版,第7页。

论内容；在理论前期，奥斯汀的贡献在于对"施事话语"（performative utterance）的研究。与传统哲学家或语言学家对语言之"描述功能"的认知不同，①经由内部转向之后的语言哲学认为，语言除具有描述功能外还可以被用于诸如命令、祷告等，即他所区分出的"记述话语"（constative utterance）和"施事话语"（二分法）；二者存在性质上的差异。② 记述话语是一个具有真值的句子，它要么为真要么为假；比如说，当我们说"苏格拉底已死"时，这一陈述的真或假便可以通过是否与事实相符来进行真假判断。与之相对，施事话语则不在于陈述事实或描述状态，而在于"施事"，即奥斯汀所说的"说话就是做事"；③在这里，不存在是否与事实相符合的问题，继而也就不具有真值问题，而只有"适当与否"（felicitous or infelicitous）这样的评判标准或问题。当我因不小心踩了你一脚而马上对你说"对不起"时，我在说出这句话的时候不是在描述"对不起"这样一个事态，它也不存在是否为真的问题；相反，它是在完成一个行为或者说在"做事"，即我在向你道歉，在这里只有"适当或不适当"的问题。很明显，在此处，"对不起"这一言语行为是适当的，而如果我因踩了你一脚还对你说"这都是你自找的"，那这一言语行为就可能是不适当的。

　　这种理论划分在后期被修正了，因为施事话语并非完全与真假无关。在某些情况下，施事话语是否适当不仅取决于说话者的权利、场合等因素，而且也取决于说出这句话是否与实际情况相符合，④因而需要"重新考虑说些什么就是做些什么，或在说些什么当中我们做些什么，甚至经由

---

① "尽管他们承认使用语言本身是一种行为，但他们仅仅把这种行为看作陈述或描述这样的言谈行为，而言谈行为和其他行为是可以区分开的，所谓的'言行不一'表明的就是言谈行为与实际行为的不一致。"参见杨玉成：《奥斯汀：语言现象学与哲学》，商务印书馆 2002 年版，第 67 页。

② 根据杨玉成教授的概括，施事话语的基本特征体现在三个方面：其一，"施事话语"在形式上是无懈可击的、极为普通的直陈式，其中不包括奇怪的或危险的词而且在结构上不成问题，它们在语法上与"陈述"无异；其二，它们实际上根本不陈述任何东西，因此是无真假的；其三，这类语句的说出不是在说点什么，就是说，不是在做陈述或报道这样的言谈行为，而是在做另外的一些事情，如做道歉、保证、许诺等约定俗成的社会行为。由此，这三个特征的存在，这类话语才被称为"施事话语"。参见杨玉成：《奥斯汀：语言现象学与哲学》，商务印书馆 2002 年版，第 68—69 页。

③ ［英］J. L. 奥斯汀：《如何以言行事》，杨玉成、赵京超译，商务印书馆 2013 年版，第 15 页。

④ 江怡：《分析哲学教程》，北京大学出版社 2009 年版，第 181 页。

说些什么我们做些什么究竟有多少种意义"。① 这便是后来著名的"言语行为理论"(theory of speech-acts),亦即对言语行为的"三分",此时的言语行为理论是要弄清"总的言语语境中的整个言语行为。"②它包括三个层面的内容:以言表意行为(locutionary act)、以言行事行为(illocutionary act)以及以言取效行为(perlocutionary act)。其中,以言表意行为即通常意义上的"说些什么",相当于说出某个具有意义(包括含义和所指的语句)的语言(其公式为:saying something);以言行事行为是在说话过程中实施"言外之事",即说出的话语具有某种力量从而完成一定的行为,如许下承诺(其公式为:In saying X, I was doing Y);以言取效行为则是经由说些什么之后对说话者或听众或其他人所产生的影响,如通过说出一个论证理由而使你信服(其公式为:by saying X, I did Y)。③ 比如说:

A1. 以言表意行为:

他对我说"枪毙她!"用"枪毙"意指枪毙,用"她"指称她。

A2. 以言行事行为:

他力劝我(劝告、命令等)枪毙她。

A3. 以言取效行为:

他促使我(或使我,等等)枪毙她。④

其中,奥斯汀最关心同时对法理学抑或制度法理论影响最直接的是"以言行事行为";这不仅是因为我们说出的每个句子都具有以言表意和以言行事的双重作用而不仅仅是"吐语"或"吐词",而且以言取效应当被看作以言行事的必然结果,⑤以言行事行为所处理的则是一个关于语力或言语所履行之功能问题。⑥ 虽然奥斯汀的前后分类存在较大的差异,但在笔者看来,施事话语以言行事行为的基本性质或内容却从未发生

---

① [英]J.L. 奥斯汀:《如何以言行事》,杨玉成、赵京超译,商务印书馆2013年版,第90页。
② 杨玉成:《奥斯汀:语言现象学与哲学》,商务印书馆2002年版,第81页。
③ 更为详细的阐述,参见杨玉成:《奥斯汀:语言现象学与哲学》,商务印书馆2002年版,第80—93页。
④ [英]J.L. 奥斯汀:《如何以言行事》,杨玉成、赵京超译,商务印书馆2013年版,第96—97页。
⑤ 江怡:《分析哲学教程》,北京大学出版社2009年版,第182—183页。
⑥ 杨玉成:《奥斯汀:语言现象学与哲学》,商务印书馆2002年版,第29页。

任何实质性的变化。依据具体语言中以言行事行为的动词属性，奥斯汀进一步将"以言行事行为"区分为五种类型：(1)裁判式(verdictives)；(2)运用式(exercitives)；(3)承诺式(commissives)；(4)表态式(behabitives)；(5)表明式(expositives)。① 按照哈贝马斯的说法，奥斯汀只对承诺式言语行为作了明确界定，即"言语者通过承诺、威胁、宣告、发誓、契约等，来保证他将完成一定的言语行为"。但划分仍比较粗糙和模糊，即"它们之间并非泾渭分明；也就是说，奥斯汀的分类并没有做到不同的现象对应不同的范畴，也没有做到一种现象仅仅对应一个范畴。"② 不得不说，奥斯汀对言语行为的分类的确比较狭隘，其主要原因在于：其一，"奥斯汀所做的是对英语的以言行事动词的归类，而非对以言行事动词的归类"。③ 其二，他对语言哲学中的两个主要内容，即意义和语言与世界的关系较少关注，从而只为言语行为理论扩展至实在社会或世界开启了一个狭窄的通道。这使得奥斯汀的言语行为理论的影响范围仍然非常有限，对于法理学的启示而言亦是如此；它更多地只能停留在个别法律词汇的精细解读层面，而这种突破和拓展工作是由其高徒塞尔完成的。

二、塞尔论言语行为与制度性事实

塞尔批判了奥斯汀的言语行为理论尤其是其基本分类，其问题在于"动词与行为之间一直混淆不清，并不是所有动词都是言外动词；类型之间有太多的重叠；同类型内部异质性明显；种类中列出的动词有许多与种类定义不相符；以及最重要的，没有一个一贯的划分原则"。④ 根据一种复杂的差异类型比较，⑤塞尔将言语行为重新区分为以下五种类型："断言式"(assertives)、"指引式"(directives)、"承诺式"(commissives)、

---

① [英]J. L. 奥斯汀：《如何以言行事》，杨玉成、赵京超译，商务印书馆2013年版，第138—139页。
② [德]尤尔根·哈贝马斯：《交往行为理论：第一卷行为合理性与社会合理化》，曹卫东译，上海人民出版社2018年版，第399页。
③ 孔慧：《塞尔言语行为理论探要》，上海人民出版社2015年版，第38页。
④ [美]约翰·R. 塞尔：《表达与意义》，王加为、赵明珠译，商务印书馆2017年版，第24页。
⑤ 其分类标准实际上比此处所考察的更为复杂，他至少明确列举了12个方面的差异。参见[美]约翰·R. 塞尔：《表达与意义》，王加为、赵明珠译，商务印书馆2017年版，第12—18页。

"表情式"(expressives)、"宣告式"(declarations)。断言式言语行为告诉人们事物是什么样的,如陈述和断言;指引式言语行为告诉人们做什么事情,如命令和指挥;承诺式言语行为使得自己做什么事情,如承诺和誓言;表情式言语行为表达人们的情感和态度,如道歉和致谢;宣告式言语行为使得某种情况成为事实,通过宣告它成为事实而成为事实,如宣告战争和宣告休会等。① 在此,无论是奥斯汀的理论还是塞尔的理论,其中需要进一步追问的问题是:以言行事是如何可能或如何实现的?

针对这一问题,塞尔曾以"承诺"为例进行过说明,由此揭示出以言行事的基本结构,即 F(p),并认为该结构具有普遍的说服力。其中,塞尔将对以言行事所具有的语力 F 和命题内容 p 进行了区分。其中,命题内容 p 并不是一个新鲜话题,哲学史上有过大量的论述;而以言行事的语力 F 则是言语行为理论相较于其他语言哲学的甄别特征之一。在他看来,任何一个话语都具有以言行事的结构 F(p),举例来说:

B1. 请你嫁给我这个穷书生。
B2. 你会嫁给我这个穷书生吗?
B3. 你会嫁给我这个穷书生的。

在这三个表达中,每一句在形式上都具有以言行事的形式结构 F(p),而且都具有"嫁给我这个穷书生"这一相同的命题内容,各自表达的以言行事的语力 F 却不尽相同:第一个是请求,第二个是疑问,第三个是预判。相同的命题内容可以具有不同的以言行事力,而相同的以言行事力也可以具有不同的命题内容。尽管有以言行事的形式结构 F(p)存在,但"我们是怎样从发出的声音达到以言行事的行为的?"这一问题本身却仍没有得到解决,至少单凭说话人说出这句话是不充分的。这里就是罗德岛,塞尔必须从这里"跳跃"至语言与世界之关系的说明以及对实在世界之建构的阐述。这一问题实际上等同于传统语言哲学所关注的"语言如何与实在世界相关联"这一问题,塞尔通过创造性的转化对该问题进行了回答,认为"'你是怎样从声音达到以言行事的行为类型的?'这

---

① [美]约翰·R. 塞尔:《表达与意义》,王加为、赵明珠译,商务印书馆 2017 年版,第 33—41 页。

个问题实际上与'心灵是怎样对单纯的符号和声音赋予意义的?'的问题是相同的"。① 这一转化非常重要,因为关注的对象实际上已从对"言语行为"的考察转向了对"意义"问题的考察;而"理解意义的关键就是:意义是派生的意向性的一种形式"。② 也正是在这里,意欲对语言与实在世界之关系抑或对实在世界之建构作出解释,塞尔就必须将言语行为延伸至对"意向性"的考察,而他所谓的意向性又与欧陆现象学意义上的那种意向性相区别。对于其中的具体内容,我们会在"集体意向性"部分作进一步的阐述;在这里,还有一个关键问题等待我们解答,即在不涉及意义和意向性的情况下,言语行为或者更准确地说宣告式言语行为与制度性事实之间的关系如何?

(一)宣告式言语行为及其结构

无疑,"宣告式言语行为"对于"制度性事实"具有更为独特的意义。在后期著作中,塞尔表达了"宣告式言语行为"和"制度性事实"之间的一个比较强的理论主张,即"所有的制度性事实……是借由我在 1975 年命名为'宣告式'的那类言语行为而被创立起来的"。③ 在此,我们将通过分析宣告式言语行为的基本结构 F(p) 来对其进行说明;由于语力 F 在 F(p) 中至关重要,因而我们的考察重点主要地集中在以言行事的语力 F 之中。

语言具有描述或表征世界的功能,如"雪是白的""汤姆是个男的"等,这实际上就是奥斯汀所说的"记述话语";而语言描述世界的真假取决于它在多大程度上表征了世界上的事物是怎么样的。塞尔在该问题上的一个推进在于,他赋予了语言与世界之间不同的"适应指向"。以言表意行为是对世界的一种表征,在此,我们可以通过谈论其真假来进行检验,因而它具有"语言向世界"的适应指向;而以言行事行为和以言取效行为则在于改变世界以便与言语内容相一致,从而具有"世界向语言"的

---

① [美]约翰·塞尔:《心灵、语言和社会:实在世界中的哲学》,李步楼译,上海译文出版社 2001 年版,第 133 页。
② [美]约翰·塞尔:《心灵、语言和社会:实在世界中的哲学》,李步楼译,上海译文出版社 2001 年版,第 135 页。
③ [美]约翰·塞尔:《人类文明的结构:社会世界的构造》,文学平、盈俐译,中国人民大学出版社 2014 年版,第 9 页。

适应指向;如"我向你承诺明天准时来探望你",在此,"我"并非在表征我行为的某种状态,而在于要通过它来引起"我"将来"来探望你"这一行为的发生,亦即塞尔所说的"改变世界"。

就我们此处所关心的宣告式言语行为而言,其结构为:D↕Ø(p)。D是以言行事语力 F 的一个子类,p 是命题内容,↕是语词和世界的双重指向,Ø 是指真诚条件不存在(与本书主题关联不大,故不作延伸),其结构由此可以简化为 D↕(p)。其中,宣告式言语行为的双重适应指向的要点在于:我们通过说出这句话从而让世界发生变化以符合言语行为的内容(世界向语言),而我们之所以能够成功地这样做,其原因在于我们将世界表征为有这样的变化(语言向世界)。"世界向语言"的适应指向使得言语行为得以能够改变世界,而将世界表征为有如此变化的"语言向世界"的适应指向则使得我们能够成功地这样做。在塞尔那里,语词之所以和世界具有不同的适应指向,"这是受以言行事力量 F 所决定的,即语力 F 决定了命题内容 p 和世界的关系是如何的。"① 比如说,当法官宣布:"你有罪。"那么不管真实的案件事实如何,从法律的角度来说,你就有罪。在这一例示中,法官通过说"你有罪"将你的行为描述为具有这样一种状态(语言向世界),与此同时,法官通过说出"你有罪"让世界发生某种变化,即让你"从无罪变为有罪"来符合这一宣告式言语行为的命题内容(世界向语言),该命题内容就是"你有罪"。

宣告式言语行为既神秘又不神秘。它之所以不神秘,是因为在此之外存在着"超语言机制",即语言机制之外的基本规则,这使得宣告式言语行为得以成功,②而我们对这些规则实际上都持有一种"默会知识"。比如说,在法官宣布"你有罪"的例子中,法官作为说话人实际上占据了某种特殊地位,这是我们不自觉的前提。它之所以神秘,是因为我们竟然能够仅仅通过将对象表征为如其所创立的那样而创设起某种客观存在的东西;这似乎是在玩弄一种语言游戏,即将 X 当作 Y。在笔者看来,在言语行为理论的意义上,宣告式言语行为实际上就是一种语言游戏,但它却

---

① 孔慧:《塞尔言语行为理论探要》,上海人民出版社 2015 年版,第 46 页。
② [美]约翰·R. 塞尔:《表达与意义》,王加为、赵明珠译,商务印书馆 2017 年版,第 31 页。

是极具解释意义的,因为在 X 向 Y 的转换过程中,宣告式言语行为通过语言赋予了 X 一种新的东西,这种东西使得 X 成为 Y 得以可能。这种新的东西就是语言在"X 在 C 中算作 Y"的构成性规则下赋予 X 的"地位功能"。通过宣告式言语行为,Y 由此获得新的地位功能并成为一种事实,而且在塞尔看来,"这是创立制度性实在的最普遍的形式"。① 这即说,除了"语言"自身这一制度性事实之外,所有其他的制度性事实从而也就是整个世界文明"都是通过与宣告式言语行为有着相同逻辑形式的言语行为而创立起来的"。② 这意味着,在创设制度性事实继而在构建实在社会的意义上,言语行为并非严格地遵从宣告式言语行为,而是与宣告式言语行为具有相同逻辑形式的言语行为都能发挥这样的作用,即赋予 X 以 Y 的地位的"构成性规则"。

(二) 构成性规则:X 在 C 中算作 Y

塞尔对调整性规则和构成性规则的使用具有特定的含义并指向特定目标。调整性规则指的是调整在先行为的规则,如"车辆靠右行""禁止杀人"等;这些行为受到规则的调整和影响,但它并不是由于规则本身的缘故才得以产生或存在的;而构成性规则不仅调整受其调整的行为,而且还使得受其调整的行为得以可能产生,如象棋规则,"调整性规则的典型形式是'做 X';构成性规则的典型形式是'X 在 C 中算作 Y'"。③ 形式为"X 在 C 中算作 Y"的构成性规则对于"制度性事实"极为重要,因为"制度性事实只有在构成性规则的系统内才存在"。④ 这就是说,构成性规则系统为创设制度性事实之存在提供了可能性;延伸开去,这同时也意味着,不是制度创设规则,而是(构成性)规则创设出制度(制度实例)。具体而言,"X 在 C 中算作 Y"所表达的意思是,它"规定了一组制度性事实

---

① [美]约翰·塞尔:《人类文明的结构:社会世界的构造》,文学平、盈俐译,中国人民大学出版社 2014 年版,第 11 页。
② [美]约翰·塞尔:《人类文明的结构:社会世界的构造》,文学平、盈俐译,中国人民大学出版社 2014 年版,第 11 页。
③ [美]约翰·塞尔:《人类文明的结构:社会世界的构造》,文学平、盈俐译,中国人民大学出版社 2014 年版,第 8 页。
④ [美]约翰·R. 塞尔:《社会实在的建构》,李步楼译,上海人民出版社 2008 年版,第 25 页。

和制度性对象,其中 Y 项表示的是某种超出 X 项所表示对象的单纯物理特征以外的东西。而且,'算作'这种说法是表示通过集体意向性赋予的与一种功能相联系的地位特征,地位以及与之相联系的功能在这里超出了可以归于物理对象的单纯的无情性物理性功能范围"①。之所以需要这样的构成性规则,其原因在于,单凭物理对象本身并不足以达致"Y",而是需要在其中增添某种东西,即地位功能的赋予;这使得 Y 获得一种新的地位,这种地位原本并非为 X 所拥有。由于构成性规则能够将这种功能赋予 X,因而,在适当的情况下实行行为就能构成这种功能赋予,从而构成一种新的制度性事实。然而,单凭 X 本身不足以保证 Y 所赋予的功能得以实现;在 X 算作 Y 的过程中,必须有"算作"的参与,而"算作"指的就是在功能赋予的过程中集体的同意或接受。

(三)集体意向性

在"算作"的意义上,"制度性事实"是一个关于集体意向性的问题;塞尔不止一次地说道,"地位功能凭借集体意向性而被创立"②。或许正是由于塞尔的这种表述,致使当前某些法理学者在解读制度性事实理论时仅仅只是关注其中的集体意向性维度,乃至以为只要有集体意向性的存在,任何一种制度性事实都可以得到创设和维持,甚至是将制度性事实简化为一个"认同"问题。③ 在笔者看来,这明显背离了塞尔制度性事实理论的原意;因而,我们必须马上对这一判断进行限定;这一限定来自"言语行为理论",即"语言是制度性实在的根本构成性因素"。与此同时,我们也应注意到,"X 在 C 中算作 Y"主要表征的是言语行为,尤其是塞尔所说的宣告式言语行为理论之运用,因为"X 在 C 中算作 Y"是宣告式言语行为的"常设形式"。④ 这并不是要在制度性事实理论中评判出言语行为和集体意向性孰轻孰重,而是说,我们所进行的考察应该有一个基本的

---

① [美]约翰·R. 塞尔:《社会实在的建构》,李步楼译,上海人民出版社 2008 年版,第 39 页。
② [美]约翰·塞尔:《人类文明的结构:社会世界的构造》,文学平、盈俐译,中国人民大学出版社 2014 年版,第 7 页。
③ 李锦辉:《规范与认同:制度法律理论研究》,山东人民出版社 2011 年版,第 92—207 页。
④ [美]约翰·塞尔:《人类文明的结构:社会世界的构造》,文学平、盈俐译,中国人民大学出版社 2014 年版,第 12 页。

视角或立场,一种是塞尔制度性事实理论本身的视角,一种是麦考密克意义上制度法理论的视角,而后者则是我们展开考量的一个基本遵循。

集体意向性是意向性理论的一种,而"意向性是为许多心智状态和事件所具有的这样一种形式,即这些心智状态或事件通过它而指向(direct at)或关于(about)或涉及(of)世界上的对象和事态。"① 意向性问题之所以重要性,表面上看是为了给前期语言哲学理论(体现在诸如《言语行动》《表达和意义》等著述中)"提供一个基础"。② 而根本上则涉及"我们如何能将物理学、化学和其他基础科学所描述的世界的观念与我们对于人类自身的知识或我们以为如此的知识统一起来?"这一哲学根本问题。秉持"生物学自然主义"(即意识和意向性都是由神经生物过程引起的,并实现于神经生物过程之中),并在阐述意向性的一般结构的基础上,③

---

① [美]约翰·R.塞尔:《意向性:论心灵哲学》(修订译本),刘叶涛、冯立荣译,上海人民出版社 2019 年版,第 1 页。

② [美]约翰·R.塞尔:《意向性:论心灵哲学》(修订译本),刘叶涛、冯立荣译,上海人民出版社 2019 年版,第 1 页。

③ 由于意向性是关于(about)或指向(direct at)或涉及(of)某对象或事态的,即"意向性"在本质上是一个心灵或大脑或意识与对象或事态之关系的概念,这使得意向性自然与意识具有内在的关联。与前面所说的言语行为结构 F(p)类似,每一种意向性状态都包含两个方面的内容或要素,即意向性状态的类型与命题内容。塞尔其符号化地表达为"S(p)",S 指的是意向状态之内容,p 则指的是意向内容[对象或事态以及"命题"(如勾股定理)]。比如说,在"我相信/认为/希望你能按期毕业"这种情形中,"相信""认为""希望"便是意向性的"类型",而它们包含的命题内容都是"你能按期毕业"。与言语行为结构一样,不同的意向内容可能会具有相同的意向内容,而相同的意向类型也可以具有不同的意向内容。当然,也并非所有的意向状态都具有完整的意向内容,有的意向性可能仅仅只是对一个对象的表征,塞尔将它符号化地表达为"S(n)";比如说,在"我恨你"这样的情形中,意向状态为"恨",而意向内容即命题内容却并不存在,仅仅只有一个关于"你"的表征存在。

此外,由于"意向性"在本质上是一个心灵或大脑或意识与对象或事态之关系的概念,因而二者之间具有怎样的关系便是意向性理论的一个考察重点,这涉及"适应指向"的问题。塞尔区分了四种适应指向,其中与本书主题密切相关的适应指向主要有两种:一种为"心灵向世界的适应指向"(用箭头↓表示),一种为"世界向心灵的适应指向"(用箭头↑表示)。前者如"信念"这一类型的意向状态,比如说,在"我相信你获得成功"这种情形下,当且仅当"你获得成功"时我的这一信念才为真,而不是因为我具有这样的信念才使得你获得成功。后者则如"欲望"(以及"意图")这一类型的意向状态,比如说,在"我希望你获得成功"这种情形下,"你获得成功"并不会使我的"希望"为真或为假,它只会使我的"希望"得到满足和或受挫;而且,我的"希望"落空也不是因为我的意向状态本身出了问题,而在于"你没有获得成功",即塞尔所说的"错在世界"。在此,塞尔引入了一个非常重要的概念,即"满足条件",它指的是"意向状态得到满足时在世界上必须满足的条件"。这使得意向状态可以被看作对其满足条件的表征,意向状态表征其满足条件,通过对满足条件的分析我们便可以达致对意向性的分析,满足条件也就成为理解意向性及塞尔考察了集体意向性。①集体意向性肯定是存在的,②且是重要的。从第一人称单数的"我—意向"(I-intention)到第一人称复数的"我们—意向"(we-intentions)展示出的通常是"全部人类社会本体及整个人类社会之根本部件的东西"。③集体意向蕴含着合作;在此,塞尔区分出了两种不同意义上的集体意向性:强劲形式(合作)与温和形式(集体承认或接

其结构的关键所在。就上面所举的例子来说,在"我相信你获得成功"这样的世界向心灵的适应指向中,"你获得成功"便是我的"相信"这一意向状态得以满足时在世界上所必须满足的条件,即"满足条件";而分析"我相信"这一信念意向,其关键在于分析"你是否获得成功"这一满足条件。这实际上也凸显出塞尔对"行为"的关注,虽然它并不是我们在这里的关注重点。将言语行为的结构和意向性的结构稍加对比,我们就可以很明显的发现,意向性理论中的"心灵与世界"的适应指向和言语行为中的"语词与世界"的适应指向在结构上简直是一个模子刻出来的,如"我相信你会获得成功"的心灵向世界的适应指向与"我命令你获得成功"的施事话语中,其结构便极其相似。塞尔认为:在意向状态的情形下,是以不同的心理模式而具有相同的命题内容,在言语行为的情形下,是以不同类型的施事语力而具有相同的命题内容。此外,我的信念可以为真或为假,因而具有心灵向世界的适应指向,我的陈述也可以为真或为假,因而具有语词向世界的适应指向。正如我的欲望和意图不是为真或为假,而是以各自不同的方式得到满足或未得到满足,我的命令或承诺也不是为真或为假,而是以各自不同的方式获得满足或未获得满足,在命令的情形下,是被遵守或未遵守,在承诺的情形下,是得到履行或未得到履行。参见[美]约翰·塞尔:《人类文明的结构:社会世界的构造》,文学平、盈俐译,中国人民大学出版社 2014 年版,第 29 页。

① 在当代心灵哲学的既有讨论中,意向性与集体意向性之间涉及较为复杂的内容,如"意向性"是何种意义上的,个体的还是集体的?为什么不是个体的?集体的意向性又是如何可能的?(相关讨论,可以参见柳海涛:《集体意向性研究》,中国社会科学出版社 2018 年版)。我们无法也没有必要涉及这些话题,只需要集中考察集体意向性在塞尔制度性事实理论所扮演的角色。

② 塞尔提出了三个论题,它不仅用于证明集体意向性之存在也用于证明集体意向性并非就是个体意向加上共享信念,而每一个论题都涉及直觉、标志和假设三部分:论题 1:真实存在着不同于个体意向性之总和的集体意向性行为。想象一下:公园草地上的人们由于突然下雨而全都跑向附近的一个避雨处,他们虽然都有"我要跑向避雨处"的意向,但这些意向都是相互独立的,他们全都跑向避雨处不是一个集体行为,因而其中也不存在集体意向性;而旅游团要求所有成员到一个指定的避雨地点集合,他们的行为和避雨的行为在外观上是相似的,但后者却与之明显不同,因为其中每一个人的"我—意向"都要解释为来自集体的"我们—意向",因而集体意向性是存在的。论题 2:集体不能被还原为一系列的个体意向。想象一下:球队比赛中,每一个球员的意向并不是将"我们正在比赛"当作他意向的全部内容,他仅仅是共享了这一集体意向但却各自做着自己角色相应的具体任务。论题 3:集体意向性是一种原初的意向性形式,不能被还原为个体意向性加上共同信念。相关内容,可以参见柳海涛:《集体意向性研究》,中国社会科学出版社 2018 年版,第 44—46 页。

③ [美]约翰·塞尔:《人类文明的结构:社会世界的构造》,文学平、盈俐译,中国人民大学出版社 2014 年版,第 45 页。

受)。对于强劲的集体意向性而言,"我—意向"加上交互信念这种方式是不适用的,因为它涉及的"不只是参与者仅仅拥有一定的态度及其交互信念"。① 只有在温和的集体意向性类型中,它才可以被还原为"我—意向"加上交互信念这种方式。合作与集体承认或接受的一个主要区别在于,合作必须有进行合作的集体意图,而集体承认或接受却不需要,它甚至可以呈现为一种"顺从"的状态。为此,塞尔专门举了商学院的例子用以说明:一个人在某意识中有一个目标,别人也可以有同样的目标;他们有相同的信念,但却不一定有合作的行为或意向。集体意向性的这种类型区分实际上暗示着制度性事实本身可能会存在集体意向性程度上的相应差别,因而有的制度性事实可能需要强劲的集体意向性,而有的则只需要温和的集体意向性。

(四) 功能赋予

集体意向性除了被用于理解合作、集体承认、接受之外,它所具有的一个更为重要的或积极性的作用就在于"功能赋予"。在塞尔理论中,"功能"是一个相对于意向性而存在的一个概念,而非社会学研究中的任何一种"功能分析"或"功能性解释"。这意味着,"功能绝不是固有的,它们是被赋予的与使用者或观察者的兴趣相关的功能"②。在后期著作中,他将功能称为"满足目的的事由"③。以便于进一步凸显功能是作为一个相对于意向性继而也就是相对于心灵而存在的概念。而"赋予"概念实际上暗含着"人类和其他某种具有一种明显的赋予对象某种功能的能力"④,这种能力是通过"集体意向性"而达致的,即"集体地赋予功能的这一步只能通过集体的同意或接受才能实现这种功能,这才是形成制度

---

① [美]约翰·塞尔:《人类文明的结构:社会世界的构造》,文学平、盈俐译,中国人民大学出版社 2014 年版,第 62 页。
② [美]约翰·R. 塞尔:《社会实在的建构》,李步楼译,上海人民出版社 2008 年版,第 17—18 页。
③ [美]约翰·塞尔:《人类文明的结构:社会世界的构造》,文学平、盈俐译,中国人民大学出版社 2014 年版,第 61 页。
④ [美]约翰·R. 塞尔:《社会实在的建构》,李步楼译,上海人民出版社 2008 年版,第 14 页。

性事实的关键性因素"①。这是一种相对于"无行为者功能"的"有行为者功能"。

在所有的"功能赋予"情形中,塞尔所着重关注而且对制度性事实非常重要的功能类型是"地位功能"。"功能"总是与相应地位具有内在联系的功能,因此对地位的陈述一般都包含相应的功能要素在内。相比于其他类型的功能,"地位功能"的两个独特特征在于:其一,地位功能的最初创立和持续存在都有赖于集体意向性;其二,其功能不是凭借物理结构或不是单凭物理结构而获得,而是凭借集体的赋予某种地位或承认某种地位而获得。② 举例来说,心脏具有泵血的功能,这当然也是"满足目的的事由"意义上的功能,从而也是相对于意向性而存在的;但这种功能首先是心脏本身所具有的一种物理能力,它不需要通过集体意向性而进行创立或维持便能存在;在这个意义上,心脏泵血并不是塞尔所说的"地位功能"。与之相对,货币所具有的"清偿公私债务"的功能就是一种地位功能,这种清偿公私债务的能力并不是因为"纸"的物理结构而获得的,而是源自集体意向性的创设和维持;没有这种源自集体意向性的承认,货币的这种功能便不可能得到实现,这同样适用于其他类型的制度性事实。因此,功能暗含着地位的陈述,而地位功能的发挥又离不开集体意向性。地位功能作为一种有行为者的功能,它涉及诸如行动者的目的、意图等价值因素,因而它需要使用者方面持续的意向性来维持,而无行为者的功能则不需要。③ 当依据"X 在 C 中算作 Y"的构成性规则赋予 X 以 Y 的地位功能时,制度性事实便由此创设;而由于 Y 的地位功能需要使用者的集体意向性之创设和维持,继而制度性事实也无法离开集体意向性而创设和维持。

在早期关于制度性事实的论述逻辑中,塞尔将"地位功能"列为首位(功能赋予、集体的意向性和构成性规则),虽然这一序列在后期著作中

---

① [美]约翰·R. 塞尔:《社会实在的建构》,李步楼译,上海人民出版社 2008 年版,第 35 页。
② [美]约翰·塞尔:《人类文明的结构:社会世界的构造》,文学平、盈俐译,中国人民大学出版社 2014 年版,第 62 页。
③ [美]约翰·R. 塞尔:《社会实在的建构》,李步楼译,上海人民出版社 2008 年版,第 15—19 页。

有所变化(集体意向性代替功能赋予居于首位),但本书认为这种调换并没有任何实质性的意义。因为制度性事实的存在要依靠集体意向性的功能赋予,而无法进行功能赋予的集体意向性便会失去其在理论逻辑中的重要性。地位功能的赋予揭示出集体意向性在制度性事实中发挥作用的基本方式,而且还在于它将意向性理论与言语行为理论关联起来,从而使得在凸显集体意向性的时候仍然保持言语行为理论在功能的宣告或赋予地位功能中所扮演的作用,继而也就是在制度性事实中扮演的作用;这不仅是因为与地位功能相伴随的是一系列的道义性权力,还在于它与赋予地位功能的逻辑运算,即构成性规则相联系。因而,在不准确的意义上,我们可以将地位功能、集体意向性和构成性规则分别看作理解制度性事实的三个不同角度,尽管集体意向性似乎在其中充当着更为核心的因素。①

第二节 制度性事实的内在差异

在考察完哲学层面亦即塞尔意义上的制度性事实这一概念或理论后,我们由此开始转向法理学层面或制度法理论中所使用的"制度性事实",以便进一步揭示其间的联系与差异。

一、法学视野中的制度性事实

根据国内法理学界的刻板印象,要理解塞尔的"制度性事实"概念及理论只需要把握刚才所考察过的"集体意向性""地位功能""构成性规则"三个概念工具便已足够;这似乎意味着,三者是制度性事实的充分条件甚至可以进行等同。② 而且,塞尔本人似乎也经常以这样的方式来描

---

① "揭示制度事实的本性,我们需要三个核心要素:集体意向性、功能赋予和构成性规则。其中集体意向性是其核心要素。"参见文学平:《论集体意向性及其在社会生活中的地位》,载《浙江大学学报(人文社会科学版)》2012年第3期,第207页。

② 相关内容,可以参见马驰:《法律规范性的基础:以法律实证主义的演进为线索》,法律出版社2013年版,第168—185页;以及余涛:《后实证主义语境下的法概念研究:以尼尔·麦考密克的法律制度理论为基点》,法律出版社2019年版,第110—122页。

绘制度性事实,前述看法由此得到进一步加强。按此进路,制度性事实的内部结构在于:集体意向性是制度性事实的"核心要素",它发挥作用的方式并不是为纯粹事实带来任何物理性或生物性层面的变化,而是赋予其地位功能;地位功能是被赋予的且与使用者或观察者之兴趣相关的功能,其基本形式表现或依赖于"X 在 C 中算作 Y"这种构成性规则形式。具体而言,通过集体意向性而实现的地位功能赋予承载着道义性权力并且也通过道义性权力来发挥作用,道义性权力的存在为人类行为提供了独立于欲望的理由,这是人类社会团结的"黏合剂"。这就意味着,在没有集体意向性参与的情况下,作为纯粹事实的一张纸便绝对不可能具有地位功能,而当人们集体性地赋予其"纸币"这一地位功能时,原本物理性的一张纸(纯粹事实)便成为能够进行交换和流通的货币(制度性事实)。但是,地位功能的赋予是通过言语行为(尤其是"宣告式言语行为")来完成的,而且也正是言语行为使得"X 在 C 中算作 Y"的构成性规则得以成立。由此,制度性事实是一套构成性规则,而且只有在构成性规则的系统内才能得以存在。

  这是一种简化的理解,它虽然有助于我们快速地达致对制度性事实的概括性认知,但这种认知是否能够有助于我们理解制度性事实与制度法理论之间的关系却是值得怀疑的。首先,三个概念工具只是达致制度性事实的可能性条件,塞尔本人在承认这些条件发挥重要作用时并未明确主张它们就具有完全的充分性,因为除此之外还包括"背景"等要素。[①] 其次,即便我们最后得出结论说三个概念工具是理解制度性事实的充分条件,但它仍是塞尔意义上的"制度性事实"的那种含义,而且还主要是在后期关注意向性问题和社会世界的构造时所阐述的那种制度性事实理论;显然,它无法径直地被用于理解制度法理论语境下的"制度性事实",更无法将其直接等同于麦考密克意义上的制度性事实。最后,而且也是最为重要的是,三个概念虽然构成了制度性事实,但仍只不过是理解制度性事实的工具性概念,它们并未揭示出制度性事实的原初样貌和基本性质;我们必须透过这些表面论述进入对制度性事实之本性的考察,以

[①] [美]约翰·R.塞尔:《社会实在的建构》,李步楼译,上海人民出版社 2008 年版,第 13 页。

便于进一步明确:制度性事实在本质上是一种集体意向性?一种规则?还是一种言语行为?实际上,只有通过这样的方式我们才能理解麦考密克对制度性事实进行改造的内在逻辑。

无疑,制度性事实无法离开"集体意向性"存在,塞尔将其表述为"核心要素""必不可少的""关键性因素";这种独特的论述致使某些法理学者不仅不加反思地将制度法理论归结于为一种关于集体意向性的理论,同时还将其与共享信念、认同以及制度经济学进行简单的类比乃至是予以相互等同。① 在塞尔那里,"意向性"是"许多心智状态和事件所具有的这样一种性质,即这些心智状态或事件通过它而指向或关于或涉及世界上的对象和事态"②,它并非"人"的专属能力,作为意向性之一种的"集体意向性"亦是如此;一群鬣狗捕捉一头大象同样也可以是一种集体意向性的展现。这是因为,任何涉及集体意向性的事实还只是一种"社会事实"而不是"制度性事实",后者是前者的一个特殊子类,它与人类制度有关。在解释顺序上,地位功能的赋予只有在集体意向性的前提下才是可能的;但即便它们组合起来也无法创设出制度性事实,因为只有在而且只能在"X 在 C 中算作 Y"这一构成性规则条件下,Y 项才能表示某种超出 X 项所表示对象的单纯物理性特征以外的东西。实际上,作为一种制度实体或魏因伯格所说的"思想—客体",Y 项只不过是一个"占位符",它只是表征自己的存在,而这种表征自身的方式凸显出的是制度性事实中的语言特性。思想是依赖于语言而存在的,因而相应的事实必定也依赖于语言。实际上,这也符合塞尔从最初的"言语"到"心灵"到"社会"再到"理性"的学术发展脉络。③

维特根斯坦说,"世界是由事实决定的,而且是由它们是全部事实这点决定的"。④ "语言"便是这样一种事实,而且是逻辑上先于任何其他事实而存在的那种事实。"语言"具有逻辑在先的属性和特征,诸如合同、

---

① 李锦辉:《规范与认同:制度法律理论研究》,山东人民出版社 2011 年版,第 142—207 页。
② [美]约翰·R. 塞尔:《意向性:论心灵哲学》(修订译本),刘叶涛、冯立荣译,上海人民出版社 2019 年版,第 1 页。
③ 文学平:《集体意向性与制度性事实:约翰·塞尔的社会实在建构理论研究》,法律出版社 2010 年版,第 10—23 页。
④ [奥]维特根斯坦:《逻辑哲学论》,韩林合译,商务印书馆 2012 年版,第 5 页。

货币等制度性事实只有凭借语言的存在才变得可能。在塞尔那里,语言的内在独特性在于,语言是"生物学上基本的、前语言形式的意向性的延伸",它使得"语言能够为所有制度性事实存在提供基础"。① 其中,宣告式言语行为发挥着真正的实质性作用,因此塞尔才会说"所有制度性事实,因而所有地位功能,是借由我在 1975 年命名为'宣告式'的那类言语行为而被创立起来的"②。只有在这个意义上,伴随宣告式言语行为同时出现的才是构成性规则,一种与调节性规则相对的规则类型。调节性规则调整在先的行为,如"靠右行"的交通规则;而构成性规则则创造出一种新的事实,如下棋的规则就使得某种特定行为被视作"将军"。在塞尔的理论语境中,这就是"构成性规则创设出制度性事实",而在麦考密克的制度法理论语境中这就相应地变为"规则创设出制度"(如作为一种制度性事实的法律制度)。

与一般的理解进路不同,我们对制度性事实的理解更侧重言语行为和规则这两个维度,这不仅符合塞尔理论的原意而且有助于我们理解制度法理论。在与制度法理论相关联的意义上,它涉及接下来要处理的三个问题:其一,由于语言的独特性质以及对纯粹事实和制度性事实之关系的独特理解,塞尔由此认为并不存在所谓的"自然状态",因为语言存在本身就意味着(在时间上)人类制度已然建立起来,社会契约理论由此也必定是一种虚假的理论解说。此外,由于语言存在本身只不过是生物学上基本的、前语言形式的意向性延伸,人类社会本身从而也应当进行一种自然主义的解读。基于此,从纯粹事实到制度性事实之间就并不存在"是"与"应当"不能相互推导的理论鸿沟,"休谟难题"在此被消解。塞尔围绕"制度性事实"所作的理论衍生遭到了来自麦考密克的激烈批判,其表面原因或许在于各自赋予了制度性事实不同的含义,其深层原因则在于对制度性事实本身存在看法上的差异。这会进一步延伸到麦考密克对非正式言语行为和惯习的考察,这是其二。其三,规则意义上的制度性事实、从而也就是规则意义上的法律是否是理解法律的充要条件?规则是

---

① [美]约翰·塞尔:《人类文明的结构:社会世界的构造》,文学平、盈俐译,中国人民大学出版社 2014 年版,第 65 页。

② [美]约翰·塞尔:《人类文明的结构:社会世界的构造》,文学平、盈俐译,中国人民大学出版社 2014 年版,第 9 页。

否完全决定了法律形态？这实际上就涉及哈特式的规则与德沃金式的原则之间的当代法哲学争论，而麦考密克经由制度性事实而发展出的制度法理论的旨趣之一便在于试图对二者进行调和。在接下来的内容中，我们将首先考察"是"与"应当"的相互推导问题，并在麦考密克对制度的多样化使用中进入到另外两个问题的考察。

二、一个批判："是"与"应当"

在塞尔理论中，纯粹事实与制度性事实之间的差异不仅在于前者是物理性的或生物性的，后者是由言语行为创设出来的，更在于二者存在客观性上的差异：纯粹事实的客观性是本体论意义上，而制度性事实的客观性则是认识论意义上的。本体论意义上的客观性意指"不依赖于任何感知者或任何心理状态"，而认识论意义上的客观性意指"使它们成为真判断或假判断的世界上的事实是不依赖于任何人对它们的态度或情感的"①。两种不同意义上的主客观区分使得塞尔能够对制度性事实作客观性陈述，同时这也成为塞尔试图克服休谟难题的一个重要原因。以"允诺"(promise)为例，塞尔通过前后五步论证完成了从最初的"事实描述"到最后带有评价性的"应当"的推导。② 在其理论中，作为制度性事实的一个例子，"允诺"借助于构成性规则而使得"琼斯应当付给史密斯五美元"成为可能。

塞尔在此对"是"与"应当"的休谟难题的克服是否成功，抑或是否还会进一步遭受摩尔的自然主义谬误，这不是此处的关注重点。需要注意的是，在麦考密克看来，试图仅仅凭借纯认识论前提而不求助于规范性术语来完成推导，这是不可能的。由于塞尔的构成性规则是不带规范性色彩的纯粹描述，因而遵循休谟和摩尔的教导，无论如何都不可能从"允

---

① ［美］约翰·R.塞尔：《社会实在的建构》，李步楼译，上海人民出版社2008年版，第9页。

② 塞尔的具体推导步骤为：(1)琼斯说了这样的话，"我特此允诺付给你，史密斯，五美元"；(2)琼斯允诺给史密斯五美元；(3)琼斯使自己负起(承担)付给史密斯五美元的义务；(4)琼斯有义务付给史密斯五美元；(5)琼斯应当付给史密斯五美元。参见 John Searle, "How to Derive 'Ought' from 'Is'", *The Philosophical Review*, vol.73, no.1, 1964, pp.43-58。中国的相关讨论，可以参见郭立东：《论约翰·塞尔的"是—应当"推导》，载《四川大学学报(哲学社会科学版)》2009年第5期。

诺"之中推导出"义务"[指向塞尔第(2)到第(3)步的论证],除非塞进一个规范性前提;与之相对,在制度法理论家看来,"不需要暗地里塞进规范性前提,因为从一开始就有一个现成的前提"。① 在法律语境中,允诺不仅是一个制度性事实,它还是一个"法律制度",它要遵从诸如邀约、承诺的规则,从而"允诺"本身就暗含着"契约必须履行"抑或"违背允诺是可耻的"等诸如此类的规范性评价要素在其中。在此,麦考密克拒绝了塞尔的自然主义认识论,遵循着非唯知论的路线,同时还附带了浓厚的诠释学(hermeneutic)色彩。顺着规范性规则的思路,麦考密克自然地反驳了塞尔所作的"构成性规则"和"调整性规则"的区分,其中牵扯到对规则的性质以及制度与规则之关系的讨论,这促使我们进入麦考密克对"制度"之内涵的多样化运用之中。

第三节 "制度"及其多样化使用

如此看来,麦考密克在重释制度性事实时一开始便倾向于偏离塞尔赋予它的那种内在结构,从而也就赋予了它更宽泛的含义、由此使其承担了不同的理论任务。与塞尔在构成性规则意义上使用制度性事实不同,麦考密克直接将其纳入"法律"语境中来进行考察。通过揭示"制度"概念的多样化使用及其演变图谱,我们可以进一步反观制度性事实在制度法理论中的位置和作用,同时也可以进一步窥探麦考密克制度法理论的内在旨趣。

如第一章所阐述的那样,制度法理论试图调和法律的规范论和反规范论并意欲实现一种"规范主义的社会现实性发展",这使得对法律本体的理解首先需要在"规范主义"语境中进行考察;实际上,正是得益于(改造之后的)"制度性事实"所具有的规范意味,这一目的才得以可能实现。由此,"制度"的第一层含义无疑便集中在"制度性事实"层面。在本体论意义上,法律就是一种制度性事实,诸如合同、法人等具体法律制度实例

---

① Neil MacCormick & Ota Weinberger, *An Institutional Theory of Law: New Approaches to Legal Positivism*, Dordrecht: D. Reidel Publishing Company, 1986, p. 23.

的本质就是一种制度性事实。凭借这一点,法律制度主义内部的"新旧之别"就可以得到大致厘定,新法律制度主义之"新"就在于它借由制度性事实率先建立起独特的规范形态。① 此外,以"制度性事实"为法律本体的理论之所以意义重大,还在于它进一步明确了哈特法律理论中"社会事实"的性质,从而将整个法律实证主义的本体论研究向前大大地推进了一步。很显然,批判塞尔构成性规则与调整性规则及其区分从而将规范性规则引入制度性事实之中,这是麦考密克改造制度性事实的重要一步。但前提在于,麦考密克将规范性赋予制度性事实这一做法能够得到证成。到目前为止,他对塞尔制度性事实的改造思路更多的只是在其中增添规范性规则这一要素,以及将叙述话语的基本语境置于法律制度之中,而具体的论证和说明实际上显得较为模糊,因为它并没有回答"法律的规范性基础"这一问题(对此问题的考察,见第三、第四节部分)。这可以部分地解释为什么托雷教授会对此表示不满,即"但在一经引入这一概念之后,麦考密克却大多是在法律概念意义上使用制度概念的"②。

可以很明显地发现,在"作为制度性事实的法律"的"A as B"句法结构中,③A 必定包含在 B 之中,但被 B 所包含的内容却并不与 A 具有逻辑上的一致性。因此,简单地将法律作为一种制度性事实虽然可以从认识论和知识论层面促进对法律的把握,但它肯定无法把握制度法理论意欲表达的真正内容。除此之外,法律意义上的制度概念还意味着,我们在使用诸如合同、婚姻、法人等相关制度和规则时拥有一个独特的"表征机制",从而可以同时通过"制度"来指称纷繁复杂的法律资料并同时统合各式各样不同的法律概念。在制度法理论中,这种表征机制与独特的规则结构具有内在关联,即制度就是"一些由成套的创设性规则、效果性规则和终止性规则调整的法律概念,其调整的结果便是具体实例,可以被合

---

① Massimo La Torre, *Law As Institution*, Heidelberg: Springer, 2010, pp. 109-115.
② Massimo La Torre., "Reform and Tradition: Changes and Continuities in MacCormick's Concept of Law", in Agustín José Menéndez & John Erik Fossum, eds., *Law and Democracy in Neil MacCormick's Legal and Political Theory: The Post-Sovereign Constellation*, Heidelberg: Springer, 2011, p. 65.
③ 这一语法结构一直延续到后期制度法理论关于"作为制度性规范秩序的法律"(Law as Institutional Normative Order)的解说中,因而此处的 A 与 B 之间的关系也同样适用于后者。

理地说成是存在一段时间,从一项创设规则的行为或事件发生之日起,直至一项终止的行为或事件发生时为止"①。在这里,我们可以明显体会到麦考密克在改造制度性事实过程中对"时间"这一抽象要素的强调(这种随时间而来的智慧与普通法中的"惯习"具有紧密的相连);此外,这种规则分类与哈特关于承认规则、变更规则和裁判规则的划分也具有形式上的相似性,②但这种类似是否具有实质性的意义却是不清楚的。当然,由于追求"规范主义的社会现实性发展"的制度法理论认为法理学必将是法学家、哲学家和社会学家的"共同事业",所以麦考密克所使用的制度概念同时还包含着一般社会学意义上的"组织""机构"等内容;它指向一种"共同体",并且在这个意义上与旧法律制度主义传统发生了关联。由于此种意义上的制度概念在旧法律制度主义中带有浓厚的集体主义色彩,且组织、机构等要素在标榜"概念分析"的分析法学中从来都不是重点,同时还因为麦考密克本人对"道德自主性"颇为看重,③所以,此种意义的制度概念所发挥的效用实际上微乎其微。

　　上述三种"制度"内涵几乎都在麦考密克的"法律作为一种制度性事实"的就职演讲中有所涉及,且仍旧主要是在制度性事实的层面展开的。然而,法律不仅是一种制度性事实,它还是一种制度性规范秩序。④ 在此,"制度"概念被进一步赋予了制度化(institutionalization)或组织化的内涵。其中,与"制度化"或"制度的"相对的是"非制度化"或"非正式的"。虽然制度化内部还存在不同的层级,但作为一种规范性社会秩序的法律无疑就是对非正式规范秩序的"制度化"。此处的"制度"含义基本上可以等同于哈特笔下的现代社会所具备的那种规范性体系,它不仅包括了规则,还包括了隐含在其背后的"后设规则"(meta-rules);作为制度性规范秩序的法律本身便意味着其后存在着一个非正式的规范秩序。实

---

① Neil MacCormick & Ota Weinberger, *An Institutional Theory of Law: New Approaches to Legal Positivism*, Dordrecht: D. Reidel Publishing Company, 1986, p. 53.

② Stefan Sciaraffa, "The Underlying Value of MacCormick's Post‐Positivism", *Jurisprudence*, vol. 1, no. 1, 2010, p. 123.

③ Neil MacCormick, *Istitutions of Law: An Essays in Legal Theory*, Oxford: Oxford University Press, 2007, p. 303.

④ Neil MacCormick, "Law as Institutional Normative Order", *Rechtstheorie*, vol. 28, no. 2, 1997, pp. 219-234.

际上,这些"元规则"或"非正式规范秩序"就是理解法律及其规范性的一个窗口和基础,它们在本质上是道德性的、从而是非制度化的,这是从道德到法律的论证进路。① 从制度性事实到制度性规范秩序的发展可以再次看出,麦考密克试图从制度法层面解决法律的规范性问题的努力,这是本章后半部分意欲进一步考察的内容。

由此,在改造制度性事实、塑造制度法理论的过程中,麦考密克理论中的"制度"至少相继被赋予了"制度性事实""由三元规则构成的复杂法律概念的表征机制""社会学意义上的组织或机构""制度化"四种含义。② 其中,制度性事实在解决法律本体论问题以及法认识论和知识论问题之后似乎就退居其次了,组织机构意义上的制度含义虽然在其后期理论中得到了进一步的凸显但很难说是一个重点。与之不同,三元规则意义上的制度概念则不仅成为联系塞尔的制度性事实理论和麦考密克制度法理论的关键桥梁,同时也是制度规则论意义上的制度法理论的一个基础。然而,由于麦考密克并不满足于规则意义上的制度性事实概念,所以一开始便在寻求超越单纯规则意义上的"制度性事实",从而也就是在寻求超越单纯规则意义上的法律。此外,规则与制度/法律制度还面临着进一步的问题:如果三元规则体系界定了制度和制度实例从而在逻辑上先于制度而存在,那构成制度的规则体系本身又是如何出现的呢? 这同时也牵扯到"制度化"自身的基础何在这一问题? 它们虽然指涉的是规则和制度化两个不同方面的内容,但却是相互关联的,都旨在回答作为制度性事实的法律何以可能的背后原因。可以发现,至此的制度法理论旨趣内在地要求超越制度性事实:在法律层面,这表现为对"制度性事实"的超越,即超越制度仅仅作为规则之总和的观念而走向规则与原则的融

---

① Neil MacCormick, "The Concept of Law and 'the Concept of Law'", *Oxford Journal of Legal Studies*, vol. 14, no. 1, 1994, p. 7.

② 是否存在更多的制度含义,这是可以进一步探讨的内容。比如说,有学者就认为麦考密克的制度概念存在"五种"内涵,多出来的一项是"制度概念被假定为和组织、权威或权力概念相等同"。[参见余涛:《论"制度"概念及作为制度事实的法——基于法律制度理论的分析框架》,载谢晖等主编:《民间法》(2019年上卷·总第23卷),厦门大学出版社2020年版,第406页]实际上,这种内涵完全可以纳入组织和机构意义上的制度含义中;即便不能纳入,那也并不能否定本书所作的分析,因为关键之处不在于细究麦考密克究竟在多少种意义上使用制度概念,而在于弄清麦考密克改造制度性事实的内在逻辑,从而本书至此所作的分析仍然成立。

合;在言语行为理论层面,它表现为非正式言语行为理论和惯习对正式言语行为理论的突破。

第四节 超越制度性事实（Ⅰ）：规则与原则的融合

如前所述,构成性规则在塞尔的制度性事实中扮演着重要角色;而在麦考密克那里,包括法律制度在内的所有制度都被拆解为一套规则体系。如此看来,"规则"与制度性事实以及作为一种制度性事实的法律之间都具有内在的关联,但这种关联及其限度又是怎样的呢? 规则系统意义上的(法律)制度为什么要融合原则呢？这是麦考密克制度法理论超越制度性事实而转入法理学语境时需要首先回答的问题。

一、规则与原则：缘何融合？

大体而言,为何通过原则来实现对构成性规则意义上的制度性事实的超越,其理由主要涉及两方面内容:其一是法律语境中哈特和德沃金关于规则/原则的早期争论,其二则是一个认识论问题。

在批判奥斯丁命令学说的基础上,哈特发展出以规则为核心的法律学说,并认为法律的核心要素就在于施加义务的第一性规则和授予权力的第二性规则的结合。[①] 规则具有一个语义学的核心,法律在此能够提供确定性行为指引;而作为一种第二性规则,承认规则提供了一个识别法律效力的判准,它本身的存在则是一个事实问题。在很大程度上,麦考密克经由三元规则体系构建起来的制度法理论遵循着哈特的理论教导,但它同时也反省和吸收了来自德沃金的批判。这种批判认为,承认规则无法识别原则、从而规则学说也就无法有效地容纳原则等要素,而后者同样也是法律的组成部分。[②] 麦考密克参鉴了这一论证,并有限地承认和接受了原则的重要性,因为在他看来,在法律原则和法律规则或制度之间具

---

① H. L. A. Hart, *The Concept of Law*, Oxford: Clarendon Press, 1994, pp. 91-99.
② [美]罗纳德·德沃金:《认真对待权利》,信春鹰、吴玉章译,上海三联书店2018年版,第30—71页。

有某种联系,"法律原则是规则和价值观念的汇合点。"①在这个意义上,既然麦考密克意义上的制度法理论所设定的理论目的之一就在于为法律实证主义提供新的辩护路径,那它就无法回避这一问题;同时,既然麦考密克将制度性事实处理为一套构成性规则体系,那原则对规则的超越实际上就是超越塞尔的制度性事实概念。

当然,在阐述"作为制度性事实的法律"这一命题时,麦考密克通过原则来阐述规则的一个更为重要的理由源自哲学认识论层面。问题是这样的:在没有"原则"的参与下,我们能否认识到规则?在没有"原则"的参与下,规则是可理解的吗?麦考密克给出的答案是否定性的,因为如若没有一种"目的"的参与,我们就不可能真正认识和理解到规则的含义,而原则就表征着规则或法律制度的根本目的,是其集中体现。原则被用于说明法律规则和法律制度的基本目的,且融贯地体现在法律之中;在此,麦考密克像一个自然法论者那样认为,②法律包含着一个"目的论"概念,因为没有"目的"的参与,法律规则是就不具有可理解性,这一点在其后期理论中关于"规范秩序"以及实践理性的相关论述中体现地更为明显。

二、规则与原则:如何融合?

在明确其基本语境之后,进一步的问题则在于:原则如何实现与规则的融合?在麦考密克的制度法理论中,三元规则体系是理解制度的关键,它们表征着制度的发生、延续和终止。但这并不意味着或就等于说,它们与制度或作为制度的法律可以直接进行等同,从而可以作为法律之存在的充分和必要条件。因此,人们没有必要、也不能说法律存在的必要条件在任何情形下都是必要的,也不能说法律存在的充分条件在任何情形下都是充分的。现实社会的真实情形会比构建起来的法律理论要复杂得多。以创制性规则为例,它所给出的并非制度或一个制度实例的完

---

① Neil MacCormick & Ota Weinberger, *An Institutional Theory of Law: New Approaches to Legal Positivism*. Dordrecht: D. Reidel Publishing Company, 1986, p. 73.

② [美]布莱恩·比克斯:《自然法:现代传统》,载[美]朱尔斯·科尔曼、斯科特·夏皮罗主编:《牛津法理学与法哲学手册》(上),杜宴林等译,上海三联书店 2019 年版,第 92 页。

全条件;在诸如"如果一个具有资格 q 的人通过程序 p 在情节 c 中实施了行为 a,于是就存在一个有效的实例 I"的创制性规则中,它给出的只不过是一些"一般性的必要条件和推定性的充分条件"。① 之所以是"一般性的"必要条件和"推定性的"充分条件,其原因在于:第一,法律所提供的确定性和可预期性存在着程度性差异,它们不可能如哈耶克所批判的那样能够凭借完全理性建构起百密而无一疏的网络;第二,它们为"例外"情形之存在提供了可能性,从而提供了应对不断变化的社会条件的和价值观念的反应能力并据此得以开创出新的可能性。基于此,麦考密克认为,法律语境中的制度概念不能局限于哲学意义上的制度性事实层面,从而仅仅包括关于有效性的标准和根据这些标准而有效的规则,"无论在任何时候,制度都不只包括一种可以界定的构成性规则系统(如塞尔所认为的那样)。"②更进一步的考察揭示出,经由原则显露出的"目的"实际上是由规则或制度的内在价值来获得证成的;因此,我们就可以理解,麦考密克为什么会说"法律原则是规则和价值观念的汇合点"。比如说,在里格斯诉帕尔默(Riggs v. Palmer)一案件中,按照当地《遗嘱法》的规定,在对"如若某遗嘱所指定的继承人谋杀了遗嘱人,该继承人还能否根据遗嘱之条款继承遗产"未做明确规定的情形下,既有法律规则该作如何解释?单纯地根据法律条文的规则,原继承人似乎完全有权获得该部分遗产,但这似乎又与人们的日常道德相违背。此案不仅初步显示出法律规则只不过是"一般性的必要条件和推定性的充分条件",而且它还进一步说明了法律原则的存在。这就是说,要理解和把握遗产是否应由帕尔默继承的那条规则,我们就必须懂得"任何人都不得从其自身不法行为中获益"这类原则,正是这一原则为该规则赋予了指向性的目的;在一种略显极端的意义上,如若没有原则以及原则背后诸价值要素的参与,我们实际上根本就无法理解那些规则。

关于该项法律原则的"存在",我们可以从两个维度来进行说明。其一,旨在防止那些试图假借法律之名获取某些利益的不法行为的法律是

---

① Neil MacCormick & Ota Weinberger, *An Institutional Theory of Law: New Approaches to Legal Positivism*, Dordrecht: D. Reidel Publishing Company, 1986, p. 72.

② Neil MacCormick & Ota Weinberger, *An Institutional Theory of Law: New Approaches to Legal Positivism*, Dordrecht: D. Reidel Publishing Company, 1986, p. 23.

任何关心法律的人值得追求的目的;其二,在法律体系中的确存在着某些规则能够起到防止某人通过不法行为且假借法律之名而获取某利益的规则。在这个意义上,"任何人都不得从其自身不法行为中获益"这一法律原则就是确确实实存在的,也正是在这个意义上,帕尔默无权继承该遗嘱且犯了故意杀人罪。在认识论意义上,由于承认价值的存在,麦考密克此时关于规则和原则的处理实际上已经极大地偏离了最初的非认知主义立场,而开始转向诠释学立场;需要注意的是,他对原则之存在的说明是经验的而非先验的,乃至带有一种后果主义推理的意味;同时还需注意的是,此处关于原则、价值、目的等内容的论述仍是在宽泛意义上展开的,直至晚期在关于实践理性的讨论中才最终形成系统的论述。如此看来,麦考密克对规则和与原则这一论题的处理虽然在很大程度上是基于哈特—德沃金之争而展开的,但其视角及其处理方式都不同于哈特的概念分析立场,而是首先出于哲学认识论层面的考虑,这种不局限于具体法律场景的法哲学探讨使其制度法理论的资源变得更为灵活和多样。

除此之外,在普通法的实践中,[①]人们可以更明显地感受到,创设规则本身便不是完全性的,从而仅仅规则意义上的制度性事实和法律是不充分的。在适用和发展普通法的过程中存在着许多有价值的案例、判例,从中所获得的判决理由又被用于处理其他相似的法律难题,并且久而久之地构成了新制度得以成立的基础和前提。仍以帕尔默案为例,该案件创设出一个新的法律原则,即"任何人都不得从其自身不法行为中获益"。法官通过此原则来处理诸如此类的疑难案件时无疑就是在适用一个新的判决根据,这时候就出现了一个"创设规则";在这个意义上,它同时也创设出了一个新的法律制度。其所涉及的实质内容(即麦考密克所说的"规范性规则")原本是以道德或自然正义等形式存在于人们的日常实践之中的,在经由判例作用之后始才逐步获得了实在法的形式。在理论层面,这一过程虽然要取决于规则被概念化的方式,但它们最后实际上都是建立在判决作出时的实质性考量之中,[②]原则便是其重要组成部分。

---

① Zenon Bankowski & Neil MacCormick, "Precedent in the United Kingdom", in Neil MacCormick & Roberts Summers, eds., *Interpreting Precedents: A Comparative Study*, Burlington: Ashgate Publishing Company, 1997, pp. 315-354.

② Zenon Bankowsi, "The Institution of Law", *Ratio Juris*, vol. 4, no. 1, 1991, p. 83.

从自然正义或道德惯习到司法先例的过程实际上就是一个创设规则发挥作用的过程,但这已经不是构成性规则意义上的创制性规则意涵了。

如此看来,麦考密克在"原则"维度对制度性事实的超越必须在一种更为宽泛的语境中进行理解和审视。不同于塞尔在构成性规则、功能赋予以及集体意向性意义上对制度性事实的理解,他一开始便不仅将规范性规则摄入其中,同时更明确地在构成性规则体系上来理解制度性事实;因此,同样是在谈论制度性事实,他们有时所指向的内容必定却会存在较大差异;不同于哈特在概念分析意义上对规则和原则之关系的处理,麦考密克一开始便站在哲学认识论层面来看待原则在一般意义上的规则和法律规则中的位置和意义;当然,也不同于德沃金在诠释学意义上对原则的理解,此时的麦考密克虽然已逐渐偏离非认知主义立场,但远远没有走到哲学诠释学那么远,至少在欠缺意愿性内在观点的情形下这种看法是不完整的。

第五节 超越制度性事实（Ⅱ）：非正式言语行为与惯习

如果说规则尤其是构成性规则意义上的制度性事实概念经由与原则的融合而得到了修正和超越,那么进一步的问题则在于:由于构成性规则本身与言语行为具有内在的关联,麦考密克的制度法理论是否能够在言语行为层面融贯地对其进行修正和超越？实际上,由于构成性规则和言语行为之间存在内在的依附关系,单独证成其中任何一个方面都将是不充分的(甚至是失败的),麦考密克必须直面言语行为本身。

一、法律中的行为与非正式言语行为

在塞尔那里,语言似乎凭借自身的力量就可以构建起"制度性事实",如其所言:"一旦你有了共同的语言,你就可以随意创立任何制度性事实。"[1]即便如此,由于他并未直接性地将语言以及言语行为能力的相

---

[1] ［美］约翰·R.塞尔：《社会实在的建构》,李步楼译,上海人民出版社2008年版,第65页。

关阐述与制度性事实相联结,我们从而无法明确言语行为与作为制度性事实的法律之间的法哲学联系究竟如何;对于制度性事实的言语行为深层基础,麦考密克通过"非正式言语行为"进行了新的阐释,这一概念恰好与塞尔和奥斯汀的"言语行为"相对应。通过从哲学层面来论证非正式言语行为的存在,麦考密克由此不仅实现了对塞尔制度性事实理论的修正,同时还进一步涉及对哈特的社会规则和凯尔森的基本规范的修正。

实际上,奥斯汀提出的言语行为理论从法律理论家尤其是哈特那里获益良多;相应地,哈特也吸收了诸多语言哲学的内容并将其引至对法哲学的改造之中。奥斯汀所说的"言语行为"在哈特那里则被明确表述为"法律中的行为"(Acts-in-the-law),[①]如订立遗嘱以及合同中邀约和承诺等都属于此种行为类型。从比较分析的角度来看,这是两种不同语境下的讨论:奥斯汀的讨论除了语言自身的限制之外并不存在其他限制,而哈特继的讨论则有一个基本的限定,即"法律";也正是由于法律这一限定或语境的存在,我们对言语行为的理解一开始便显得大不一样。在哈特看来,前面所说的这些能够通过单方言语便有效的行为只有当存在与之相应的授权规则的前提下才是可能的,它们规定了何为有效的条件;如果不存在这样的授权规则,那么诸如订立遗嘱的言语行为就不可能是"法律中的行为",从而在法律中也将是没有意义的。正是在这个意义上,麦考密克将其称作"正式言语行为"(formal speech acts)。"法律中的行为"本身并不复杂,当法官在法庭中宣告被告"有罪"时,他便是在"以言行事"地完成一个行为,即判决被告有罪。没有这样的表达,有罪判决就无法真正完成;实际上,法律中的许多行为实际上就是通过言语来完成的。由于法律中的行为存在法律这一前提,由此涌现的一个问题便是,如若授权规则不存在乃至是不存在任何的法律规则,又当如何?

在麦考密克看来,哈特在此的一个贡献就是回答了"在非法定情形下诸如作出一个道德上有约束力的承诺这类言语行为何以可能"的问题。[②]

[①] H. L. A. Hart, *Essays in Jurisprudence and Philosophy*, Oxford: Clarendon Press, 1983, p. 4.

[②] Neil Maccormick & Zenon Bankowski, "Speech Acts, Legal Institutions and Real Laws", in Neil MacCormick & Peter Birks, eds., *The Legal Mind: Essays for Tonny Honoré*, Oxford: Clarendon Press, 2001, p. 122.

哈特认为,存在着他所说的"社会规则",它们规定了一个道德上有效的承诺需要具备哪些条件;而这些规则本身又与另外的规则相关联,后者使得履行承诺成为有约束力的义务,即施加义务的规则。由于哈特社会规则本身的性质,这使得社会规则不能由任何其他行为来进行创设,既不能由塞尔所说的言语行为来创设也不能由法律人所熟知的意志行为来创设。其原因在于,一个创设规则的行为只有当存在授权进行创设规则的前提下才是可能的。因而,为了避免无限后退,我们必然能够得出这样的结论:并非所有授权进行规则创设的规则它们自身都能由规则来创设。与此同时,由于法律中的行为要成立必定会涉及先在的条件——这些条件赋予其新的法律地位,而这些条件实际上涉及的是"应当如何"或"必须如何"的规范性规则,因而我们刚才所得出的结论也同样适用于规范性规则。这就是说,规范性规则并不是都能通过言语行为或法律中的行为得到说明,某些规范性规则可能先于言语行为而存在。由于规范性规则是规范的一种重要类型,由此可以进一步不太充分地推论说,"规范"不是都能通过言语行为或法律中的言语行为得到说明,某些规范可能是先于言语行为而存在的。基于此,麦考密克得出结论说,"对规范的说明需要独立于言语行为,而言语行为则需要规范对其进行解释"[1]。这种独立于法律中的行为的非法定性质的规范发挥着与凯尔森"基础规范"相类似的作用,但其性质却不是纯粹抽象的假定,而是弥散在现实社会中的惯习及其实践。

据此,麦考密克说道,"很清楚的是,不管是在语用学层面还是语义学层面,惯习性规范或规则对言语行动的可能性都是非常关键的。正是惯习和言语共同体的通常用法使得我们能够理解其他所有人的话语表达;同样地,也正是它们使得某些表达变得可理解,比如说承诺,或许也正是它们使得我们能够明白某人所作出的一项承诺,并且承诺是应当遵守的。很明显,语言的惯习性规范(语言惯例)就是我们言语行为背后的原因。因而,它同样也是法律中言语行为背后的原因。在正式颁布的法律背

---

[1] Neil Maccormick & Zenon Bankowski, "Speech Acts, Legal Institutions and Real Laws", in Neil MacCormick & Peter Birks, eds., *The Legal Mind: Essays for Tonny Honoré*, Oxford: Clarendon Press, 2001, p. 124.

后,经常存在一些关于惯习的假定,抑或至少存在一些遵从已发布之规范的非实在的理由。而这些已发布之规范是由法律规定的言语行为,即法律中的言语行为所创设的……不管怎么说,我们都绝不能犯这样的错误,即认为通过那些本身就是规范创造行动的言语行为,规范可以证明其所具有的最终解释力"。① 这意味着,塞尔的"言语行为"本身无法通过构成性规则而得到自足的解释,因为言语行为本身便已预设了一个更高级的规范的存在。在此,为了终止讨论和避免无限倒退,必定会推导出其中的一些高级规范是非派生性的。与语言自身的规范性效力需要到其"更高级的"规范中去寻找一样,一种令人满意的规范理论必定也先于法律中的言语行为。

这种非派生性的规范实际上就是麦考密克"规范性规则"意图表达的一个主要内容所在,它与"非正式言语行为"经常在相类似的意义上使用,惯习是其本性的组成部分。由此可知,非正式言语行为概念的一个核心目的就在于阐明:存在着并非由规则所定义的言语行为。基于此,由于凯尔森的基础规范要求助于意志行为的假定,所以它便违背了非正式言语行为的基本原则:对规范的说明要独立于言语行为。它同时也适用于对塞尔制度性事实的修正:因为在塞尔那里,说一种语言就是在从事一种高度复杂的、受规则支配的行为形式,继而言语行为是由规则尤其是构成性规则定义的。

二、非正式言语行为与惯习的性质

前述内容考察了法律中的行为与非正式言语行为的关系,并部分回答了超越制度性事实的背后根据之一,即经由非正式言语行为开放出来的"惯习";另一个尚待讨论的问题在于,进一步明确非正式言语行为与惯习的关系以及惯习自身的性质。

一般而言,最简单的人类行为通常是带有意向的外在肢体运动。比如说,小孩"哭"这种"发声"的肢体运动便可以构成一个向他人传递危险

---

① Neil Maccormick & Zenon Bankowski, "Speech Acts, Legal Institutions and Real Laws," in Neil MacCormick & Peter Birks, eds., *The Legal Mind: Essays for Tonny Honoré*, Oxford: Clarendon Press, 2001, p. 124.

信息的行为。我们可以通过对那些没有用语言明确表达出来的内容进行认知,同时还可以通过对其意图的把握来弄明白小孩意欲传达的内容。与之不同,就言语行为而言,它必定涉及"吐词"这一肢体动作,而且经常还涉及非常复杂的语言惯例问题;因此,语言表达中所蕴涵的意图内容将会变得非常复杂。比如说,当我对你作出"他上课会迟到20分钟"的断言时,我不仅意在使你相信我所说的内容是真的,而且还意在让我所说的内容成为你相信它的一个理由;当我对你作出"我将准时到教室上课"的承诺时,我不仅向你展示了我的承诺内容,而且还意在使它能够成为一个你可以信赖的内容;当我向你作出"上课不要迟到"的命令时,我不仅能向你表达了一个上课不要迟到的意愿,还表达了一个要服从于我的命令的意向。尽管其中涉及的意向可能会非常复杂,但麦考密克认为其中有一件事情是清楚的,即它们在非正式言语行为的意义上都是"独立于任何关于规范性规则或授权规则的预设前提的"①。比如说,当我向你说出"你上课不要迟到"时,我仅仅是用一种自然的语言表达出了一个要求,此外便不涉及任何形式上有效或者无效的区分;我仅仅只是成功地发出了一个命令,要么没有。在此,没有任何必要求助于规则来赋予我们作出断言、承诺和命令的能力。它们本身就是"自然的"(natural),从而是自足的。这意味着,对于非正式言语行为,我们仅仅根据其所说的话便能惯习性地了解到其基本性质,比如:

C1."他上课会迟到20分钟。"(一个断言)
C2."我将准时到教室上课。"(一个承诺)
C3."你上课不要迟到。"(一个命令)

实际上,麦考密克在此通过对非正式言语行为的考察意欲达致的目的之一就在于将"惯习"与"自然的"联系起来,从而将惯习本身纳入"规范"领域。重要的不是各话语的语义性质,而在于非正式言语行为背后的惯习性规范所蕴含的内容。比如说,当我作出一个断言时,我就不应欺骗或误导他人的行为,因为欺骗是令人厌恶的;同样地,当我作出一个承诺

---

① Neil Maccormick & Zenon Bankowski. ,"Speech Acts,Legal Institutions and Real Laws", in Neil MacCormick & Peter Birks,eds. ,*The Legal Mind*:*Essays for Tonny Honoré*,Oxford:Clarendon Press,2001,p. 126.

时,我不应违背自己作出的承诺,因为违背承诺也是不义的。在不考虑例外情形下,上述情形都是普遍成立的。这些规范性因素虽然表现为惯习,但从根本上却是"自然的",因为即便不存在任何相关的惯例,诸如"误导他人或违背承诺是可恶的"也仍然是存在的。这意味着,惯习背后的规范要素之存在是无条件的,是定言命令式的(imperative)。① 需要注意的是,尽管惯习背后的规范是定言命令式的,但定言命令式这种说法却含有修辞意味而非严格地在康德意义上使用,因为规范性规则或惯习性规范并非先验性的存在,这就区别于凯尔森的基础规范概念;正是在这种不严格的意义上,有学者将这一点视作是制度法理论与纯粹法理论间的"最大区别"。②

此外,在一种较为宽泛而非局限于超越制度性事实的意义上,我们可以对此处的惯习性规范以及惯习的性质作进一步的审视;当然,此处的讨论必定是不完整的,因为只有在与制度性规范秩序这一法概念命题相结合时才能得到完整阐述。事情是这样的,在哈特经由惯习主义转向后,学界开始偏向通过惯习来解释承认规则以及法律的规范性基础等问题,德沃金更是明确地将其称为惯习主义(conventionalism)。根据哈特的规则的实践理论,社会规则是由某种形式的社会实践构成的,而该社会实践包含了两方面内容,即大多数团体成员规律地遵从的行为模式,以及对该种行为模式所持有的"接受"这种特殊的规范性态度。③ 这个意义上的承认规则成为哈特法哲学的至尊规则(master rule);实际上,每一法理论或许都有其至尊规则。在非正式言语行为的意义上,麦考密克的至尊规则似乎也是在惯习意义上展开的,但它与哈特的规则的实践理论意义上的承认规则是否具有区别呢?

在麦考密克看来,哈特的承认规则这一至尊规则过于简单从而无法适用于对诸如联邦制国家以及超国家政府等对象的解释,因为它们要比哈特承认规则承载的内容更为复杂。这促使麦考密克将其至尊规则凝结

---

① Neil MacCormick, *Practical Reason in Law and Morality*, Oxford: Oxford University Press, 2008, p. 178.
② 余涛、狄慧民:《作为法律规范性来源的惯习性规范——基于麦考密克的法律制度理论》,载《法学杂志》2014年第11期,第69页。
③ H. L. A. Hart, *The Concept of Law*, Oxford: Clarendon Press, 1994, p. 255.

如下,即"作为一个整体的宪法得到尊重"(the constitution as a whole be respected)。虽然这是麦考密克作出的新表达,但其内容却仍是一种惯习性实践;即它则要求:(1)该规则被某一团体惯习性地遵从;(2)而人们按照规则要求进行行为的原因就在于该团体中的所有人或大多数人足够地一致以使得该规则成为一种实践。如此一来,麦考密克对惯习性质的把握与哈特的规则的实践理论语境下的惯习性质就不存在本质区别,即"具有概念层面的连续性。"①只不过,它所要求的范围的确要比哈特所要求的广得多。此外,这种惯习虽然就其本质而言是自然的、无条件的,但在现实层面一般就表现为相互信念和相互预期。

至此,我们就大致完成了对麦考密克经由非正式言语行为开放出的惯习及其性质的考察;但其中的一些问题仍值得进一步研究,比如说,这种本质上属于合作性惯习的进路是否具有足够的说服力?这种惯习进路真的能够阐明规范性规则或惯习性规范背后的规范来源从而作为至尊规则吗?诸如此类的问题,麦考密克的回答似乎显得并不充分。此处无法深入讨论这些问题,这将超出本章所设定的范围,在后面制度性规范秩序部分,我们会尽可能地对此给予回应。

本章小结

经由对制度性事实之本性,制度的多样化使用,通过原则、非正式言语行为来改造制度性事实的考察,我们可以更明确地回答本章一开始所提出的制度法理论所面对的理论质疑:制度性事实在麦考密克制度法理论前后期的位置和作用。无疑,麦考密克在改造"制度性事实"时大大拓展了其内涵,甚至将其与"思想—客体""非物质客体""以人为条件的事实"等概念混同使用;但是,也并非如麦考密克所潜在表达的那样,制度法理论只是借用了制度性事实这样一个"术语";这不仅是因为该术语本身

---

① Stefano Bertea., "The Master Rule, Normativity, and the Institutional Theory of Law", in Agustín José Menéndez & John Erik Fossum, eds., *Law and Democracy in Neil MacCormick's Legal and Political Theory: The Post-Sovereign Constellation*, Heidelberg: Springer, 2011, p. 90.

就承载着理论内容,而且还在于它的确在很大程度上型塑了制度法理论,尽管彼此对其进行分析的方式确有不同。

在前期制度法理论中,尽管麦考密克一开始便动用原则对制度性事实进行了改造,但规则意义上的制度性事实概念无疑仍居于核心地位,这一点我们在接下来的章节中会更明晰地看到。这是因为,法律实证主义的基本立场以及对哈特法律规则学说的捍卫会限制以原则为代表的诸价值或道德因素在法律中的范围,所以麦考密克才会始终认为规则对于法律以及制度实例而言是"一般性的必要条件和推定的充分条件";这实际上意味着,规则在制度法律理论中是居于优先性的地位,从而也顺带肯定了构成性规则意义上的制度性事实概念。与之相比,由于受到富勒、菲尼斯、阿列克西、德沃金等人的影响,麦考密克后期的制度法理论的确发生了一定程度上的转变,即转向他所说的后实证主义。这意味着,法律和道德之间的区分无法否定二者共同具有的规范性特征和同属实践理性范畴这一事实,而且它也无法否定区分法律与道德之标准是承载着道德的,即标准"不可能是价值无涉的"。① 从表面上看,制度性事实发挥的作用似乎已非常有限,事实却并非如此。经由改造之后的制度性事实在其中充当了一个通往实践理性和斯密式定言命令的枢纽,它并未因为规范秩序或制度性规范秩序而消散,而是融入了从非正式规范性秩序到制度性规范秩序的整个动态理论架构之中。制度性事实之所以能够担负起这一枢纽作用要得益于麦考密克通过原则和非正式言语行为对制度性事实所作的重释以及对制度的多样化运用,也正是得益于这一重释,制度性事实不仅与惯习联系起来,同时也被赋予了通往实践理性的独特使命。由此,我们可以说,无论是在麦考密克的前期还是后期制度法理论中,制度性事实都得到了坚持且自始至终在发挥着至关重要的作用;实际上,这也是为什么我们始终将其法哲学称为制度法理论的原因之一。

---

① Neil MacCormick., "Natural Law and the Separation of Law and Morals", in Robert P. George, eds. *Natural Law Theory: Contemporary Essays*, Oxford: Clarendon Press, 1992, p. 111.

第三章　作为制度性事实的法律：
规则、内在观点与规范性

如若第一章旨在框定全书的讨论范围,那么第二章则是在此范围内考察麦考密克对制度性事实的重释;通过这种考察,我们不仅将塞尔意义上的制度性事实概念更明确地定位在言语行为和规则层面,同时还整理出把握麦考密克重释制度性事实的两条线索:一是通过原则达致的对规则意义上的制度性事实的改造;二是通过非正式言语行为开放出来的惯习观念对制度性事实的改造。这种考察虽然相对简略但却是足够的,我们可以在此基础上更进一步地讨论麦考密克制度法理论的内在逻辑问题。

无疑,奠基于制度性事实这一本体论,麦考密克前期的制度法理论很大程度上仍属于一种"规则"构造。他认为,诸如合同、婚姻等一系列的"制度"都可以被概念化为三种相互关联的规则,"制度"由此在不精确的意义上就可以被理解为一种规则体系。至于麦考密克如何具体地看待制度与规则之间的关系,则是本章第一节所要考察的内容。① 由于在现代西方法理学语境中谈论规则就无法回避哈特的"社会规则理论",即第一性规则与第二性

---

① 第二章已对此内容有所涉及,但只是提供了一个引子,且主要是在与塞尔的比较意义上展开的。在此,我们会将其更明确地纳入制度法理论语境之中进行更为详细的考察。

规则相结合的法概念理论或施加义务与授予权力规则相结合的法理论,这使得在实现法律实证主义新发展的意义上如何看待或比较麦考密克与哈特二者的规则理论便成为一个重要论题;如若考虑到制度法理论最初的一个问题意识就在于如何发展和辩护哈特的法哲学,那么这一论题就会变得更为必要,这是本章第二节要考察的内容。在此基础上,我们会深究麦考密克偏离哈特法哲学的一个关键时刻,即意愿性内在观点和诠释学问题,这是本章第三节的内容。随之而来的问题则是,由于偏离哈特法哲学以及对价值规范等问题的强调,麦考密克的制度法理论由此被视作是一种"规范性法律实证主义"乃至"伦理性法律实证主义",我们该如何理解这种定性则是第四节要处理的问题。通过对这些内容的考察并结合第二章对制度性事实的相关讨论,我们基本上就可以较为完整地把握"作为制度性事实的法律"这一命题及其潜在的发展趋势。

第一节　制度法理论语境下的规则理论

如前所述,制度法理论中的制度是由相互联系的规则架构起来的体系,即"制度这一术语只能被理解为在复杂的成套的创设规则、效果规则和终止规则之间起组织和联系作用的术语"①。更重要的是,在麦考密克看来,理论家们除此之外不可能通过其他术语来对诸如"合同""信托"等

---

① Neil MacCormick & Ota Weinberger, *An Institutional Theory of Law*: *New Approaches to Legal Positivism*, Dordrecht: D. Reidel Publishing Company, 1986, p. 59. 周叶谦先生分别将"institutive rules""consequential rules""terminative rules"译作"创制规则""结果规则""终止规则"。(参见[英]尼尔·麦考密克、[奥]奥塔·魏因伯格:《制度法论》,周叶谦译,中国政法大学出版社 2004 年版,第 73 页。)出于用语习惯以及更贴切原意的考虑,本书分别将其译为"创设规则""效果规则""终止规则"。在构成制度的意义上,本书将这三类规则合称为"三元规则体系"。值得进一步思考的是,麦考密克在选择和使用 institutive rules 一词时似乎显得非常慎重,从 institutive 便可以看出,它在 institutional theory of law 中可以说是至关重要的。它们不仅具有词根上的同源性,同时还可能蕴含了某种"微言大义",这一点我们可以在创设规则和承认规则的比较中得到进一步说明。此外,本书将麦考密克三元规则体系的理论称之为"制度规则论",以便于和哈特的社会规则论进行比较,这一内容将在下一节中讨论。

概念在法律上的运用进行说明,①因而这种规则体系据此就被赋予了不可替代的性质。三元规则体系及其与制度的关系在麦考密克的制度法理论中扮演了极为重要的角色,甚至可以说,这是考察麦考密克从哲学层面转入法律层面之后推动制度法理论发展的必要通道。

一、规则分类及其意义

我们将首先对"三元规则体系"进行考察,然后在此基础上转入考察规则与制度间的关系等论题。

(一)三元规则体系

麦考密克将规则分为三种类型:创设规则、效果规则、终止规则。对于这三类规则,他并没有给予明确的概念界定,而是通过例证的方式进行了解释性说明。比如说,当法律规定,由于发生某种行为或事件时,相应地就会出现有关特定制度的实例;而用于描述这种实例之存在所必备的规则条件就是"创设规则"。以合同为例,当两个或两个以上的人达成某种协议时,一份有效的合同(制度实例意义上的)就在他们之间出现。而当合同存在之后,便会在合同各方产生出诸如权利、义务、责任等一系列的法律后果,它们被称作"效果规则"。一般而言,效果规则具有诸如"如果一项合同存在,那么……"这种类似的表达形式。比如说,如果你和我之间存在一份合同,那么我/你就有权要求你/我在合理的期限内完成合同所约定的事项,这是合同存在的一个"效果"。由于一份合同因某种行为或事项而被创制出来,并以权利、义务等结果的形式存在于一段时间之内,所以它必定还会在某个特定的时间点终止,这是法律必须规定的内容。比如说,如果合同所约定事项得以完全履行抑或由于"解除""免除""抵销"等原因而不复存在,那么合同便得以终止,你我之间由于合同存在而产生的"效果"也自此不复存在,这被称作"终止规则"。

可以明显看出,三元规则体系内在地包含"时间"要素。对此,我们可以从制度实例和理论基础两个层面进行解读。在制度实例层面,比如

---

① Neil MacCormick & Ota Weinberger, *An Institutional Theory of Law: New Approaches to Legal Positivism*, Dordrecht: D. Reidel Publishing Company, 1986, p. 53.

说,在搭乘公交车的日常实践中,当乘客上车时便会与公交车公司之间形成一个合同;乘客在公交车上的时段内就具有了相应的权利和义务,直至到达目的地下车终止合同为止。整个活动过程在一个连续时间内存在,这同样适用于解释"婚姻""信托"等其他法律概念。"时间"由此成为诸如此类制度实例的一个共同点,即"在时间中存在"。① 在理论层面,三元规则体系的这种编排设置与麦考密克对制度性事实的某种理解紧密相关;制度性事实在他那里经常被视为一种在时间中存在却并不一定在空间中存在的东西,如若制度性事实都是在时间中存在却并不一定在空间中存在,那么作为制度之构成物的规则也必定具有这种属性。也正是在这个意义上,由"创设规则""效果规则""终止规则"构成的三元规则体系是一个形式规则体系。

当然,对于麦考密克的三元规则体系,在此追问"为什么是这样的三元规则体系而不是其他规则类型"似乎是有益的。对此,我们可以阐述几点初步看法,它不仅对理解此处的三元规则体系而且对于后面的考察也具有助益:其一,三元规则体系内在地具有实践关照性。制度法理论并非纯粹的概念理论而是对法律实践的一种抽象表达,相应地,实践应用的潜在可能性也就成为建构制度规则论的一个主要考虑所在。② 就麦考密克法哲学的基本气质而言,理论与实践之间的紧密关联可以说是贯穿始终;在后面的内容中我们将会看到,对法律实践(尤其是自身所从事的法律实践)和对法理论的关注是如何影响到麦考密克制度法理论的发展的。其二,"三元规则体系"是一种"理性重构"(rational reconstruction)。"理性重构"似是一个较为朴实而平常的概念,但在麦考密克那里却显得比较厚重;它指的是对原始材料的重新安排,这种重新安排因其是按照某些既定原则进行的从而显示出"理性",因其不是按照材料原初的方式进行的从而又显示出"重构性"。他曾坦言,盖尤斯《法学阶梯》中的人、物和诉讼的安排便是理性重构的一个经典;实际上,不管是关于制度的某些实质观念还是理性重构的方法启示,盖尤斯的影响似乎一直存在。其三,经由对

---

① Neil MacCormick & Ota Weinberger, *An Institutional Theory of Law: New Approaches to Legal Positivism*, Dordrecht: D. Reidel Publishing Company, 1986, p. 52.

② Neil MacCormick, "Further Thoughts on Institutional Facts," *International Journal for the Semiotics of Law*, vol. 5, no. 1, 1992, p. 15.

法律实践或法律资料的理性重构,我们就会得到一种关于法律的"知识";在这个意义上,三元规则体系无疑就是法学知识的重要表征,以三元规则为基础的制度法理论由此也可以被理解为一种知识论。实际上,麦考密克不止一次强调说,制度法理论主要的是一种关于法律知识的理论,一种关于法律科学的后设理论(a meta-theory for legal science)。① 知识论问题在麦考密克这里自始至终都是一个比较重要的话题,而且前期制度法理论所试图提供的就是一种将法律知识牢固限定在"规范"领域的知识理论,如若我们将这一点与前一章中关于规则和原则之融合的哲学认识论问题相结合,那这种知识论意味会更强。

(二)三元规则划分的意义

当然,纯粹以麦考密克自身的理论谱系来考察三元规则体系或制度规则论问题可能会显得不够充分。我们还必须进一步追问,麦考密克的这种分类有何进一步的理论意义?因为自哈特以来,学界热衷于关于规则的讨论实际上并不新奇。问题或许还得从塞尔的制度性事实概念说起。在麦考密克看来,塞尔将法律制度作制度性事实的理解继而将制度性事实理解为构成性规则实际上是混淆了"规则"和"制度"本身,从而可能就无法有效地理解"法律制度"和"规则"。制度性事实的确由规则构成,但它与规则却是不同的两种事物;退一步讲,即便哲学意义上的制度性事实的确由规则构成,但诸如合同、婚姻等法律制度则不仅仅是由构成性规则构成,而是由创设规则、效果规则、终止规则共同构成的三元规则体系构建起来的。"规则构成制度"是法学研究者对诸如合同、婚姻等社会实践的一种抽象即前面所说的理性重构,而三类规则恰好能够有效地再现和适用于社会中的法律实践。

在此,三类规则的理论划分不仅被赋予了由"时间"而来的"历时性",而且还反映着社会实践中的人们所具有的法律实践,它们都与魏因伯格的"实践信息"相关联,麦考密克借用过这个词。② 时间描述着"纵向

---

① Neil MacCormick,"Further Thoughts on Institutional Facts", *International Journal for the Semiotics of Law*, vol. 5, no. 1, 1992, p. 8.

② Neil MacCormick, "Institutions, Arrangements and Practical Information", *Ratio Juris*, vol. 1, no. 1, 1988, pp. 73-82.

维度的"事物,其历时性属性不仅暗含着"历史"的观念,而且时间本身就是提供稳定的、可预期的生活方式的有效方式。经由"创设规则"和"终止规则",我们每一个置身于现实社会生活中的人都能够基本了解自己所关涉/关心之对象的发生与终结状况;经由"效果规则",我们也能够了解自己置身其中的这个现实社会生活中可供参考的权利义务框架,从而为"当下"提供有益的实践遵循。由于对置身社会生活中的每一个人都能够发挥这样的作用,三类规则的划分继而也就有了一般性和普遍性的意义。法律人尤其是从事理论研究的法学家们基本上是通过"概念"来把握法律,而绝大多数的普通人则要通过"实例"来认识和理解法律。通过三元规则体系构建起来的法概念的确代表了麦考密克作为一名专业法学家的想法,但它同时却又反映和描绘了普通人把握法律的方式,三元规则体系由此不仅能够揭示实在法体系的核心要素而且还拥有适当记述实践中所牵扯到的法律观念的优势。除此之外,由于三元规则体系自身所具有的明确逻辑公式这一特性,这使其确保了法律的可预期性,并最终将与法律的"安定性"这一理念联系在一起。

在此,除去具有在"实践意义上"亦即指引人们行为的一般性和普遍性的意义之外,麦考密克的规则分类理论还有着相对具体的问题意识维度。在麦考密克看来,分析法学的一个基本任务就是要说明法律体系的结构问题;不管是奥斯丁、边沁抑或凯尔森理论中旨在"施加义务"的法律体系结构,还是哈特或拉兹授予权利和施加义务相结合的法律体系结构,它们都是在回应这一基本理论课题。在这个意义上,麦考密克基于制度语境对规则的划分从而就拥有了相对具体的理论意义层面的针对性,本章第二节将会专门讨论这一问题。但在此之前,我们还得先着手处理麦考密克制度规则论自身所面临着的一个"明希豪森式的"理论困境。

二、规则与制度:一个悖论及其解决

在规则构成制度的意义上,"制度"基本上就可以等价于三元规则体系;与此同时,任何一种规则类型的存在和被理解都无法离开制度而达致;这就意味着"制度与规则"之间可能存在循环解释,这是亟待进一步考察的内容。这不仅是麦考密克的问题,同时也是塞尔面临的一个理论问题,因而我们将从塞尔的回应谈起。

(一)塞尔的回应

在塞尔那里,在与纯粹事实相比较的意义上,制度性事实无疑只能存在于人类制度之中;与此同时,制度本身又是在制度性事实意义上使用的。由此,塞尔在这里就面临着如何解决循环论证的难题,并需要给予理论层面的连贯解释。在他看来,制度性事实的确需要在人类制度这一语境中才能存在;但关键在于,这种人类制度只能是语言,"语言就是一种这样的制度,事实上,它是整整一类这种制度"①。制度性事实不仅需要言语行为使其存在成为可能,而且还需要语言制度的存在使得人们能够陈述这些事实,而语言本身只不过是一种生物学上基本的、前语言形式的意向性的一种延伸。② 在生物学自然主义的立场和前提下,塞尔并不认为对语言的解释存在多大的困难,从而也就不认为制度与制度性事实之间存在真正的循环解释难题,这就像他并不认为从"是"无法推出"应当"一样。③ 此外,由于制度性事实在塞尔理论中是一种构成性规则结构,所以我们在描述这种制度时所确定的现实规则就决定了这种制度以及它所具有的能够成为规范性的那些内容。④ 制度性事实具有内在的规则结构,这实际上就等于说,制度自身同样也具有此类相应结构。而且,在不严格区分制度性事实与制度的情形下,我们实际上可以说,制度本身在很大程度上便是由规则所构成的。由于规则本身也可作为一种制度性事实来理解,制度与规则之间虽然也可能同样面临上述难题,但却可以通过上述同样的方式来进行解决。规则尤其是构成性规则更紧密地体现为一种言语行为的结构,从而完全能够通过语言制度来进行解释。基于此,在塞尔那里,制度与制度性事实/规则之间并不存在理论逻辑上的真正矛

---

① [美]约翰·R. 塞尔:《社会实在的建构》,李步楼译,上海人民出版社 2008 年版,第 25 页。
② [美]约翰·塞尔:《人类文明的结构:社会世界的构造》,文学平、盈俐译,中国人民大学出版社 2014 年版,第 65 页。
③ John R. Searle, "How to Derive 'Ought' from 'Is'," *The Philosophical Review*, vol. 73, no. 1, 1964.
④ [美]约翰·R. 塞尔:《社会实在的建构》,李步楼译,上海人民出版社 2008 年版,第 124 页。

盾,而且他自认给出了前后一致的解释。然而问题在于,当"制度与规则"从哲学步入法学之时,这种责难以及相应的回应是否仍旧充分?

这一难题也是麦考密克必须面对的问题,只不过,他更集中地体现在"制度与创设规则"层面。一方面,根据制度法理论,诸如合同、婚姻等制度只有通过"创设规则"才能够得以存在,因而创设规则在逻辑层面是先于制度而存在的;另一方面,创设规则本身又是构成制度之规则系统中的组成部分,因而创设规则无法先于制度的存在而存在。这使得制度与规则之间的关系同样会陷入"先有鸡还是先有蛋"的循环之中。即便塞尔可以对此问题给出回应,但由于法学和哲学在谈论"规则"时不仅存在含义上的分别而且还存在语境上的差异,制度法理论的解决方案因而注定无法简单依赖塞尔的语言制度思路来进行解决;麦考密克必须另辟道路,而且还应当是法学意义上的。

(二)麦考密克的解决方案

与塞尔给出的最终回应一样,麦考密克同样认为"制度与规则"之间并不存在循环解释问题。在具体的解决方案上,他通过两个层面的解释来进行回应,而这两种解释本身既相互区别又具有内在的关联:其一为惯习,其二为非正式言语行为。该内容在第二章中已有涉及,在此只论述尚未提及的部分。

麦考密克认为,制度与规则所遭遇到的那种责难实际上可以通过惯习尤其是普通法领域中特有的司法先例(judicial precedent)来进行解决,①这与惯习的本性具有莫大的关联。在普通法司法实践中,人们实际上可以发现许多有价值的案例、判例,而从中获得的判决结果本身又被用于处理其他相似的法律问题,久而久之地便构成新制度得以成立的基础和前提;比如说,因德沃金的阐发而闻名的埃尔默一案实际上本身便创制了一个新的法律制度,即"任何人都不得从其自身不法行为中获益"②。这一内容原本是以自然正义的形式存在于人们的惯习之中的,经由判例的作用则逐步获得法定的形式。从自然正义的惯习到司法先例的过

---

① Neil MacCormick & Ota Weinberger, *An Institutional Theory of Law: New Approaches to Legal Positivism*, Dordrecht: D. Reidel Publishing Company, 1986, p. 66.

② Ronald Dworkin, *Law's Empire*, Cambridge: Harvard University Press, p. 20.

程,实际上就是一个规则的创设亦即创设规则发挥作用的过程。通过惯习和判例法发生作用的这样独特方式,制度与规则之间的难题不仅得到解决,制度本身同时还获得了发展。按照班克维斯基(Zenon Bankowski)的说法,这一过程虽然要取决于规则被概念化的方式,但它们最后实际上都是建立在判决作出时的实质性考量之中。① 由此,判决理由必然构成普通法的一个基础和核心。

另一解决方案则基于已在第一章提及并在第二章中明确考察过的"非正式言语行为"。如前所述,在很大程度上,非正式言语行为实际上就是一种自然言语行为,它们本身又可以通过诸如司法裁判等程序性过程而得以制度化。② 比如说,即便在不存在合同制度甚至是合同惯例、从而不存在"我承诺"的言语行为的情况下,因允诺的存在而对某人或某事抱有期待却是一种非常自然的人类生态,而且我们还会对基于允诺而不令人失望这类进一步的行为给予道德上的良好评价。在此之后,诸如此类非正式言语行为会得到进一步的社会化和制度化;在这一过程中,其中的某些(如与合同有关的)部分会通过司法裁判等程式得到更进一步的法律层面的制度化。基于此,制度本身也得到了发展,正如通过惯习的法律化而得到的法律一样。

通过惯习和非正式言语行为两方面的回应,麦考密克解决了制度与规则之间可能面临的循环论证困境。实际上,我们可以很明显地发现,这两种解决策略具有本性上的一致性:惯习不过是非正式言语行为在法学中的体现,而非正式言语行为则只不过是惯习在语言哲学中的体现;前者较为社会化,后者较为哲学化。但即便如此,我们仍然可以怀疑麦考密克的方案是否真的解决了这一问题。其中最为重要的一点质疑在于,他的问题在于"制度与构成性规则"之间的循环解释问题,但它所关注的内容却被限制在前制度形态的"惯习"和"非正式言语行为"之中,这实际上不是对问题的解决,而是对前制度形态之事物的"描述"。因为很明显,不管是惯习还是非正式言语行为在制度化或正式化过程中都要涉及诸如裁

---

① Zenon Bankowsi,"The Institution of Law", *Ratio Juris*,vol. 4,no. 1,1991,p. 83.
② Neil Maccormick & Zenon Bankowski. ,"Speech Acts,Legal Institutions and Real Laws", in Neil MacCormick & Peter Birks,eds. ,*The Legal Mind：Essays for Tonny Honoré*,Oxford：Clarendon Press,2001,pp. 125-128.

判等程序,而这些程序实际上已经充当了创设规则的角色。或许正是基于这种不充分的说明,麦考密克才说道,"好像不能把一个制度的创设规则的指定,无论如何仔细,视作给一个制度的假想实例之有效性列出了一份完整的充分条件的清单,而只是把它视为在陈述这样一些条件,其中每一个条件在所有情况下都是必要条件。任何这样的规则制定都应被理解为可以有更多的例外"①。在我看来,诸如此类的明希豪森困境或鸡生蛋蛋生鸡问题或许是许多理论都不可避免会遭遇到的问题;而这一问题的关键不在于这种困境是否真实,而在于我们是否能够给出逻辑上的说明和突破,而且还需注意到挑战既有的知识必须承担的论证义务;我们的理论或知识不可能在任何时候都从头开始。

第二节 规则与法律体系的结构:与哈特的比较

如果说"制度与规则的循环解释"是麦考密克制度法理论面临的一个内部问题,那制度规则论与社会规则论之间的关系问题则发生在其外部。在当代法学理论语境下,谈论规则很大程度上必定要涉及哈特的社会规则理论;对于麦考密克而言尤其如此,因为其制度法理论的目的之一就在于对哈特意义上的法律实证主义理论提出进一步发展的理论建议,在不严格的意义上甚至可以说,制度规则论对接的恰好就是哈特的社会规则论。在此,我们将基于规则来对麦考密克和哈特之间的法律结构理论作进一步的考察,尽管前面已在概念层面作了一些澄清,但那是远远不够的。

一、制度规则论与社会规则论

首先要作一个前提性的说明,这主要包括两方面的内容:二者是否具有可比性,以及为何是法律体系结构意义上的比较。我们将麦考密克的

---

① Neil Maccormick & Zenon Bankowski, "Speech Acts, Legal Institutions and Real Laws", in Neil MacCormick & Peter Birks, eds., *The Legal Mind: Essays for Tonny Honoré*, Oxford: Clarendon Press, 2001, p. 71.

规则理论称作"制度规则论",这不仅旨在凸显出制度在规则理论中所扮演的重要作用,同时还试图将其与哈特的社会规则理论进行理论上的比较。当然,这种比较决然不是一种文字层面的对偶游戏。实际上,在对制度与规则的考察过程中,我们就已经间接地触碰到制度规则理论与哈特社会规则理论之间的相似性。比如说,哈特将"首要规则与次要规则之结合"视为理解法律/法律结构之"核心"(heart),①而麦考密克则将"非正式规范性秩序"(informal normative order)与"制度性规范性秩序"(institutive normative order)之结合视为理解法律秩序的"关键",而法律则是一种制度化了的规范秩序。② 又比如说,哈特将次要规则划分为承认规则、改变规则和裁判规则,其中承认规则保证法律体系的效力,而麦考密克则将规则分为创设规则、效果规则、终止规则,其中创设规则赋予法律体系以效力。这些内容不仅使得二者能够进行比较,而且还使得这种比较注定主要是"法律体系的结构"意义上的。在麦考密克看来,分析法学的唯一目标,就是对"法律体系的结构"进行说明,③而以上所陈列的内容都属于二者对法律体系结构的阐释,制度规则论更是如此。

　　比较不仅是可能的,甚至还存在"过度比较"的风险。要知道,如若仅仅从诸如此类的形式和类型层面进行考察的话,那么我们将不可避免地会遭遇到某些学者提出的那类质疑,即麦考密克的制度法理论与哈特的社会规则理论"极其相似"。④ 面对这样的质疑,我们需要进一步追问的是:形式和类型上的相似是否能够同样地说明二者在"内容"层面的相似性? 如若答案是肯定的,那麦考密克的制度规则理论就只不过是哈特社会规则理论的简单翻版,从而需要扔进历史的垃圾堆。然而,严肃的理

---

　　① H. L. A. Hart, *The Concept of Law*, Oxford: Clarendon Press, 1994, p. 98.

　　② Neil Maccormick, *Institutions of Law: An Essay in Legal Theory*, Oxford: Oxford University Press, 2007, chapter. 2. 这里主要涉及麦考密克后期发展了的制度法理论,虽然是后期的,但它与麦考密克前期理论却是一脉相承的。

　　③ Neil MacCormick & Ota Weinberger, *An Institutional Theory of Law: New Approaches to Legal Positivism*, Dordrecht: D. Reidel Publishing Company, 1986. p. 66. 周叶谦先生将"Legal Systems"译为"法系",这或许无法揭示出麦考密克在使用这一术语时意欲表达的真实想法。参见[英]麦考密克、[奥]魏因贝格尔:《制度法论》,周叶谦译,中国政法大学出版社 2004 年版,第 82 页。

　　④ Stefan Sciaraffa, "The Underlying Value of MacCormick's Post-Positivism," *Jurisprudence*, vol. 1, no. 1, 2010, p. 121.

论态度马上提醒我们:重要的不是结论如何,而是对其中所涉及的内容进行考察。至少可以说,在没有对二者理论进行充分的考察之前,仅凭形式上的比较就得出上述消极性的结论不免过于仓促,也必定是不公允的。接下来,我们将对这一问题展开具体考察。

麦考密克认为,哈特最有价值的贡献在于他把法律看作社会规则并对其进行了理论说明。[①] 这涉及哈特社会规则理论的历史和理论意义,在此,我们作一简要回顾以便于更好地进行比较(当然,这种回顾的另一潜在目的在于,尽管麦考密克的制度规则论在很大程度上是在针对哈特的社会规则理论,但由于后者代表了最流行的关于规则理论的学说,因而麦考密克的制度规则理论又具有了不仅仅局限于哈特的雄心和意义)。无疑,哈特的社会规则理论是通过对传统法律理论之批判而建立起来的,主要是对奥斯丁和凯尔森的批判。奥斯丁法律理论的缺陷在于,将法律视作是"主权者的命令"这一事实从而无法说明法律的规范性问题;与之相对,凯尔森法律理论则集中于法律的规范性而忽视了其社会性面向。这即说,奥斯丁和凯尔森的法律理论在实证主义这个立场上都只是抓住了某一特定方面,而一个"全面的法律理论必然包括规范性和社会性这两个条件"[②]。用哈特的话说就是,既往理论之缺陷在于不能经由这些要素组合产生出"规则"的观念,而没有这一观念,最基本的法律都将无法得到说明。[③] 哈特的"社会规则"至少意味着:其一,社会规则并不与社会惯习相一致。社会规则和社会惯习一样都具有外在这方面,表现在能够被观察者所记录的有规律的一致行为。社会规则除了外在面向还有内在面向。在与惯习相比较的意义上,外在可观察的规律性行为对于解释规则虽是必要的内容,但却并不充分,因为我们不能仅仅因为99%的人在等红绿灯时收听广播就认为此处存在一个"等红绿灯时听广播"的规则。社会规则之存在除了外在的规律性行为之外,还需要该群体之下的人们的态度,即"批判反思的态度"。[④] 在此,我们才能说存在一条社会规则。除

---

① [英]尼克·麦考密克:《大师学述:哈特》,刘叶深译,法律出版社2010年版,第62—62页。
② 陈景辉:《作为社会事实的法——实证观念与哈特的社会规则理论》,载《法哲学与法社会学论丛》2006年卷,第11页。
③ H. L. A. Hart, *The Concept of Law*, Oxford:Clarendon Press,1994,p. 80.
④ H. L. A. Hart, *The Concept of Law*, Oxford:Clarendon Press,1994,p. 57.

此之外,哈特还认为,对规则的偏离会招致批判,但却不会由于没有遵从一般性的行为惯习而行为招致批评。比如说,由于存在"红灯停,绿灯行"的交通规则,所以当一个司机没有遵守这个规则时就会招致批判乃至会面临行政或刑事制裁,但他却不会因为没有遵从在等红绿灯时听广播这个惯习而招致批判,而且肯定不会有任何的社会批评。不仅如此,偏离规则模式而行为所受到的批评被视作是合理的、正当的,因为"偏离规则模式而行为"本身就构成了对他进行批判的理由。这实际上是批判反思态度亦即内在观点的显现,而且也只有通过内在观点才能得到解释。这种批判性态度则"反映在批判(包括自我批评)、服从的要求之中,以及认识到这些批评和要求是正当的,这种正当性用特定的表达方式即规范性术语(应当、必须、应该、正确、错误)来表达。"①

在此基础上,哈特认为仅仅依靠惯习的社会结构是以义务规则为特征的,并将这种社会结构下的规则类型称为"施加义务的首要规则"(primary rules of obligation)。但它却具有内在的缺陷,主要是:不确定、静态、无效率。通过针对性地引入次要规则,即"承认规则""改变规则""裁判规则",上述缺陷得以解决;与首要规则为施加义务的规则不同,次要规则乃是授予权力的规则。由此,法律作为首要规则与次要规则相结合的法律体系结构的理论便得到了框架性的建立。

对于哈特的社会规则理论,麦考密克的批判主要集中在两个方面:其一,批判哈特所认为的将"批判反思态度"通过特定的规范性表达这一思想,因为诸如"应当""必须"等规范性表达"同样适用于或者典型地被用于不引用任何社会规则的语境中。"②比如说,一个素食主义者虽然能够意识到社会中没有禁止食肉的规则但依旧可以说"食用动物是错误的",这不仅没有语法上的矛盾而且不存在规范性用语上的任何不妥。然而,这种批判并不具有主要的意义,原因在于:尽管麦考密克认为这种态度有待于进一步完善和明确,但对于由内在观点所开放出来的"诠释学方法"却给予了非常积极的支持,认为它"本质上是正确的",③并将其用于

---

① H. L. A. Hart, *The Concept of Law*, Oxford: Clarendon Press, 1994, p. 57.
② [英]尼克·麦考密克:《大师学述:哈特》,刘叶深译,法律出版社2010年版,第68—69页。
③ [英]尼克·麦考密克:《大师学述:哈特》,刘叶深译,法律出版社2010年版,第69页。

制度规则理论的研究之中。通过这种批判,他表达的是哈特在这一问题上跳跃地太快了,从而未能给予它足够的关注。

其二则是对哈特授予权力和施加义务的法律体系结构理论的批判,这一点非常重要,甚至可以说是麦考密克制度规则的要点和精华所在。如果说哈特的社会规则理论是从奥斯丁命令学说到一个新时代的理论表征的话,那制度规则论可能就不具备这样的意义,其关注重点和理论意义并未从本质上超越"规范主义的社会现实性发展"。因而,其制度规则理论在很大程度上仍可以被视作对哈特社会规则理论本身的一种更新;但对于那种流行于法学界的将法律体系之结构理解为授予权力的规则与施加义务的规则相结合的理论观点来说却仍然具有一定程度的颠覆性。

具体而言,在麦考密克看来,传统法律理论存在的一个问题就在于如何恰当地说明法律体系中实际使用的概念。哈特的社会规则理论虽然对法律作了首要规则和次要规则相结合的解读,但它却无法有效地说明诸如"合同""婚姻""信托"等更为具体且经常适用的法律概念,尤其是其中所具体涉及的权利、义务等问题。这或许是这种规则划分本身所无法避免的一个问题。如前所述,在麦考密克看来,所有的法律概念都具有这样的一种"共性",即经历了一个从开始到结束的时间上的存在;基于此,此类法律概念就可以被划分为一套由"创设规则""效果规则""终止规则"组成的规则体系。相应地,由这些概念所表征的制度就是由这一套规则系统组成的,进一步说,法律体系的结构基本上就是由这样的三类规则所构成的。在此,我们马上会面临一个问题,麦考密克关于法律体系结构的三类规则理论与哈特的法律体系结构理论,继而也就是与普遍流行的法律体系主要由授予权力和施加义务构成的法律结构理论之间的关系问题。这是制度规则理论的主要旨趣所在,同时也是麦考密克制度法理论中制度与规则的一般关系所在。

按照哈特式的法律结构理论,任何一项法律继而也就是一般意义上的法律都可以被分析为授予权力和施加义务这样的两种类型。比如说,在搏击比赛情形下,一个人的同意使得另一个人对其身体进行侵犯的行为合法化。就此情况而言,根据哈特式的法律结构理论,这里存在两种规则：一种是禁止对他人造成身体侵犯的义务性规则，另一种是授予人们允许他人对其身体进行侵犯的授权性规则。但事实上真的如此吗？在麦考密克看来，如若认为此处存在刚才所论述的两种规则，那无疑是荒谬的；在这里，法律所做的不过是"让所有人承担义务不去侵犯他人的人身，除非得到后者的同意"①。这一条规则既授予权力又施加义务，从而很难将其分为两个单独的规则，在他看来甚至是不可能进行这样的区分，这无疑是一个较为强硬的理论立场。② 因而对于哈特所说的存在单独的授予权力的规则就必须予以理论上的限定，因为真实的情况是"并不是所有的法律权利都是由一个单独的法律规则授予的。"③

在麦考密克看来，不仅并非所有的法律权力都是由一个单独的法律规则授予的，而且"也不是每一项创设规则或终止规则都授予权力"④。根据制度规则理论中的创设规则模式，一项合法权力得以产生的一般模式是"如若具备资格 q 的人经由程序 p 实施了行为 a，而且如若环境为 c 的话，那么就存在制度 I 的一个有效实例"⑤。实际上，这一模式稍作修改之后也适用于终止规则。但这种具有一般性的规则模式并不意味着，所有具有这种形式的创设规则或规则表征的就是一个授予权力的规则。比如说，就创设规则而言，《民法典》第1121条规定："继承从被继承人死亡时开始。"然而这一创设规则并未赋予被继承人通过死亡将其财产交给继

---

① Neil MacCormick & Ota Weinberger, *An Institutional Theory of Law*: *New Approaches to Legal Positivism*, Dordrecht: D. Reidel Publishing Company, 1986, p. 63.

② 马太·H. 克拉默(Matthew H. Kramer)在一本专论哈特法哲学的著作中批评了麦考密克的这种解读。在他看来，麦考密克在这一问题上已是误入歧途了(gone astray)，即认为承认规则仅仅在于施予义务，而法律的适用(law-application)则仅仅在于授予权利；真实的情况是，承认规则既包括授予权利的标准又包括施予义务的标准，法律的适用亦是如此；区别只在于，前者是关于法律之确定性的权利和义务，而后者则是关于调节和管理的权利和义务。See Matthew H. Kramer, *H. L. A. Hart*: *The Nature of Law*, Cambridge: polity Press, 2018, pp. 103-104. 根据此处的解读，不太清楚克拉默是如何得出这一结论，因为只要明白麦考密克的立场，就会明白这些都是他认同的内容。

③ Neil MacCormick & Ota Weinberger, *An Institutional Theory of Law*: *New Approaches to Legal Positivism*, Dordrecht: D. Reidel Publishing Company, 1986, p. 63.

④ Neil MacCormick & Ota Weinberger, *An Institutional Theory of Law*: *New Approaches to Legal Positivism*, Dordrecht: D. Reidel Publishing Company, 1986, p. 63.

⑤ Neil MacCormick & Ota Weinberger, *An Institutional Theory of Law*: *New Approaches to Legal Positivism*, Dordrecht: D. Reidel Publishing Company, 1986, p. 80.

承的权力;如果认为这里存在一个被继承人通过死亡使继承人获得财产的权力,那无疑是荒谬的。又比如说,就终止规则而言,一项合同可能会"因不可抗力致使不能实现合同目的"而解除,但这并不等于说当事人一方被赋予了经由不可抗力而使得合同解除的权力,因为这种合同的法定解除是因社会事实而导致的,在这一终止规则中并没有赋予当事方解除合同的权力;一项合同可能会因为"混同"而终止,但这并不等于说合同任意一方有通过混同而终止合同的权力;婚姻可能会因某一方的死亡而解除,但这并不等于说夫妻任意一方有通过死亡解除婚姻的权力。将它们称为"授予权力"的确是荒谬的。

这不仅意味着"并非所有的创设规则或终止规则都授予权力",①而且还意味着,"在授予权力的规则和施加义务的规则间所作的简单区分并非用以说明法律体系结构的充分根据。因为,有些规则同时具有这两种任务,而有的规则则不具有其中任何一种任务。"②因为根据上面的分析,有的规则既授予权力又赋予义务,如允许他人对自己进行身体伤害的规则,而有的规则既不授予权力也不施加义务,如基于死亡的婚姻解除。在此,麦考密克达致了通过制度规则理论对既有法律体系结构之重构的内在说明。麦考密克的解决思路在于,将哈特授予权力规则构造成一个制度语境下的包含着创设规则和终止规则的整体。③ 这一建议实际上表明,在我们对法律体系结构的理解中,需要首先将法律体系结构化为由创设规则、效果规则、终止规则构成的一套规则系统,并在此基础上来进一步考虑诸如授予权力或施加义务等规则。如果说既有理论普遍接受将法律体系结构理解为授予权力规则和施加义务规则的话,那么麦考密克的基于制度规则理论的新的法律体系结构理论则在一定程度上重构了这种理论,从而使其更具说服力。制度规则理论不仅能够说明法律体系中实际使用的诸多法律概念,而且还可以进一步上升至既有规则理论的批判。

---

① Neil MacCormick & Ota Weinberger, *An Institutional Theory of Law: New Approaches to Legal Positivism*, Dordrecht: D. Reidel Publishing Company, 1986, p. 63.

② Neil MacCormick & Ota Weinberger, *An Institutional Theory of Law: New Approaches to Legal Positivism*, Dordrecht: D. Reidel Publishing Company, 1986, p. 66.

③ Neil MacCormick & Ota Weinberger, *An Institutional Theory of Law: New Approaches to Legal Positivism*, Dordrecht: D. Reidel Publishing Company, 1986, p. 66.

正是在这个意义上,我们在前面说这种制度规则理论具有颠覆性的意义,这也就意味着制度规则论与社会规则论是两种不同的关于法律体系结构的规则理论。

在对"法律体系结构"的理解中,中西法学界存在巨大的差异。中国法学界一般将法律体系理解为部门法体系,如"法律体系乃指……由本国各部门法构成的、具有内在联系的一个整体,即部门法体系"①。实际上,这种关于法律体系结构的理论在很大程度上只不过是对既有部门法结构的排列组合与复述。在西方法理学语境中,法律体系结构的理论一开始就被理解为对法或法律之结构的一般理论,抑或将法律体系结构的理论理解为一种规则理论。不管是哈特式的授予权力规则和施加义务规则的结构理论,还是麦考密克以三类规则为基本内容的、基于制度规则的结构理论,它们都与规则相联系;而在我们对法律体系结构的研究中,规则几乎是不出场的。这是否意味着我们对法律体系之结构的理解是不充分的呢?哈特式的或麦考密克式的法律体系结构理论似乎能否作为进一步深入的参考?当然,这已经超出了本书的讨论范围。

二、创设规则与承认规则

通过对麦考密克的制度规则论和哈特的社会规则论进行简要的比较,我们从中发现,麦考密克对流行的法律体系结构理论进行了重构;这主要表现在他将授予权力规则和施加义务规则都置于"三类规则"语境之下来进行讨论。上文只是对这一重构过程进行了简要考察,从而显得非常不充分;实际上,两种规则理论除了上面所具有的比较内容之外,还存在一个更为引人注意的内容,即"创设规则"和"承认规则"之间的关系问题。

在哈特的法律理论中,"承认规则"这一概念扮演了如同"拱顶石"的作用,比克斯将其称作哈特理论的"核心"②。由于"不确定性"这一缺陷的存在,使得"如果人们对于规则是什么,或者对于某个既定规则的精确

---

① 沈宗灵:《再论当代中国的法律体系》,载《法学研究》1994年第1期,第12页。
② [美]布赖恩·比克斯:《法理学:理论与语境》(第四版),邱昭继译,法律出版社2008年版,第47页。

范围存有疑问,将没有任何解决这个疑问的程序,不管是诉诸权威性的问题,或者是对此具有权威的官员"。① 作为次要规则的"承认规则"的首要目的就在于解决这种不确定问题。在很大程度上,此处的"不确定"问题实际上关涉着"法律效力"问题;因为,正是得益于承认规则的存在,规则的效力问题从而也就是法律效力的问题才得以解决。承认规则提供了判断法律效力的标准,据此我们才能够说,某个规则是否有效抑或某个规则是否是特定法律体系中的组成部分。对于"承认规则"本身,哈特认为它就像巴黎米尺一样不存在有效或无效的问题,它仅仅是一个社会事实,即法院、政府官员和民众在识别法律时的复杂实践。② 而且正是由于承认规则所具有的这种社会事实性质,哈特由此认为,那种认为承认规则与法律体系之间存在循环论证的问题实际上也就此得以化解。虽然哈特作出了这样的回应,但其中所涉及的问题仍较为复杂,比如说承认规则与分离命题的关系问题。当然,此处的讨论并不试图对承认规则进行全面的讨论,而主要是通过哈特对"承认规则之性质"的论述来考察"承认规则"和"创设规则"之间的关系问题。

对于"承认规则"这一概念,哈特先后至少作出了三个维度的解释:其一,既非有效亦非无效的效力标准;其二,既是法律又是事实的惯习规则;其三,既包括规则又包括原则的包容性实证主义立场。③ 这三个维度的解释基本上可以被视作哈特对"承认规则之性质"的全部说明。④ 遵从这样的思路,即如果承认规则的性质就体现在这三个方面,那么我们便可

---

① H. L. A. Hart, *The Concept of Law*, Oxford: Clarendon Press, 1994, p. 92.

② H. L. A. Hart, *The Concept of Law*, Oxford: Clarendon Press, 1994, p. 110.

③ H. L. A. Hart, *The Concept of Law*, Oxford: Clarendon Press, 1994, pp. 86—225. 关于哈特承认规则这三个维度的讨论,也可参见张薇:《哈特承认规则概念的系统论解释——兼论卢曼与托依布纳之间的分歧》,载《学海》2019年第4期,第172—173页。

④ 当然,除本书所主张采纳的这种理解思路之外,还存在其他种类的解读。比如说,瑞典的宾德瑞特(Uta Bindreiter)则将"承认规则"分析为以下三个方面:资格规则、概念规则、义务强加规则。(参见[瑞典]宾德瑞特:《为何是基础规范:凯尔森学说的内涵》,李佳译,知识产权出版社2016年版,第70—93页)与之相比,本书所采取的理解思路或许更具说服力,原因在于:其一,宾德瑞特指出的这三个维度可以纳入本书中进行讨论,比如说它的"资格规则""概念规则"就可以纳入"效力标准"范畴进行讨论,而"义务强加规则"则可以纳入"惯习规则中进行讨论";其二,本书采取的三个维度还服务于与"创设规则"相比较的目的,而宾德瑞特的三个维度则旨在探究承认规则本身的性质。尽管有这样的区别,但它仍具有极大的启发意义。

以通过考察创设规则与上述三种性质之间的关系来完成"承认规则与创设规则"之间的比较性考察。这也就意味着,如若我们得出的结论是创设规则符合承认规则所具有的这三个维度的性质,那创设规则与承认规则之间就存在巨大的理论同一性,即便这种同一性并不一定就意味着二者是完全等同的。与之相对,如若创设规则不完全符合或完全不符合哈特赋予承认规则的三种性质的话,那我们就应对创设规则另作它解;至少可以说,那种认为麦考密克的制度规则理论只不过是哈特社会规则理论之简单翻版的理论观点是没有根据的。以下便是我们对创设规则与承认规则在三种性质维度问题上的具体考察。

(一)创设规则:既有效又无效的效力判准?

在本章前面部分,我们已提及:对于一个制度实例而言,创设规则不仅在时间上最先,而且在逻辑上还先于制度实例而存在。就时间维度而言,创设规则表现为一种形式规则,这种形式规则使得经过它检验的制度/制度实例得以获得法律效力;在这个意义上,创设规则似乎就扮演着判断法律是否有效的基本标准,乃至可以将其视作麦考密克制度法理论中的效力规则。就像在哈特理论中一样,如若没有承认规则的存在,官员就无法决定哪些规则有效、哪些规则无效继而其所涉及的规则就无法获得法律效力一样;在麦考密克那里,如若没有创设规则的存在,同样也不可能存在任何具有法律效力的制度/制度实例。对此内容,实际上并不存在多大的疑问。

此外,由于创设规则本身就是一个旨在处理相关制度或法律规则是否有效的规则类型,因而创设规则本身必定还涉及一个是否有效的问题;人们可能还会常识性地认为,它只有作为一个有效的规则时才会显得合理。其原因在于,具备法律效力的制度或制度实例从一个不具备法律效力的规则中创制出来,这一点并不通常为人所接受,这就好比是一个有效的规范要从一个与有效与否无涉的事实中推导出来一样无法让人立刻信服一样。但是,正如我们在前面处理"制度与规则"之关系时所说的那样,由于创设规则在逻辑上先于法律制度而存在从而是一个无效规则;而创设规则本身又因寄居于法律制度之中而被赋予法律效力,从而又是一个有效规则。在此,就创设规则有效抑或无效这一问题而言,我们既可以说它是有效的,又可以说它是无效的。实际上,当我们将创设规则理解为一个"形式规则"并将这种形式属性作为其主要属性时,创设规则本身便已隐含了这样的内容,即创设规则既有效又无效(抑或可以有效也可以无效)。当然,这并不等于说,创设规则纯粹是形式的,从而它所指向的对象和内容是不重要的,这一点我们会在下面专门地进行考察。值得注意的是,当论及创设规则既有效又无效(抑或可以有效也可以无效)时,这是否意味着我们由此陷入了某种相对主义,甚至是认为"此亦一是非,彼亦一是非"。此处我们所面临的疑问实际上也是哈特承认规则所需要面对的问题,其中所涉及的问题可能远比这里谈到的复杂得多。

按照这样的理解,我们似乎可以得出结论说,麦考密克的创设规则和哈特的社会规则一样都既是有效的又是无效的(抑或可以有效也可以无效),因而它们发挥/扮演着极为相似的作为效力判准的作用/角色。但仔细考察的话,我们仍然可以发现,麦考密克对创设规则的论述无疑更多地是在法律体系语境下进行的,而且是将其与另外两种规则作为一套规则系统一并进行论述的,这使得创设规则更多的是在"有效力"的意义上展开的;这意味着,它与哈特在论述承认规则时强调其作为一种社会事实而非"作为效力判准"并进一步淡化其本身有效与否的看法相区别开来。

(二)创设规则:既是法律又是事实的惯习规则?

在将承认规则视作是"既有效又无效的效力判准"而无法充分解释承认规则之性质时,哈特在此基础上又引入了"惯习"维度。在《法律的概念》一书的再版"后记"中,哈特认为,"事实上,承认规则就是一种司法惯习规则,只有在法院加以接受并加以实践,用以鉴别法律和使用法律时,它才能够存在"[①]。这便是哈特在德沃金批判下所发生的"惯习转向"。它意味着,承认规则之存在依赖于官员尤其是法官的持续认同,而且法院本身还可以对承认规则作出断定;在这个意义上,承认规则是一个实践意义上的社会事实。然而,一旦作为社会事实的承认规则经由法院和法官实践而获得权威时,它便成为具有约束效力的规则,亦即获得了法律效力。这是哈特惯习规则意义上的承认规则所具备的两个维度的内

[①] H. L. A. Hart, *The Concept of Law*, Oxford: Clarendon Press, 1994, p. 256.

容。承认规则的惯习属性与哈特法律概念中的社会事实命题关联密切,它认为"承认规则既非有效亦非无效,它就是很单纯地因为妥当而被采用""承认规则的存在形态,却必须是法院、政府官员和一般人在援引其所含标准以鉴别法律时,所作的复杂但通常是一致的实践活动本身"①。这并不意味着法院本身可以行使最终的创造性权力从而确定法律效力的判准,因为它势必与法官据以审判之法律的法律效力本身要经由这个判准来赋予相矛盾。基于此,哈特认为,承认规则之存在并不是来自裁判规则或法院的审判权,而是其审判结果得到了人们事实上的认同。对于哈特这种通过"惯习、社会事实和认同"来避免自我矛盾的解决方案,麦考密克似乎并不十分满意。

在麦考密克对创设规则的论述中,我们可以很明显地发现,创设规则很少涉及哈特在推进承认规则时所说的那种法院或法官意义上的社会事实维度;与之相反,它指向的是一般人的法律实践活动本身。② 创设规则是麦考密克通过对法律实践的考察所得出的理性重构,比如说,在一个合同法情形中,在"如果两个或两个以上的当事人达成某种协议,而且一些要求的细节得到实现,那么,在他们之间就存在一项有效的合同"与"如果(在某些当事人之间)存在一项有效的合同,那么,每个当事人都有义务履行他已同意的事,但要受任何约束的条件约束"这两个规则之中,他们都有一个重叠的部分,即"存在一项有效的合同"③。这一部分既作为前一规则的结果又作为后一规则的前提而发挥作用,由它则衍生出合同法中的"创设规则"。这实际上是说,创设规则与哈特意义上的作为社会事实的司法实践并不具有内在关系;也正是基于这个原因,创设规则也首先不是一个惯习意义上概念。但这并不等于说,创设规则并不具有社会实践的意义;实际上,我们会在后面内容中明显地发现创设规则拥有比承

---

① H. L. A. Hart, *The Concept of Law*, Oxford: Clarendon Press, 1994, pp. 109-110.
② 这一看法背后的意思旨在批评哈特,即经由法官这一狭窄的群体来说明承认规则以及伴随承认规则而来的规范性是不充分的,其"基数"还必须予以拓展;相关专门讨论,可以参见 Stefano Bertea. , "The Master Rule, Normativity, and the Institutional Theory", in Agustín José Menéndez & John Erik Fossum, eds. , *Law and Democracy in Neil MacCormick's Legal and Political Theory: The Post-Sovereign Constellation*, Heidelberg: Springer, 2011, pp. 75-89.
③ Neil MacCormick & Ota Weinberger, *An Institutional Theory of Law: New Approaches to Legal Positivism*, Dordrecht: D. Reidel Publishing Company, 1986, p. 58.

认规则更丰富的实践内涵,只是二者所指向的内容不尽相同。基于此,我们可以说,创设规则具有实践属性,但却并非哈特赋予承认规则的那种法院或法官意义上的社会事实属性,也不是法院或法官意义上的那种惯习属性。在这个意义上,创设规则与承认规则是可以进行区分的,而且也应该进行彼此间的区分。

(三)创设规则:既包括规则又包括原则的包容性实证主义立场?

在回应德沃金所认为的规则理论无法解释原则的批判过程中,哈特在后期理论中赋予了承认规则特殊的任务,从而使诸如原则、道德等非规则因素也"有可能"通过承认规则而进入到法律之中。哈特说道,"德沃金忽略了我曾明白表示过的,作为法效力的判准,承认规则可以将道德原则或实质价值包括进来。所以我的理论是属于所谓的'柔性法律实证主义',而不是德沃金所说的'纯粹事实'意义上的法律实证主义"①。由于承认规则既能够包括规则,同时也能够包括原则等要素,哈特的法律实证主义从而更明确地表现为一种包容性法律实证主义的立场。在这个维度的比较意义上,如若我们完全将创设规则定位在一种"形式"意义上的规则,那么关于创设规则之属性的比较性考察就会变得不充分;创设规则的形式属性必定不是其全部内容,其自身必定拥有着一定的内容——虽然麦考密克只是很间接地论述了这一问题;在这里,我们将会初步展示出创设规则的"内容"维度,并在下一节内容中跳出比较的维度更广泛地考察其中所包含或可能包含的内容。

很显然,麦考密克已经意识到他在阐述制度规则理论中所具有的"形式主义"倾向,他说道,"我在上面两节中提出的观点存在一种风险,即它可能似乎包括我本人相信一个形式主义制度的天堂,其中每个制度都有一套巧妙地包裹起来的重要规则,这些规则能很好地解决所有的问题"②。这并不是麦考密克试图坚持的观点,而且也是一个很不现实的观点,它不符合"规范主义的社会现实性发展"这一理论任务。而且,作为规范的一种具体化,规则本身是由人制定的,因而不能是绝对精确的,它

---

① H. L. A. Hart, *The Concept of Law*, Oxford: Clarendon Press, 1994, p. 250.
② Neil MacCormick & Ota Weinberger, *An Institutional Theory of Law: New Approaches to Legal Positivism*, Dordrecht: D. Reidel Publishing Company, 1986, p. 67.

只需要够用就行。对于某些情况而言,法律可能是确定不移的、不受可能的或合法的司法改变,但对其他情况而言则可能扩大或实际上缩小。①在他看来,一条规则的作用就是确立有效性的"一般的必要"或"推定的充分"条件。而且只要没有出现其他的理由来打破这些有效条件,那它就是有效的,而且这种有效性是必要的,即"制度的创设规则只应被视为给制度的具体实例的存在或有效的创立规定一般的必要条件和推定的充足条件"②。

这实际上已预示着在必要情形下的"规则之违反"的可能,包括创设规则在内的所有规则都存在这种可能性。然而,与哈特在承认规则内部来解决这一问题的处理方式不同,麦考密克创设规则在面对"例外情形"时采取的方式是从外部通过论证说理来实现对规则之"违反"这一过渡的,从而规则在某一特定语境中得以"由有效变得无效"抑或"由无效变得有效"。因此,在面对德沃金由埃尔默案提出的责难时,③麦考密克选择了一条与哈特的解决思路明显不同的路径。德沃金对哈特规则理论的批判在于规则无法容纳"原则"因而也就无法有效地解释诸如价值、道德等内容,而哈特则认为德沃金误解了它的社会规则理论;而且,在法律与道德之间不存在必然的或概念性关联问题上,哈特也始终坚持其"描述性社会学"的理论主张。与之相比,麦考密克在处理制度规则问题时则表现出明显地对德沃金"原则理论"的接纳;麦考密克认为,"原则"是对规则

---

① Neil MacCormick & Ota Weinberger, *An Institutional Theory of Law: New Approaches to Legal Positivism*, Dordrecht: D. Reidel Publishing Company, 1986, pp. 68-69.

② Neil MacCormick & Ota Weinberger, *An Institutional Theory of Law: New Approaches to Legal Positivism*, Dordrecht: D. Reidel Publishing Company, 1986, p. 72. 麦考密克还反复强调说,"不能把一个制度的创设规则的制定,无论如何仔细,视为给一个制度的假想的实例的有效性列出了一份完整的充分条件的清单,只能把它视为陈述这样一些条件,其中每一条件在所有情况下都是必要条件。任何这样的规则制定应被理解为可能有更多的例外,如果我们坚持现实主义态度的话,应该根据已经确立的有关的法律原则和可能有的新的原则加以理解,这些新的原则是以从不断变化的社会条件和价值观念来看制度的目的这样一些概念为基础的。不可能有对这样一些规则的最终的制定形式。" See Neil MacCormick & Ota Weinberger, An Institutional Theory of Law: New Approaches to Legal Positivism, Dordrecht: D. Reidel Publishing Company, 1986, p. 71.

③ Ronald Dworkin, *Law's Empire*, Cambridge: Harvard University Press, 1986, pp. 15-20.

和法律制度之"目的"的说明,"法律原则就是规则和价值观念的汇合点"①。规则的确是重要的,但规则却不是法律的全部;而且规则本身是没有目的的,规则只有在人们赋予其目的的意义上才是可理解的。②

需要注意的是,虽说麦考密克存在对"原则"的接纳,但这并不等于说他就吸纳了德沃金原则理论的全部内容,即便在后期理论中麦考密克仍没有走那么远,从而像德沃金一样将其法律理论变为一种道德理论或政治道德理论。与哈特所选择的"包容性法律实证主义"立场存在差异,麦考密克此时(即与魏因伯格合著《制度法理论》一书时)仍将制度规则理论定位在前哈特式的法律实证主义理论层面(即哈特尚未在《法律的概念》"后记"中将其理论归于"包容性法律实证主义"之前的那种法律实证主义理论);尽管我们不太清楚麦考密克彼时对包容性实证主义的具体态度,但我们在此似乎可以很明确地说,在麦考密克的制度规则理论中,诸如原则等价值因素是能够而且在某些时刻是必须参与进来的,其前提是必须遵循阿列克西所说的"论证负担规则",即若有人要想偏离既有的规则,则要被施加论证负担。③

通过制度规则论和社会规则论的比较,我们明确了麦考密克制度规则理论的"重构"特征,即通过制度与制度规则理论建构起了得以取代"初级规则与次级规则相结合"的新的法律体系结构理论。在他看来,"不可能用其他任何术语来说明'合同''信托''遗嘱'以及其他这类概念在法律上的运用"④。在此,我们可以强烈地感受到,这是一种"强理论

---

① Neil MacCormick & Ota Weinberger, *An Institutional Theory of Law: New Approaches to Legal Positivism*, Dordrecht: D. Reidel Publishing Company, 1986, p.73.

② 汉语世界亦存在对这一内容的相似理解,如"法是一种'有心的存在',实际上是说,法在形成之前和形成之中,人类已经将特定的意义、目的、功能意向赋予这种存在体;离开了人类所赋予的意义、目的、功能意向,法的存在是不可理解的"。参见舒国滢:《法哲学沉思录》,北京大学出版社2010年版,第74页。

③ [德]罗伯特·阿列克西:《法律论证理论:作为法律证立理论的理性论辩理论》,舒国滢译,商务印书馆2019年版,第336—340页。

④ Neil MacCormick & Ota Weinberger, *An Institutional Theory of Law: New Approaches to Legal Positivism*, Dordrecht: D. Reidel Publishing Company, 1986, p.53.

主张"①。这种"强"指向的是哈特式的以授予权力规则和施加义务规则来解决法律体系结构的理论进路。当然,除此之外,麦考密克的制度规则理论还有"弱"的一面,它表现在倚重以德沃金的原则理论为代表的对价值问题的处理思路上。在这个意义上可以说,如若要理解和把握麦考密克制度法理论的整个发展脉络及其内在理路的基本契机,我们就必须对这一问题给予必要的关注;甚至可以说,虽然麦考密克对"道德"问题的处理在这里仍遵循着"实证主义"的路径,但我们却可以从中发现它所隐含着的向"后实证主义"发展的理论因素及其内在趋势。这是一个必须予以重视的方面。

由于这一问题本身的重要性,所以有必要进行专门讨论;但在正式进入麦考密如何由"实证主义"转向"后实证主义"之前,我们还有必要对制度规则论中所涉及道德问题以及其中所隐含的对法律与道德之关系的看法等问题作专门梳理。实际上,此类内容虽并未予以明确提及,但多少已有所触及,这尤其表现在麦考密克关于"原则"的相关论述上;但就麦考密克转向的整个脉络而言,这种考察仍没有穷尽最根本的原因,我们还必须更为明确地知晓,发生这种转变的内在缘由是什么?在下面一节的考察中,我们将对这一内容予以明确的回应,即本书所认为的转向的关键就在于"意愿性内在观点"。值得注意的是,这一阶段的内容以及对这一阶段的考察不再囿于与哈特的比较意义上,但也尚未进入到所谓的后实证主义理论语境之中,而是处于两者之间。

第三节 制度规则论中的价值问题

麦考密克将制度规则理论中所涉及的"原则"理解为"规则和价值观念的汇合点",这在很大程度上是"法律与道德"之关系问题在制度规则

---

① 颜厥安教授评论说:"我们不可能不通过法律制度把握整个法体系。因为如果不透过这种方式来看待拥有一大批经常变动之规范的法体系,我们所看到所掌握的,就只是一群彼此并不相关的、分散的、碎裂的规范,而根本就不能了解这些规范的意义以及应该如何运作。"参见颜厥安:《规范、论证与行动:法认识论论文集》,台北,元照出版公司,2004年版,第224—225页。

论语境中的一个独特表达,因而谈论制度规则论中的"原则问题"实际上就是在间接地谈论"法律与道德"的关系问题,而"法律与道德"之关系问题的考察实际上也就是在考察麦考密克如何看待法律实证主义与自然法之间的关系,而这一关系又会进一步地涉及"描述性法理论"的当代法律争论。在此,我们将首先展现麦考密克在阐述制度规则论涉及"原则"时的方法论根据,即他所说的诠释学观点,而对诠释学观点理解又会牵扯到内在观点,由此我们仍旧以哈特的论述为起点;在此基础上,我们将面对诠释学观点与价值之间的关系问题,并在麦考密克对内在观点的重新解读中经由"意愿性内在观点"转入对制度法理论是否是一种规范性实证主义的讨论。

一、内在观点与诠释学观点

按照哈特的社会规则理论,人们对规则的把握必须秉持一种"内在观点",因为单凭"外在观点"所把握到的只是规律性的外在行为从而也就无法理解规则的规范性维度。他认为,"假如说某个社会规则存在,一些人(相关社会群体中的成员)必须至少把相关的行为看作一般的行为标准,应该被整个群体所遵循。社会规则和社会惯习一样都具有外在方面,表现在能够被观察者所记录的有规律的、一致的行为。但社会规则除了外在方面,还有内在方面。"[①]由于内在方面的存在,处于规则之下人便将规则本身视作是服从的理由,而且同时还将其视作是批判偏离行为的理由,这使得他们拥有一种"反思批判的态度"。更具体地讲,这种"反思批判的态度"包含了三项要素:在他人违反规则时的"批判性态度",自己遭遇批判时的"反思性态度",以及这种批判、要求(以及对批判和要求的承认)与诸如"应当"等规范性术语相联结。既往的"以制裁为后盾"的法律理论只是在"外在的规律性行为"意义上展开的,它只是为规则的存在提供了必要但却不充分的要素;而只有通过将"外在的规律性行为"与"内在观点"相结合,社会规则才能得到阐明。

按照对"观点"的"理论的"(theoretical)与"实践的"(practical)区分以及其中所涉及的"接受"(acceptance)或"非接受"(nonacceptance)维

---

① H. L. A. Hart, *The Concept of Law*, Oxford: Clarendon Press, 1994, p.56.

度,斯科特·夏皮罗(Scott Shapiro)进一步将哈特所说的"内在观点"界定在既是"实践的"又是"接受"的层面;"内在观点"由此便指的是"规则接受的实践态度(the practical attitude of rule acceptance),它并不意味着接受规则的人接受规则的道德合法性,而是仅仅意味着它们倾向于根据规则来指引和评价行为"①。"内在观点"是哈特用以说明一致行为中的参与者指向这种一致行为时的某种态度,而不是针对(社会)规则本身的;这即说,反思性批判态度针对的是一致行为本身,而非(社会)规则。②按照夏皮罗的解释,哈特用以说明自己法理论的态度时遵从的则是一种既是"理论的"又是"诠释的"的外在立场。与之相比,行为主义理论研究遵从的则是一种极端的外在立场,而霍姆斯所说的"坏人"则是在实践中持有一种"非接受的"立场。如此一来,既有"观点"便可表式如下:③

表 3-1 观点表式

观点	实践的	接受	内在观点
		非接受(坏人观点)	
	理论的	诠释的(哈特)	外在观点
		行为主义(极端的)	

通过阐述理论/实践和接受/非接受这两个维度,夏皮罗对哈特的内在观点以及哈特自己的理论立场进行了很好的解读。与之略为不同的是,麦考密克在理解哈特内在观点时则引入了另一区分维度,即"认知性的"(cognition)和"意愿/志性的"(volition or will)。在正式考察这一维度之前,我们需注意的是,麦考密克原则上当然认同哈特内在/外在的理论区分,即"它在本质上是正确的";④只不过在他看来,哈特所作的具体说明存在不够完整和不够彻底的缺陷,它由此需要而且应当进行完善。

---

① Scott Shapiro, "What Is the Internal Point of View", *Fordham Law Review*, vol. 75, no. 3, 2006, p. 1157.
② 陈景辉:《什么是"内在观点"》,载《法制与社会发展》2007 年第 5 期,第 7 页。
③ Scott Shapiro, "What Is the Internal Point of View", *Fordham Law Review*, vol. 75, no. 3, 2006, p. 1161.
④ [英]尼克·麦考密克:《大师学述:哈特》,刘叶深译,法律出版社 2010 年版,第 69 页。

对于哈特的理论立场,麦考密克明确地将其称作"诠释学观点"①或"非极端的外在主义"②。术语上的变化暗含着麦考密克对"内在观点"乃至对哈特法哲学的某种不一样的倾向性态度,而由于"诠释学观点"所涉及的内容不仅在麦考密克的制度法理论中扮演着非常重要的角色,而且对于考察他如何理解法律的本质、法理论的性质、法律规范性的来源以及后实证主义转向都具有重要意义,因此,我们将在接下来的内容中相对细致地考察他对内在观点重释以及对诠释学观点的重构。

麦考密克认为,哈特的内在观点(对法律持有的批判反思态度)最好被理解为其中包含着认知性要素和意志性要素两个方面的内容,认知维度用"反思"一词表达,而意志维度则可以用"批判"一词表达。认知因素关涉到行为模式,它可以通过一般性的语词而达致对行为与环境之关系的理解;意志要素则内在地蕴涵了一种希望或偏好,当特定环境出现时就会出现特定行为应当完成或不应当完成这样的信念。③ 哈特虽然意识到这一区分,但认为"对有约束的规则的存在而言,这种情感要素既不必要,也不充分"④。这就是说,那种认知性的"感觉"(比如受到强迫或约束的感觉)对于规则的存在而言似乎就变成了无关紧要的东西,所以原本属于内在观点中的"认知因素"由此就被他忽略从而被排除在外(当然相比于"认知性因素","意志性因素"对理解内在观点而言的确具有"核心意义"⑤)。我们据此可以说,哈特对内在观点的论述更多地是在意志维度

---

① 在早期著作中,哈特实际上并不认同"诠释学"方法,更不承认自己的内在观点与其存在关联;直到后期著作中才逐步予以认可,并承认早前所作的区分颇具误导性。See H. L. A. Hart, *Essays in Jurisprudence and Philosophy*, Oxford: Clarendon Press, 1983, p. 14. 在《法律的概念》的"后记"中,哈特更进一步地认为,"将诠释学判准展示为法律承认传统模式的一部分,对于其法律地位而言,仍是一个不错的理论阐明"。See H. L. A. Hart, *The Concept of Law*, Oxford: Clarendon Press, 1994, pp. 265—266.

② 第一章中,在区分和比较新旧法律制度主义以及麦考密克与魏因伯格之间的理论差异时,我们已对诠释学方法作出概要式的提及,需要再强调的是:尽管魏因伯格与麦考密克都秉持方法论多元主义立场,但在理论侧重点上却存在着重大差异,魏因伯格看重的是非唯知论,麦考密克侧重的则是诠释学。

③ [英]尼克·麦考密克:《大师学述:哈特》,刘叶深译,法律出版社2010年版,第70—71页。

④ H. L. A. Hart, *The Concept of Law*, Oxford: Clarendon Press, 1994, p. 57.

⑤ Neil MacCormick, *Legal Reasoning and Legal Theory*, Oxford: Clarendon Press, 2003, p. 288.

进行使用的,而对认知因素和意志因素的模糊处理又使得他在使用诸如"内在观点""内在陈述"等内容时无法给出一个相对明确的解释。从理论自身的逻辑来看,根据"认知性/意愿性"的考察维度,内在观点便可以进一步区分出"认知却不意愿的内在观点""既不认知也不意愿的内在观点""既认知又意愿的内在观点""意愿却不认知的内在观点"四类;然而,"内在观点"实际上却只能是"既认知又意愿"意义上的,这是反思批判态度要传达的两方面内容。其原因在于,"认知性/意愿性"是针对观点而言的,而非内在观点;造成这种误会的原因之一就在于,麦考密克阐述"认知性/意愿性"时更多地是在内在观点和内在陈述语境下进行的。

因此,认知性因素与意志性因素的区分同样适用于"外在观点"。由于哈特对"情感"意义上的认知因素的忽略,其理论不仅使得我们对"内在观点"无法进行精准的把握,而且还使得我们无法区分"极端的外在观点"与"非极端的外在观点"。极端的外在观点指的是,观察者自己只把人类行为看作纯粹的可观察的规律性,他们既有可能完全没有意识到人类行为规律性是处于规则之下的,也有可能是采取了一种自然科学或行为主义的视角。非极端的外在观点指的是,观察者本人不接受,但同时断言某个群体接受特定规则,并且对该群体以内在观点从事的行为进行外在陈述。① 至此,根据麦考密克的阐述,"观点"便呈现为如下样态:

表 3-2 麦考密克的观点样态

	内在观点	既认知又意愿
观点	外在观点	非极端外在主义(认知却不意愿)
		极端外在主义(既不认知也不意愿)

由此,它不仅改进了哈特对"内/外观点"的简单二分,还可以解决夏皮罗表式中的一个模糊之处,即"接受"问题。夏皮罗虽然作出了"接受"与"非接受"的区分,但"接受/非接受"的含义却仍然是在哈特所主张的"意愿"意义上展开的。因此,在他对哈特"诠释学观点"的阐述中会遭遇到"何谓接受/非接受""何种意义上的接受/非接受""接受/非接受的是

---

① [英]尼克·麦考密克:《大师学述:哈特》,刘叶深译,法律出版社 2010 年版,第 75—78 页。

什么"等类似诘问,这也可以说明为什么在其表式中"理论的"这一分支里,"接受/非接受"的考量因素隐而不见了。与夏皮罗所作的"接受/非接受"的区分不同,麦考密克区分了"强"意义上的"自愿接受"和"弱"意义上的"接受但不认同"两种关于接受的态度。① 强意义上的自愿接受不仅能够在认知意义上遵从特定的行为模式,而且还对该行为模式具有意愿。与之相比,"接受但不认同"这一态度中的"弱"指的是,虽然当事人也可以像自愿接受者那样遵从其行为模式,但却不考虑这些当事人是否是在真正的意愿或偏好这些行为模式,即"希望把这些规则适用于所有的其他可适用的人,不考虑这些人是否热心于服从"②。这种"接受但不认同"便是麦考密克所说的"诠释学观点";也正是得益于"认知/意志"这一区分和考察维度,哈特"描述性社会学"的法理论才有得以成立的可能,"在仅仅接受的内在观点中,意志性因素是寄生性的,以主动尊奉态度的存在为前提;而超然和中立的理解也是寄生性的,也以主动的理解、接受、尊奉为前提"③。在表 3—2 中,"非极端外在主义"与"内在观点"的根本性区别在于前者欠缺后者所含有的对所考察之对象的"意愿",不管这种意愿是积极性的偏好还是消极性的排斥。这一点,也正是德沃金批判哈特法概念与法理论的一个关键所在;其之所以关键的原因就在于,它据此可以通往规范性从而与"描述性社会学"的方法论追求渐行渐远。无疑,由于认知性因素和意志性因素的存在尤其是二者间的逻辑关系问题,持有一种非极端外在主义的考察可以更好地从事描述性社会学的任务,这又使得从服从规则的人的视角出发进行描述但却并不分享其中所涉及的群体观念/道德/信念等内容的做法变得可能,因此描述性法理论在这个意义上似乎又是可以成立的。

还需注意的是,夏皮罗对内在观点的区分还存在其他缺陷。比如说,按照其区分,德沃金无疑属于其中的"内在观点",但哈特意义上的内在观点却是"实践的",而德沃金法理论却是一种理论的内在观点;又比如说,哈特意义上的"诠释学观点"完全又可能是一种实践意义上的观点,至少在下述情形中是完全成立的,即一个并不信教的人对他的一个笃

---

① [英]尼克·麦考密克:《大师学述:哈特》,刘叶深译,法律出版社 2010 年版,第 73—74 页。
② [英]尼克·麦考密克:《大师学述:哈特》,刘叶深译,法律出版社 2010 年版,第 74 页。
③ 余涛:《后实证主义语境下的法概念研究:以尼尔·麦考密克的法律制度理论为基点》,法律出版社 2019 年版,第 78 页。

信基督教的朋友说"作为一个好的基督教徒,您应该每周日作礼拜"。据此可以说,"理论/实践"的区分维度所具有的理论意义并非想象中的那么重要。如此一来,我们可以对表3-2作进一步的改善,得出以下表式(这或许可以有助于我们理解内在观点与诠释学观点及其相关的内容):

表3-3 改善后的观点表示

观点	内在观点	既认知又意愿（德沃金/菲尼斯等）	认知且积极意愿
			认知却消极意愿
	外在观点	非极端外在主义（认知却不意愿）（哈特/麦考密克等）	
		极端外在主义（既不认知也不意愿）（行为主义法学家）	

其中,内/外在观点既可以是理论形态的也可以是实践样态的,理论/实践维度的考察是次要的;关键之处在于,在"接受"中所存在的"认知性因素"和"意愿性因素"的区分。对于行为模式中的规则,持有内在观点的人既认知它又意愿它,这属于内在观点;在这一区分之上再引入"消极/积极接受"就可以进一步区分出"认知且积极意愿的内在观点"和"认知却消极意愿的内在观点";而由于哈特所说的诠释学观点是"接受但不认同",它实际上与"认知却消极意愿"意义上的内在观点极为接近,这不仅可以间接地解释为什么哈特、麦考密克、德沃金三者都称自己的法理论方法是"诠释学方法",但在具体的使用上以及根据这种方法所得出的结论上却存在如此大的差异;同时,这也可以用于解释,为什么麦考密克在后期理论中基本上可以毫无障碍地接受(当然并不是完全接受)德沃金由诠释学方法得出的某些结论。因此,准确把握麦考密克对内在观点所作的阐述以及对诠释学方法的解读,这将有助于我们理解三者各自理论的基本内容和立场。

在既有的理论解读中,谈及对哈特内在观点的解读这一问题,我们还有必要提及拉兹。在捍卫哈特以及法律实证主义的描述性特征的意义上,拉兹对内在观点提出了一种新的解读,并被哈特认可。[①] 与麦考密克

---

① 哈特说道:"在前文所提到的拉兹的区分方法意义上,这种关于法律义务或责任的陈述皆是'超然性的',然而,那些作出了同样的陈述却接受接受了相关规则的人们作出陈述却是'内在的'。"See H. L. A. Hart, *Essays in Jurisprudence and Philosophy*, Oxford: Clarendon Press, 1983, p. 14.

的看法相似,拉兹同样认为哈特对内在观点或陈述的区分并未涵括所有的内容;其主要的含混之处在于,哈特可能认为持有内在观点的人抑或作出内在陈述的人所表达的是对规则的全然接受。拉兹在此提出了另一种陈述形态,即"超然性的法律陈述"(detached legal statements)①,它当然不是纯粹的外在陈述,但同时也不能完全纳入内在陈述之中。这意味着,那些出于信念来解释"除非人们相信一个法律体系的法律的有效性,否则该体系就没有效力"的看法是不充分的,因为"每一个人都能用规范性语言去描述一个法律体系"②。从表面上看,这种解读与麦考密克很是相似,但存在诸多差异,甚至是一些实质性的差异。在拉兹那里,"超然陈述"即便是"超然的"但却仍奠基于内在观点;而在麦考密克那里,超然陈述意义上的内在观点属于认知却消极意愿的内在观点,它与麦考密克对哈特非极端外在观点的看法出入较大,因为后者是认知却不意愿。

此外,由于麦考密克将内在观点中的意愿性维度置于认知性维度的"逻辑优先"位置上,所以超然陈述必须以奠基于意愿性内在观点的规范性为基础,所以超然陈述是否能够真正像拉兹所说的那样达致"超然"也就变得非常怀疑。意愿性内在观点被赋予的这种逻辑优先性开放出的是法律的规范性问题,它与我们前面所考察的原则与规则的融合具有内在的联系,道德问题也进一步凸显;本书认为,这种逻辑优先性是制度法理论转入后实证主义又一扇窗户。在正式展开对这一问题的讨论之前,我们还必须回应来自国内学者对麦考密克之解读提出的三个批评,我们的问题是:这种批评能成立吗?

就麦考密克对哈特内在观点的进一步解说,刘叶深教授提出了三个批评,分别是:自然科学研究同样要涉及价值,即认知价值;参与者的内在观点不必然拥有意愿要素;观察者与参与者共享着概念系统,不存在价值中立的理论观点。③ 为了更好地展现麦考密克对内在观点的理论态度以

---

① Joseph Raz, *The Authority of Law: Essays on Law and Morality*, Oxford: Oxford University Press, 1979, p. 153.
② [英]约瑟夫·拉兹:《实践理性与规范》,朱学平译,中国法制出版社 2011 年版,第 194 页。
③ 刘叶深:《法律的概念分析:如何理解当代英美法理学》,法律出版社 2017 年版,第 88—90 页。

及通过这种内在观点意欲达致的理论目的,在此提出三个相对应的"反批评"。借助克里普克—普特南的"可能世界语义学",刘叶深教授试图明确法理学界普遍论及的"概念分析"是寻求必然的、本质之属性的分析,而非对词语意义的分析,它要解释法律的规范性;此外,它还是一种理想意义上的"概念深度",因其是"理想意义上的"所以在任何可能世界中都必然为真。① 无疑,"可能世界语义学"的确有助于我们对"何谓概念分析"的理解,但由此走上客观道德主义并以此为基础批评麦考密克对内在观点的发展却是值得商榷的。其一,即便没有对意愿性内在观点逻辑优先性的强调,第一个批评也仍是不成立的;它混淆了"自然科学研究要涉及价值"和"理论家关于自然科学研究的论述必然要涉及价值"抑或"关于自然科学的研究可以是价值中立的"这两个甚为不同的问题,前者是从根本意义上说的(对此并不存在有意义的争议),后者才是问题的关键。在这种情形中,的确可能存在一种"认知价值",但重要的不在于"价值"而在于"认知",这使得麦考密克的辩护得以成立。比如说,本书是一部关于麦考密克制度法理论脉络演变的专著,它对其中所涉及的内容进行了考察和揭示,但却并不等于说就接受了其中涉及的所有观点,它仅仅只是在认知的意义上客观地将其揭示出来;如若社会科学尚且如此,那自然科学的理论陈述必定会更少价值因素的参与。其二,参与者也并不必然拥有意愿要素,而且社会科学家的研究仅仅分享其分析价值似乎也是完全可能的。无论是一般意义上的实践参与者还是理论参与者都不一定对特定对象拥有意愿要素,就像我们完全可以不懂得"1"这个数字真正的规范意谓但却并不妨碍我们用它进行描述或计算一样。就像任何论断(包括此处这个论断)都可能会出错一样,我们并不一定对"可能世界语义学"意义上的"概念"秉持一种"正确的观念",更毋宁说一种"清晰意识到的"正确的观念。基于此,我们就自然难以认同第三点批评,这不仅是因为参与者和观察者具有不同的身份从而具有不同的立场或目的,同时也在于第一点反驳已证明了其可能性。实际上,三个批评的根源之一在于它们误解了"本质意义上的道德或价值"与"理论陈述的价值中立";二

---

① 刘叶深:《法律的概念分析:如何理解当代英美法理学》,法律出版社 2017 年版,第 48—49 页。

者是不同层面的问题,从而也就不适合在一个层面进行讨论。而如若认同刘叶深教授背后的潜在观念,即客观道德主义(在笔者看来它就是一种"泛道德主义"),那我们的确有理由赞同诸如"我们没有办法说,科学是价值无涉的"①这样的论述;但如此一来,似乎没有什么东西可以避免道德色彩的覆盖,它看上去就和"交通指示灯都具有阶级性"这样的看法不存在本质区别;在这个意义上,上述批评一开始就显得不充分。

实际上,麦考密克对内在观点的发展虽然试图为哈特法哲学提供辩护,但其中(尤其是再版的 *H. L. A. Hart*)也包含了自己的一些"私心"。在认知性内在观点和意愿性内在观点的区分中,麦考密克的理论目的之一虽然是在证明"价值中立"的理论陈述是可能且可行的,但在笔者看来,其背后更为重要的一个理论意图却在于将内在观点中的"意愿性"维度置于"认知性"维度之先,即前者相较于后者具有一种"逻辑上的优先性。"②这就使得对认知性内在观点的说明必定要以意愿性内在观点的说明为前提,而后者则打开了通往价值的大门,甚至将会很容易滑向或演变为一种"道德性内在观点";如此一来,如果正确地理解麦考密克发展哈特内在观点的私心,那刘叶深教授的批评不仅不与其相悖,相反,会成为对它的一个不充分的注释。

二、诠释学、法律知识与道德:前期制度法理论的基本趋向

通过引入"认知性/意愿性"维度,麦考密克对哈特的诠释学方法进行了重新解读,它不仅得以能够阐述制度性事实以及法律体系的结构等问题,而且还能对暗含在制度性事实以及法体系等问题背后的法律知识问题给予解释。受到理查德·图尔(R. H. S. Tur)的影响,③麦考密克认为法理学的首要任务在于提供一种"法律认识论",即一种关于法律知识

---

① 刘叶深:《法律的概念分析:如何理解当代英美法理学》,法律出版社 2017 年版,第 89 页。

② Massimo La Torre. , "Reform and Tradition: Changes and Continuities in MacCormick's Concept of Law", in Agustín José Menéndez & John Erik Fossum, eds. *Law and Democracy in Neil MacCormick's Legal and Political Theory: The Post - Sovereign Constellation*, Heidelberg: Springer, 2011, p. 63.

③ R. H. S. Tur, "What is Jurisprudence?", *Philosophical Quarterly*, vol. 28, no. 111, 1978, pp. 149-161.

何以可能的理论;这一看法影响了他的前期制度法理论。① 这种关于法律知识的看法又与分析法学以及法律秩序等问题相关联。

在麦考密克看来,"分析法理学的分析对象是以置身于其中的参与者们的行动、言语以及思想构成的法律秩序。对于肩负义务的参与者而言,法律知识是关于法律秩序的规范性知识,以及那些透过规范提供的框架、进而对自然事件进行诠释而形成的制度性事实的知识。"②然而,在这一问题上,既有的法律实证主义理论(包括凯尔森和哈特的理论在内)都存在着不同程度的缺陷。比如说,就哈特理论而言,他认为承认规则的存在是一个事实问题,而该"事实"则是我们可以站在外在观察者立场上就可以达致的,其背后潜在意思似乎是说法律体系的存在继而关于法律体系的知识只有在外在观察者那里才能获得;又比如说,就凯尔森理论而言,法律知识是奠基于基础规范之上的关于法律体系的知识,但由于基础规范的设定属于预设性存在,所以由此得出的法律知识也相应地存在问题。与之不同,在麦考密克那里,法律知识既不需要凯尔森式的基础规范的预设也不需要像哈特那样采取一种置身外在的观察而得出;原因在于,通过诠释学方法,法律人能够对社会实践中所涉及的比如说规范性态度/惯习/道德等内容进行"理解",并在此基础上通过具有三类规则形式的制度规则模式将这些内容转化为"实践信息"③,而这些实践信息的存在反过来又说明了制度性事实的存在;因此,法律知识是确切存在的。

法律知识的确切存在并非心理学意义上的,亦非法律现实主义意义上的;关于法律的知识是"来自对行为和事件的解释,这种解释是参考了更多的实质性的行动规范性后果后作出的……而要了解规范性的性质就要求我们了解理性行动的性质"④。在"规范性后果"即"理性行为的性质"中包含着的是诸如价值、目的、原则、道德等内容,而诠释学方法则在

---

① See Neil MacCormick, "Contemporary Legal Philosophy: The Rediscovery of Practical Reason," *Journal of Law and Society*, vol. 10, no. 1, 1983, pp. 1–18.

② Neil MacCormick & Ota Weinberger, *An Institutional Theory of Law: New Approaches to Legal Positivism*, Dordrecht: D. Reidel Publishing Company, 1986, p. 105.

③ Neil MacCormick, "Institutions, Arrangements and Practical Information," *Ratio Juris*, vol. 1, no. 1, 1988, pp. 73–82.

④ Neil MacCormick & Ota Weinberger, *An Institutional Theory of Law: New Approaches to Legal Positivism*, Dordrecht: D. Reidel Publishing Company, 1986, p. 106.

其中充当了对"实质性的规范性后果"及"理性行动的性质"进行考察的方法论依据。而且，由于诠释学方法本身可以在"认知"即"理解"而不"意愿"的基础上展开，因此我们在考察其中的规范性因素（如道德）时并不需要对这些规范性因素本身予以认同；作为一种分析方法的"诠释学方法"虽然面临着"对意识形态予以伪装之附庸"的指责，①但这并不等于说，这种指责或危险是诠释学方法继而是分析法学必然的特性；既然并非必然如此，那这种指责就是不充分的；也正是在这个意义上即方法论层面，麦考密克认为，分析法理学是有意义的。

更进一步而言，当麦考密克经由"诠释学方法"达致"法律知识是可能的"这一结论之时，他似乎已经置身于"法律与道德"的大门之前，并暗含着他对这一问题的制度法回应，即法律与道德之间不存在概念上的必然关联。实际上，他对法律与道德之间不存在概念上的必然关联这一看法，即便在他转向"后实证主义"的理论立场时也仍然予以坚持和倡导，我们可以在后面章节中清楚地看到这一点，在此值得注意的是"法律与道德之间不存在概念上的必然关联"的另一维度。一般认为，法律实证主义所秉持的"法律与道德之间不存在概念上的必然关联"的分离命题，其内容可以进一步分为两个维度，即"内容上的分离命题"与"效力上的分离命题"，前者认为"法律的内容在道德上是可谬的，也就是法律不必然需要有正面的道德价值"，后者认为"法律的认定，无须借助于实质正义或道德判断，亦即法律有效性的甄别标准是道德中立的"。② 虽然麦考密克自始至终都认可"法律与道德之间不存在概念上的必然关联"这一命题，但他对这一命题的使用似乎不同于通常所说的"分离命题"，他真正关注的是"概念上的"，而且是法律与道德之比较意义的"不存在概念上的必然关联"。

哈特无疑认可奥斯丁所说的"法律的存在是一回事，它的优劣是另一回事"的基本判断，从而秉持法律与道德的分离命题。诚然，麦考密克的前期理论的确也认可法律与道德之间的这种关系。但他在富勒以

---

① Neil MacCormick & Ota Weinberger, *An Institutional Theory of Law: New Approaches to Legal Positivism*, Dordrecht: D. Reidel Publishing Company, 1986, p. 95.

② 庄世同：《论法律原则的地位：为消极的法律原则理论而辩》，载《辅仁法学》2000 年第 19 期，第 39 页。

及菲尼斯等人的理论影响下,他逐步认为,"了解一个正确的法律陈述只需要作出认知性的承诺就够了,而不需要一个实践承诺。但人们不可能在没有作出实践承诺的情况下了解一个正确的道德陈述"①。这便是意愿性内在观点相较于认知性内在观点具有逻辑优先属性而引发的必然结果。

内在观点的意愿维度使得内在陈述必然奠基于"意愿"即前面所说的实践承诺,在麦考密克看来,"由于它以'意愿性内在观点'为条件,所以它寄生于行为人的主动遵奉之上的,这些行为人根据某些自认为有利的理由,主动地遵守一个给定的行为模式,使该模式成为自己、他人或大家共同的行为标准;这一态度包含着'认知性内在观点',而不是被该观点所包含"②。托雷教授言简意赅地指出,"没有一种规范性的内在观点,我们就不可能具有一种认知性内在观点。"③意愿性内在观点的优先性为麦考密克回应哈特所面临的法律与道德之关系问题提供了另一种可能的答案,即意愿性内在观点不可避免地与规范和规范性等问题相勾连,从而也就不可避免地要涉及道德因素;因此,托雷所说的"没有一种规范性内在观点,我们就不可能具有一种认知性内在观点"就可以进行这样的表达,即道德观点在逻辑上先于认知性内在观点而存在;也正是在这里,麦考密克在坚持法律与道德之间不存在必然关联的同时又可以在二者间进行实质层面的联结。④ 虽然存在将"意愿性"等同于"规范性"的可能,但拉·托雷得出的结论仍不具有足够的说服力,因为他还进一步地直接将"规范性"等同于"道德性"。实际上,哈特在回应德沃金的批判时无

---

① Neil MacCormick., "Comments", in Ruth Gavison, eds., *Issues in Contemporary Legal Philosophy: The Influence of H. L. A. Hart*, Oxford: Clarendon Press, 1987, pp. 109-110.

② Neil MacCormick, *Legal Reasoning and Legal Theory*, Oxford: Clarendon Press, 2003, p. 292.

③ Massimo La Torre., "Reform and Tradition: Changes and Continuities in Neil MacCormick's Concept of Law", in Agustín José Menéndez and John Erik Fossum, eds., *Law and Democracy in Neil MacCormick's Legal and Political Theory: The Post-Sovereign Constellation*, Heidelberg: Springer, 2011, p. 63.

④ 这实际上也就是拉·托雷所得出的结论,请参见 Massimo La Torre., "Reform and Tradition: Changes and Continuities in Neil MacCormick's Concept of Law", in Agustín José Menéndez and John Erik Fossum, eds., *Law and Democracy in Neil MacCormick's Legal and Political Theory: The Post-Sovereign Constellation*, Heidelberg: Springer, 2011, p. 63。

疑也意识到了这一问题，但他的回应却是，"许多遭受法律强制的人不仅不认为它具有道德约束力，甚至那些自愿接受体系的人也不一定认为这就是他们的道德义务，虽然此类体系会十分稳定，事实上，他们对体系的忠诚可能是基于诸多不同的考量：长期利益之计算；对他人之无私关怀；无尽反思的习惯或传统态度；抑或只是想人云亦云。当然，那些接受体系权威的人可以审视它们的良知，虽然在道德上他们不能接受这些体系，但出于诸多理由却仍旧决定继续接受"①。基本上，这些因素都属于麦考密克内在观点中所说的"意愿性要素"，但哈特却始终不认为，基于这些因素的考量就等同于德沃金所说的"道德考量"，它们可能是但却不必然就是道德因素。②

因而，在此处就将规范性直接等同于道德性似乎还为时过早；但经由上述讨论却可以得出这样一个基本结论，即麦考密克前期的制度法理论一开始便将规范性要素包含在其中，这种经由原则、超越制度性事实以及意愿性内在观点而不断壮大的规范要素迟早会在其制度法理论中引发某种反叛，即一种与哈特式法律实证主义渐行渐远的理论主张和立场。在很大程度上，正是由于这种明显迹象和发展趋向的存在，西方法理学界才存在一种将麦考密克的制度法理论视作"规范性法律实证主义"或"伦理性法律实证主义"的看法。这种定性是恰当的吗？这是接下来要考察的内容。

第四节 规范性法律实证主义？ 对马默、沃尔德伦的回应

在《法律的概念》的"后记"中，哈特将其法律理论称之为"描述性社会学"，其法律实证主义立场相应地也就具有了"描述性法律实证主义"的属性；在这种立场和方法论指引下，他认为此时的社会规则理论并不一

---

① H. L. A. Hart, *The Concept of Law*, Oxford: Clarendon Press, 1994, p. 203.
② 国内的相关讨论，可以参见庄世同：《法律的规范性与法律的接受》，载《政治与社会哲学评论》2002 年第 1 期，第 43—84 页。庄世同认为，哈特所说的这些诸多考量实际上无法避免地与道德之间存在关联，因此，这些规范性的考量就是一种道德性的考量，从而德沃金的批评是成立的。

定会涉及道德要素。通过前面内容的考察我们基本上可以明确,麦考密克对规则的说明已经暗含着一种与之不同的理论立场,即没有目的等因素的参与,"规则"是无法被理解的,这种规则也是没有意义的;"实践—道德承诺"是必需的内在要素。基于此,麦考密克认为作为制度性事实的法律不仅预设了带有某种态度的参与者,而且对法律的认知本身必定还包含着那些参与者遵从法律的道德理由。这种立场可被称之为"规范性法律实证主义"。在本节内容中,我们将对麦考密克与规范性法律实证主义之间的关系予以讨论,这是前面内容的自然延展,同时也是在为后面关于后实证主义的讨论作铺垫。具体的讨论步骤是:先展示麦考密克自己的陈述,然后在结合马默和沃尔德伦的定性予以进一步反思。

一、法律的去道德论

马默和沃尔德伦将麦考密克的制度法理论定性为"规范性法律实证主义"的关键依据是其发表于1985年的一篇论文,即《为法律的去道德论的道德辩护》("A Moralistic Case for A-Moralistic Law")。应该说,这是考察麦考密克关于法律和道德关系问题的一篇关键文献,而且是一篇几乎被国内研究者所忽略的文献。[①] 该文实际上包含了两部分内容,它是麦考密克于1985年3月26日至27日在瓦尔帕莱索大学法学院(Valparaiso University School of Law)所作的两场讲座内容的汇编。在前场讲座中,麦考密克考察了四个方面的内容:界定"法律的去道德论"(legal amoralism)的两种方式;去道德论遭遇的悖论及其存在的两个问题;证成去道德论的"实证主义命题"与"道德分离命题"。在后场讲座中,麦考密克同样考察了四个方面的内容:法律去道德论的诸困境;法律实证主义命题的诸困境;对两种困境之悖论的再考察;一种限定的且可辨驳的法律去道德论立场(结论)。[②] 通过对上述内容的考察和展开,麦考密克展现出

[①] 另一篇至今被极大忽略的文献是"Natural Law and the Separation of Law and Morals",它对于考察麦考密克对自然法的态度尤为重要,我们在后面讨论麦考密克关于自然法理论的态度时会涉及这篇文章。See Neil MacCormick. ,"Natural Law and the Separation of Law and Morals", in Robert P. George, eds. , *Natural Law Theory: Contemporary Essays*, Oxford: Clarendon Press, 1992.

[②] Neil MacCormick, "A Moralistic Case for A-Moralistic Law", *Valparaiso University Law Review*, vol. 20, no. 1, 1985, pp. 1-41.

了对其制度法理论在哈特意义上的那种实证主义的进一步松动。在此,我们将对该论文中与此处紧密关联的部分内容作更详细的考察,这是准确回应马默和沃尔德伦之看法的必由之路。

"法律的去道德论"(legal amoralism)是与"法律的道德论"(legal moralism)相对应的一个概念,后者主要是指一种将法律进行道德化的理论,如德夫林所主张的通过刑法来加强道德实施的观点便属于这种理论阵营;与之相对,法律的去道德论则是对法律道德论的一种批判。它们都属于对"法律与道德"之关系的看法,麦考密克对"法律的去道德论"的把握也主要是在"法律与道德之间不具有同一性(即法律实证主义所说的"法律与道德之间存在概念上的区分"。——笔者注)而且应当保持区分"意义上进行的。① 在他看来,意欲证成法律的去道德论至少需要两步:其一,证明法律就其自身性质而言与道德有别(这几乎是法律实证主义的一贯立场和论证思路);其二,展现法律应当如何被使用或适用,其内容应当如何。然而,这种论证会面临一个一开始便应该予以破除的悖论(对第二步论证尤其如此),即"对去道德论的证成命题就其本身而言(至少部分地)就是一个道德命题"②。比如说,法律的权力内容,如政府权力如何行使的法律论证其本身主要是或部分地是一个道德论证,它可以是更好地保障公民权利也可以是防止权力本身不加区分的混淆,这些内容或多或少都与道德内容相关。该悖论进一步显现在"法律证立"以及"法律的义务性"问题上:就前者而言,不管是要求人们做某事或不做某事抑或限制人们做某事的法律权能等内容都涉及"证立"(justification),而它们在最根本层面不可能完全避免从而也就会或多或少地将道德证立包含进来;这就意味着,在一个理想的社会状态中,法律义务应当同时也是道德义务,它具有道德上的可欲性。如若情况果真如此(即"一悖论两难题"),那么,麦考密克此时所考察的去道德论立场将直接被击败。对此,麦考密克通过前述的"法律实证主义命题"和"道德分离命题"分别对"一悖论两难题"给予了回应。

---

① Neil MacCormick, "A Moralistic Case for A-Moralistic Law", *Valparaiso University Law Review*, vol. 20, no. 1, 1985, p. 3.

② Neil MacCormick, "A Moralistic Case for A-Moralistic Law", *Valparaiso University Law Review*, vol. 20, no. 1, 1985, p. 3.

在这里,"实证主义"是一种关于法律之性质与渊源的学说。① 就此语境而言,法律由一系列规则构成,只要满足了法律体系的有效性标准这些规则便可以进入法律之中,至于这些标准本身是所谓的形式宪法还是其他类型则一概不论[虽然麦考密克认可"形式渊源命题",但他却认为在这些规则背后隐含着的是诸如原则、价值、政治道德等内容,因此这些内容的最终基础又得归结到政治惯例(politic custom)之中]。也正是在这个意义上,法律是作为一种"制度性事实"而存在的;这里所说的"制度性"主要指法律的存在是建立在人类行为以及人类行为的实践态度之上的,而且通过诠释性方法的分析和描述便可以知晓它们显现在特定的惯习性实践之中。正如本章前两节所讨论的那样,此时的制度法理论认为,法律规则就其性质而言不必然是道德性的;虽然法律(如《权利法案》)包含着人们在实践中所展现出的道德态度,但法律与道德之间仍存在两个关键性的差别:其一,L 是法律并不意味着 L 是一个在道德上对国家执法权威进行正当化的规则;其二,L 是法律并不意味着 L 是一个对公民守法而言具有道德义务性的规则。② 这便是麦考密克对"法律与道德之间存在概念上的区分"的基本理解。在此之下,通过了形式标准的检验便完全能够成为法律,这是"合法律性"意义上而言的,因此"L 是法律并不意味着 L 是一个在道德上对国家执法权威进行正当化的规则";而"合法律性"却并不解决公民守法义务这一问题,守法义务是一个道德问题,从而是一个与"合法性"有别的问题,因此"L 是法律并不意味着 L 是一个对公民守法而言具有道德义务性的规则"。需要强调的是,这里所关注的法律与道德之间的两个关键性区别是从"理论层面"而言的,因为当视线转至"实践层面"时,法律和道德之间的这种关系便会相应地发生变化,因为麦考密克"并不认为在至少不包含这些道德与实践基础的前提下能够作出任何充分的理由,这些论证在概念上会强化道德良心的至

---

① Neil MacCormick,"A Moralistic Case for A-Moralistic Law", *Valparaiso University Law Review*, vol. 20, no. 1, 1985, p. 7.

② Neil MacCormick,"A Moralistic Case for A-Moralistic Law", *Valparaiso University Law Review*, vol. 20, no. 1, 1985, p. 8.

上性"①。

就麦考密克此处所关注的"实证主义命题"而言,它与哈特式的理解存在着细微的差别。哈特曾说道,那些自愿接受法律体系的人对法律体系的忠诚可能是出于诸种不同的考量,如长期利益之算计、对他人之无私关怀、未经反思的传统态度抑或只是想跟着别人走。②而且,哈特并不认为这些实践考虑必定就是道德意义上的。麦考密克与哈特之间的区别恰好在于,麦考密克认为此类实践考虑在最终的意义上必定是与道德相关联的,因而要对这些实践考虑进行说明就无法根本性地避开道德要素。如此一来,前述悖论便变得愈加强烈了,因为支持"实证主义命题"之法律和道德不存在必然关联的论证就其本身必定也是一个实践的和道德的论证。

"实证主义命题"是对法律与道德之关系的一个"判断",而该判断的成立还必须寻求进一步的支持,"道德分离命题"在很大程度上便意在于此,"道德分离命题"成了"实证主义命题"的一个证成理由。对于"道德分离命题",麦考密克通过美国语境中的"政教分离"进行过类比式的说明。政教分离一方面旨在保护道德免受政府法律的无端侵入,即为道德树起一道去政治化的"防护之墙"(a secure wall);另一方面则旨在保护政府法律免受宗教道德论者的过度干扰,即为政治树起一道世俗化的"坚固之墙"(a firm wall)。前者关注的是良心的至上性,而法律的进入则可能会增加人们通过违背良心而行为的风险,"只要良心自由被视作一种善,那么任何将道德规范径直制定为法律的做法都将引发违背善的风险"③。原因在于,法律所具有的强制性会剥夺人们的"自主性",而自主性又是道德本性的集中体现;而且,自主性所蕴含的自由和自由论争要素在检验道德时具有本质性的意义。后者关注的是法律事业免受道德家的干扰。两者之间,位居首要的是"良心的至上性"。人们当然可以依凭自己的良心而希望自己和他人都不为恶,诸多宗教戒律的劝诫便意在于

---

① Neil MacCormick, "A Moralistic Case for A-Moralistic Law", *Valparaiso University Law Review*, vol. 20, no. 1, 1985, p. 11.
② H. L. A. Hart, *The Concept of Law*, Oxford: Clarendon Press, 1994, p. 203.
③ Neil MacCormick, "A Moralistic Case for A-Moralistic Law", *Valparaiso University Law Review*, vol. 20, no. 1, 1985, p. 12.

此,让人们自己选择自己认为好的东西在道德上可能更为重要,即便在这种选择中暗含着堕落的可能。在这个意义上,自由辩论便成为道德问题的一个核心所在,这或许就是通过密尔之笔展现出来的"自由"之精华所在。但这并不等于说自主性和自由是没有限制的,实际上麦考密克紧接着便对其进行了限定,即"没有一处可以被理解为要将自主性的理由推至极致"①。

其中,言论自由、自由辩论以及对不同意见进行自由验证的进一步展开便是"宽容之善"(the good of toleration)。在麦考密克那里,宽容之"善"是一种社会价值,因为它"认可并促使了这样一种社会形式,即对何为良好生活以及如何依循良好生活而生活具有真诚的、严肃的以及开放性的观点差异,持不同观点者能够完全尊重他者,并与之分享共同的公民身份和共同的社会生活形式——论辩只有在此种社会中才是可能的"②。宽容与消极漠视之间具有本质性的区别,这种区别就像是不同观点之间的严肃批判与对某种观点予以镇压之间的区别一样。与"法律和道德存在概念上的区分"一样,法律、道德、政治诸问题并不只是一个"人们认为什么是真"的问题,而是一个"应当如何对人们的生活进行导引"的问题,亦即一个规范伦理学的问题;在一个宽容的社会亦即在一个能够展开自由辩论的社会中,"应当如何对人们的生活进行导引"便有了核心的内容,即"自由"。这意味着,人们应当在自由社会中对自己如何获得生活的导引进行自由的讨论,而不仅仅是决断性的。至此,我们似乎有理由说,道德良心的防护之墙就得到了证成。

另一方面,就世俗化的"坚固之墙"而言,其中存在三种可供辩护的策略。其一是道义论理由。根据康德的观点,法律的恰当任务在于确保自由,即法律不在于告知人们如何去做,而在于为人们留下一处可以自由地思与行的领地,人们在其中可以免于强制从而自己的道德人格能够得以充分地发展和实现。这种观点在罗尔斯的正义理论中得到了进一步的论述。其二是功利论理由。与康德和罗尔斯等人的道义论立场不同,诸

---

① Neil MacCormick, "A Moralistic Case for A-Moralistic Law", *Valparaiso University Law Review*, vol. 20, no. 1, 1985, p. 13.

② Neil MacCormick, "A Moralistic Case for A-Moralistic Law", *Valparaiso University Law Review*, vol. 20, no. 1, 1985, p. 14.

如密尔、哈特等人根据功利主义理论主张"伤害行为可能在法律上被禁止,即便它本身并非不道德;不道德的行为可能未被禁止,除非它具有伤害性,而且并非由于其伤害性而在于其无礼性(naughtiness)。"① 这便是密尔"伤害原则"(harm principle)的基本立场。其三是旨在寻求财富最大化的"法律的经济分析"。寻求财富最大化的立法者试图通过这种经济利益最大化的手段进一步寻求人们在道德上的机会最大化,但他们又绝不可能对机会如何运用予以具体规定;因为如若立法者试图予进行这样的规定,它便会排除关于机会之分配的讨论,从而可能会违背最大化的初衷。

的确,上述三种理由都可以被视作是法律的可欲目的,从而成为立法的基本考虑。但正如"悖论"所昭示的那样,它们本身便承载着道德要素。比如说,在功利论的"伤害原则"中,何为"人"?何为"伤害"?对这些基本概念的界定和把握在逻辑上就必定要预设和处理这样的前提,即"对人们而言,什么是好的或坏的状态"(实际上,要回答何谓好的或坏的状态就需要基于一种理想视角来进行考虑;在此之下,好的状态便是人们应当予以追求的状态),诸如道义论和法律经济分析亦不免如此。基于此,麦考密克明确说道,"它们都是承载着道德的。没有什么可以在不明确某种道德立场的前提下得到解答。引入讨论的伤害理念或自由理念或财富最大化理念都承载着道德观念。"② 尽管"悖论"是客观存在从而是难以避免的,但这并不意味着"法律和道德在概念上存在着区分"这一看法就变得不再重要。

就法律实证主义命题而言,经典法律实证主义者如边沁或奥斯丁等人,皆认为"法律之存在是一回事,其优劣好坏是另外一回事",这一区分扮演着基础性的角色。然而,他们对规则或命令在道德意义上的好坏优劣却未置一词,因为他们坚信法律的效力渊源标准是内容独立的。在诸如富勒等人看来,法律规则之存在本身便可能具有道德意义;比如说,法律规则的一般性、明确性、一致性等便是道德内容的显现,即法律的"内在

---

① Neil MacCormick, "A Moralistic Case for A-Moralistic Law", *Valparaiso University Law Review*, vol. 20, no. 1, 1985, p. 16.

② Neil MacCormick, "A Moralistic Case for A-Moralistic Law", *Valparaiso University Law Review*, vol. 20, no. 1, 1985, p. 20.

道德"。① 在麦考密克看来,即便如此,富勒所说的法律(法律体系)的价值却完全可以与法律实证主义者对法律实证主义的某些根本性看法之间进行协调。其中一个主要理由在于,在一个最低限度意义上的法治国(rechtsstant)那里,即在国家拥有法律规则且这些规则只授予官方行为以权威的地方,即便该规则之内容缺少可欲性乃至是令人不齿的,某种价值仍然得到了保有。比如说,在这种最低限度意义的法治国语境中,对人的最低限度的尊重得到了昭示,人们相互之间的尊重条件得到了提供。就法律规则和法治在最低限度和纯粹形式存在的意义上,公平处理人们之间的最基本的条件是存在的。② 这意味着,只要法律存在,某种社会价值就会显现在社会环境之中;即便是该价值被某些官员在某些案件或事情上推翻或漠视,亦是如此。只有在极端的、完全的邪恶情况下,才有可能认为没有任何善掺杂其中,这样的情况虽然少之又少却是存在的。

二、回应马默和沃尔德伦

在完成对麦考密克的法律去道德论主张及其说理的考察之后,我们可以转而考察马默和沃尔德伦对制度法理论的规范性法律实证主义的定性。在此,我们先对马默的定性予以回应,然后是沃尔德伦。

(一)对马默的回应

根据安德瑞·马默(Andrei Marmor)的总结,如若一种法律理论无法与其潜在的道德关切相分离,那么这种观点就可以被称作"规范性法律实证主义";"规范性法律实证主义"是一个统称,其内部实际上包含诸多不尽相同的理论形态;在"无法与潜在的道德关切相分离"的意义上,我们实际上又可以将其看作成一种"伦理性法律实证主义"。③ 这种理论倾向性地认为,"如若不依赖于一些关于是什么使得法为良法并值得人们尊重

---

① [美]富勒:《法律的道德性》,郑戈译,商务印书馆2005年版,第55—107页。
② Neil MacCormick, "A Moralistic Case for A-Moralistic Law", *Valparaiso University Law Review*, vol. 20, no. 1, 1985, p. 26.
③ 当然,这种转换是不严格的,但就本书的讨论而言它是足够的。关于伦理性法律实证主义,可以参见[澳]汤姆·坎贝尔:《法律与伦理实证主义》,刘坤轮译,中国人民大学出版社2014年版。

的一些观点,我们就无法理解法律是什么。"①这种看法的彻底化和普遍化会直接导致诸如哈特最基本的方法论变得不可能,因为此处的"规范性"针对的恰恰就是哈特意义上的那种"描述性"。在此,我们将首先展示马默的论证和说明,在此之后进行是否成立的进一步评论。

按照马默的说明,如若假定法律实证主义存在一个核心的描述性内容P,那么在规范性法律实证主义中即在法律实证主义与规范性之间就会存在以下五种更为具体观点:②

(1)P(或者大致与P同延的某种东西)是一个应当;

(2)P是一个事实,并且如果P获得普遍性认可的话,那么它在道德和政治上就是良善的;

(3)P是一个事实,并且同时也是一个善物;

(4)法律应该是一种在道德上正当的制度:为了让社会符合道德正当性的条件,F应该是一个事实;因为F包括P,故此P是一个事实;

(5)确定P或非P是否是一个事实,必然依赖于一些规范性的道德和政治主张。

第(1)种观点中的规范性意谓不言而喻,P是一个应当;既然"应当"蕴含着"能够",③那么P因而也就"能够"具有现实可能性。P是值得追求的,比若说P("人人平等")是一种应当、一种善,通过努力能够予以促进实现的内容;这实际上就是坎贝尔所持的立场,即一种伦理实证主义立场。④ 在马默看来,第(2)种观点便是哈特所持的立场,同时也是麦考密克的主张;而且麦考密克在一定程度上还会赞同第(3)种观点,这一内容强调的不再是P是否获得普遍性的认可,而是P就其内容本身而言就是善的。第(4)种主要是德沃金的主张,它主要是指一种"基于一些规范性

---

① [美]安德瑞·马默:《法哲学》,孙海波、王进译,北京大学出版社2014年版,第115页。

② [美]安德瑞·马默:《法哲学》,孙海波、王进译,北京大学出版社2014年版,第115—117页。

③ 徐向东:《自我、他人与道德:道德哲学导论》(下),商务印书馆2016年版,第525页。

④ 参见[澳]汤姆·坎贝尔:《法律与伦理实证主义》,刘坤轮译,中国人民大学出版社2014年版。

的道德和政治理想而获致关于法律之性质的理论"①。第(5)种是关于法理学性质的方法论观点,它挑战了描述性和道德中立的理论追求并将关于法理学之性质的相关讨论转至规范领域尤其是道德和政治中进行。马默认为,前两种观点并未对哈特构成威胁,在这个层面"法律实证主义就是一种关于法律之性质的描述性和道德中立的理论";而对于麦考密克为何属于第(2)种阵营及其内在缘由,马默实际上并未给出理由,只是转引和标列了前面所考察过的那篇论文。

结合马默的这种界分和前面对麦考密克自身的陈述,我们实际上已可以对马默的定性予以重构性的回应。如前所述,马默认为第(2)种是哈特和麦考密克赞同的立场。实际上,由于哈特始终坚持其理论的一般性和描述性,②所以它就不太可能和麦考密克共享第(2)种观点。根据上文对麦考密克关于"法律的去道德论"的考察,我们可以很明显地发现,麦考密克此时的法哲学也就是此时的制度法理论并不旨在追求一种描述性的也就是道德中立性的理论;这从实际上说,在麦考密克的法哲学中,经由规范性承诺并在此基础上展开对法律的一般性考察始终是一个无法回避的环节,从而就与描述性的道德中立理论存在龃龉。

在麦考密克笔下,哈特的法哲学形象并不完全像马默所认为的那样是描述性的或道德中立的,而是具有强烈的规范性色彩;这是经由诠释学方法或意愿性内在观点所实现的重要突破。由此实现的理论态势之一便是,哈特更多地与麦考密克的法哲学理论站在了一起,而不是麦考密克站在了哈特法哲学立场那里。因为与麦考密克所指出的一样,哈特为"法律与道德之间存在概念区别"所提供的理由"是一个道德理由。哈特是一位实证主义者,同时也是一位批判道德家……这一立场并没有在'后记'中再次出现,但这一论证却从来没有被撤回,甚至没有被隐含地否定"③。

---

① [美]安德瑞·马默:《法哲学》,孙海波、王进译,北京大学出版社2014年版,第117页。
② 哈特说道,"我的说明之所以是描述性的,是因为它在道德上是中立的,不以任何证立为目标。它并不寻求通过道德抑或其他理由来证立或推崇我在一般性说明中所描述的法律制度的形式与结构;即便我认为,如要要对法律提出任何有效的道德批判,清楚地理解如何证立法律的形式和结构将是一个重要的开端。" See H. L. A. Hart, *The Concept of Law*, Oxford: Clarendon Press, 1994, p.240.
③ [英]尼克·麦考密克:《大师学述:哈特》,刘叶深译,法律出版社2010年版,第293页。

实际上,"法律的去道德论"所揭示出的部分内容就是对哈特这种重释的更为系统的论证,而且这种论证本身也是基于一种道德理由展开的,这种得到重新解读的立场被麦考密克称之为"修正版的法律的去道德论"(Lgeal Amoralism:the Qualified Version)。① 这种修正版的法律的去道德论并不试图完全纯粹地在法律中去除道德,而是肯定法律与道德之间不可能毫无关系,因为法律绝对不可能将所有的道德内容都拒之门外;法律效力的确可以纯粹地以形式的、非道德性标准为判准,但道德自主性的存在却构成了对法律内容的限制。这种最低意义上的限制使得麦考密克与哈特之间拉开差距。

马默之所以会那样定性麦考密克的制度法理论,两个重要的理由可能就在于,他认为以"作为制度性事实的法律"这一命题为核心的制度法理论是"一种关于法律的描述性理论",从而忽略了由意愿性内在观点开放出的规范等维度的内容,而后者可能显得更为重要一些;与此同时,马默在看到麦考密克对纯粹形式的、非道德性标准之于法律效力的论述时,又不免忽略了道德自主性对法律内容的限制。可以这样说,麦考密克此时的制度法理论的确可以被归入规范性法律实证主义阵营之中,但却并非像马默所认为的那样被归入第(2)种或第(3)种立场;② 与之不同,如若将麦考密克在修正版的法律的道德论中所秉持的那种实践道德论证稍微向前推进一步,我们或许就会得出这样的结论,即麦考密克会认为关于法律的规范性理论无法与关于法律的描述性理论相并存,甚至会像德沃金所认为的那样并不存在一种真正意义上的描述性理论。在这个意义上,麦考密克或许会转而支持第(4)种或第(5)种观点。

(二)对沃尔德伦的回应

沃尔德伦试图基于对现代立法机构特征的独特分析,凭借文本主义

---

① Neil MacCormick,"A Moralistic Case for A-Moralistic Law",*Valparaiso University Law Review*,vol. 20,no. 1,1985,pp. 30-37.

② 马默本人并没有将麦考密克归为第(3)种观点中,但他却说道哈特或许会赞同第(3)种观点,由此我们可以根据(在马默看来的)哈特和麦考密克都赞同第(2)种观点来推导麦考密克也可能会赞同第(3)种观点;当然,这种推导可供凭借的依据很有限。换一种思路,就"描述性"与"规范性"是否共存的这一维度而言,第(2)和第(3)种观点都主张二者可以共存;在这个意义上,我们可以想象马默或许会认同麦考密克也赞同第(3)种观点的设想。

的法律来为哈特式的法律实证主义提供一种具体化的辩护。在他看来,由于道德分歧是无法避免的,每个人纯粹按照自己的意愿展开行动就将难以进行相互协调从而也就难以解决如何行动的问题;这意味着,我们必须寻得某种统一性的技术方案,即便对该方案之内容可能必然存有分歧,但我们却仍能够据它来解决如何共同行动的问题,这种方案在现代社会就是那些通过立法多数决程序而产生的法律文本。与大多数法学家将司法以及司法机构和司法制度置于研究的中心位置不同,沃尔德伦试图通过将"立法机构"置于我们对法律进行法哲学思考的"核心",①并以此来恢复立法的"尊严"。由于道德判断在沃尔德伦看来具有任意性,所以他反对将道德判断与法律问题尤其是法律解释等问题进行相互关联的德沃金式做法,道德判断对于法律解释和法律判决等问题的解决而言只会是一种"玷污",②从而是不可取的;相反,我们应该认真对待那些通过多数决投票程序而产生的法律文本。根据国内学者的研究,沃尔德伦是规范性法律实证主义的支持者,③但不幸的是,他同时似乎又是前面马默所说的那种规范性法律实证主义的反对者。

在麦考密克制度法理论的性质问题上,同样根据麦考密克的那篇论文,沃尔德伦认为,麦考密克不再赞同哈特对法理学所确立的那种优先顺序,即"我的解释是描述性的,因为它在道德上是中立的,并且不以任何论辩为目的:对我在法律的一般性解释中使用的形式和结构,我不以道德的或其他的理由来进行正当化证明或称赞,但我认为,对这些形式及结构的

---

① [美]杰里米·沃尔德伦:《立法的尊严》,徐向东译,华东师范大学出版社 2018 年版,第 3 页。
② Jeremy Waldron, *Law and Disagreement*, Oxford: Oxford University Press, 1999, p. 167.
③ 根据王琳博士对沃尔德伦规范性法律实证主义的研究,这种规范性法律实证主义主张指的是法律的内容无须运用道德判断加以确定、反对法官作出道德判断或至少将其降低到最低限度。很明显,它与我们在考察马默时所界定的那种规范性法律实证主义出入较大,甚至是根本对立的。她所依据的一个理由是,"规范性"本身意指一个道德主张;如果真如此话,那么我们似乎更有理由相信这种立场实际上指的是"一种法律理论无法与其潜在的道德关切相分离"。笔者不清楚沃尔德伦是否真的进行过这样的表述,从而不免对王琳博士的说法表示怀疑。相关内容,可以参见王琳:《司法裁判中的道德判断:德沃金整全法理论辩护》,中国社会科学出版社 2020 年版,第 186—188 页。

清晰理解是任何对法律的有益的道德批评的重要准备"①。实际上,哈特通过概念分析意欲追求的"描述性社会学"是存在规范要素的,如科尔曼所说的那样,"这一方案在其建构和志向上都是规范性的"②。这种理论建构意义上的规范追求其实并非哈特试图避免的内容,这其实也是很难避免的;相应地,批判者也就不能据此直接否认描述性法理学的存在可能性,因为按照这种说法,任何关于法律概念的理论或解释都无法逃脱规范性的梦魇。这似乎就错失了关注的焦点。德沃金或佩里(Stephen Perry)关于意义上的规范性法理学的要义就在于,法律是一个解释性的概念,而解释主义方法论的核心主张则在于,"如果我们想要对法律进行理解的话,那么我们就必须把握法律的要点或目的,因此,法理学必然是规范性的、评价性的"③。

在麦考密克此阶段的理论中,顺序的确在逐步颠倒;他开始认为,在对法律进行道德中立的描述之前必然会经历一个类似于德沃金所说的那种"前诠释阶段",这会导致哈特所主张的那种道德中立变得可疑——如果不是完全无法成立的话。此时,麦考密克并没有直接否定这种道德中立性存在的可能,而是对这种立场充满了质疑和批评。仍如之前所说的那样,其真正的理论立场是比较模糊和不明朗的。在宽泛的规范性法律实证主义(即既包括与描述性相对的那种法律实证主义也包括侧重"规范"的那种法律实证主义)意义上,④将麦考密克的制度法理论与规范性以及规范性法律实证主义结合起来进行考察总体上不会存在问题,这反而可能是一条非常适合的考察进路。然而,沃尔德伦的深意似乎还不止于此,他似乎还试图将麦考密克的制度法理论经由规范性法律实证主义这一中介和德沃金意义上的那种规范性极其浓厚的法理学主张予以联结

---

① [美]杰里米·沃尔德伦:《法哲学与政治哲学》,载[美]朱尔斯·科尔曼、斯科特·夏皮罗主编:《牛津法理学与法哲学手册》(上),杜宴林等译,上海三联书店2019年版,第405页。

② [美]朱尔斯·科尔曼:《方法论》,载[美]朱尔斯·科尔曼、斯科特·夏皮罗主编:《牛津法理学与法哲学手册》(上),杜宴林等译,上海三联书店2019年版,第343页。

③ 沈映涵:《新分析法学中的方法论问题研究:由哈特的描述性法理学引发的争论》,法律出版社2010年版,第40—41页。

④ Jeremy Waldron., "Normative (or Ethical) Positivism", in Jules Coleman, eds., *Hart's Postscript: Essays on the Postscript to the Concept of Law*, Oxford: Oxford University Press, 2005, p. 411.

甚至等同起来,这样做不免就会存在问题。与沃尔德伦所支持的那种经由立法多数决而产生的文本主义的法律立场而言,麦考密克的确与之存在差异,但却并没有走到他所说的那么远。

要明确的是,麦考密克从来不是一个道德客观主义者,也从来没有像德沃金那样把法哲学置于政治哲学的某种附庸位置。相反,虽然他在其法哲学中为道德的存在清扫出了一席之地,但那种清扫工作始终是有限制的,警惕的神情从未退去。这一点,直到其后期理论中才有明显的弱化,并将道德视作法律的一个"模型"。① 作为一个朝着"后实证主义"不断迈进和逐步明朗化的过渡阶段,我们无法得出准确结论说麦考密克此时的制度法理论是否已然达致那样的实质性程度,不仅是以因为他在这一期间并未对该立场给予明确的回应和澄清,从而我们也无法单凭这样一篇论文便给予理论定论,而且还在于,宽泛意义上的规范性实证主义似乎会导致该立场之意义的自我消解。在这个意义上,该部分讨论的意义在很大程度上也将是过渡性的,它将过渡到以"制度性规范秩序"为核心的"后实证主义",这便是接下来的两章要考察的内容。

本章小结

这一部分的内容集中考察了麦考密克的前期制度法理论,总体上呈现为以"作为制度性事实的法律"为核心命题的理论形态。面对"制度与规则的循环解释"的理论困境,麦考密克虽与塞尔一样都认为二者之间不存在所谓的循环解释难题,但解决方案却截然不同,他是通过借助"惯习"和"非正式言语行为"来进行回应的。如果说"制度与规则的循环解释"是制度法理论面临的一个内部问题,那制度规则论与社会规则论之间的关系问题则发生在其外部,这主要涉及与哈特社会规则论之间的比较。尽管在麦考密克看来,哈特最有价值的贡献在于他把法律看作社会规则

---

① Jeremy Waldron. , "Legal Judgement and Moral Reservation", in Agustín José Menéndez & John Erik Fossum, eds. , *Law and Democracy in Neil MacCormick's Legal and Political Theory: The Post-Sovereign Constellation*, Heidelberg: Springer, 2011, p. 108.

并对其进行了理论说明,但仍提出了批判意见,批判的焦点集中在哈特授予权力和施加义务的法律体系结构理论上,从中可以一窥麦考密克制度规则论的要点和精华所在。进一步讲,在制度规则论与社会规则论的问题上,还涉及"创设规则"和"承认规则"之间的关系问题,尤其是创设规则本身的性质问题,从中可以看到:其一,法律体系或三元规则体系下的创设规则更多是在"有效力"的意义上展开的,从而与哈特在论述承认规则时强调其作为一种社会事实而非"作为效力判准"并进一步淡化其本身有效与否的看法相区别;其二,创设规则与哈特意义上的作为社会事实的司法实践并不具有内在关系,它不是一个惯习意义上概念;其三,在面对包括创设规则在内的所有规则的违反问题时,麦考密克部分地接纳了德沃金"原则理论"。由此衍生出的问题是前期制度法理论的性质问题,它是一种既包括规则又包括原则的包容性实证主义？经由诠释学、法律知识与道德等问题的讨论,可以发现制度法理论一开始便向原则等价值概念开放,并且以内在观点为基础可以把握到麦考密克转向后实证主义时的一个关键依凭,即意愿性内在观点,这集中体现在意愿性内在观点相较于认知性内在观点的逻辑优先性地位中,规范性问题也由此涌现出来。也正是基于这种独特的规范性讨论,此时的制度法理论被部分学者理解为一种"规范性法律实证主义",但同时也可以看到此时的制度法理论还很难被界定为规范性法律实证主义,因此马默和沃尔德伦的认定是值得商榷的。

第四章　作为制度性规范秩序的法律

实际上,至此,关于麦考密克制度法理论的讨论已正式进入一个新的阶段,虽然该阶段的核心理论框架是在前述内容的基础上延展出来的,但它也仍具有相当程度的蜕变。其中,"规范秩序""制度化""实践理性"等核心概念开始成为扛起制度法理论的新支点。实际上,诸如此类的内容在之前的讨论中已有所暗示,第一章在对麦考密克和魏因伯格之间的比较考察中便已提及"后实证主义"问题,其间存在着对法律之认识的重大转变,即从前期的"制度性事实"转变到后期的"制度性规范秩序";与此同时,在第二章和第三章关于超越制度性事实、原则、惯习、意愿性内在观点、规范性法律实证主义等内容的讨论中也不同程度地暗示过这些内容。遵从理论自身的推进逻辑,考察"作为制度性规范秩序的法律"[1]这一解

---

[1] 在"作为制度性规范秩序的法律"(Law as Institutional Normative Order)这一法概念命题中,有两方面内容需要首先予以澄清和说明:一是关于"Order"一词的翻译问题,另一个是"法律"和"制度性规范秩序"二者间的关系问题。就前者而言,"Order"在法学界的常见译法主要有"命令"和"秩序"两种,而且两者间存有极大差异;法律命令论的主要倡导者约翰·奥斯汀认为法律是"主权者的命令",但此处"命令"实际上对应的是"Command"一词,而改用"Order"来阐述奥斯汀法律命令学说则是由哈特完成的。将"Order"用作"秩序"的有(如哈耶克的)"自发秩序"(spontaneous order)。此处"Normative Order"中的"Order"无法被译为命令而只能被理解为"秩序",主要原因在于:法律和道德尽管可以作"规范命令"解,但同样作为规范秩序的"惯例"却很难进行命令式的处理。此外,或许麦考密克正是出于这样的担心,为了避免误解,还专门使用了一个关于"排队"的例子

释性定义或解释性说明就将是接下来的集中关注。在接下来的内容中,笔者将首先对后期制度法理论中的"作为制度性规范秩序的法律"这一解说作全面考察,并在这种考察中展开对麦考密克制度法理论嬗变之内在原由的追问,并在此基础上延伸至第五章关于实践理性以及后实证主义之性质等内容的讨论。如此一来,本章不仅发挥着对麦考密克后期制度法理论的实体内容进行解读的作用,同时也是联结和解读前后期制度法理论的重要一环;只有在此基础上,第五章对制度法理论内在逻辑的反思性揭示才将变得可能。

第一节　规范秩序及其制度化

在将近 1/4 世纪后,麦考密克以"制度性规范秩序"(Institutional Normative Order)为核心范畴相继发表了多篇论文来进行集中阐释"作为制度性规范秩序的法律"这一命题,① 在 2007 年出版的《法律制度》(*Institutions of Law：An Essay in Legal Theory*)一书中则将其扩展至对整个法理论的系统性解读。在这本极具包容性的著作中,麦考密克明确地将其中所阐述的理论(因而也就是后期的"制度法理论")界定为一种"后实证主义"。② 从形式上看,相比于 1973 年围绕"作为制度性事实的法律"展开的法理论,围绕"作为制度性规范秩序的法律"所阐述的理论无疑是一种"更新";相应地,就其意欲表达的基本内容、观念、立场来看,它又显示出麦考密克制度法理论的某种"转变",即他本人所说的从"实证主义"

来说明"排队秩序"是如何形成的,而不是要说关于排队的命令如何形成的。就后者而言,与"作为制度性事实的法律"的语法结构一样(即"A as B"),规范秩序和法律之间亦是"法律如同制度性规范秩序"的关系结构类型,即法律包括在制度性规范秩序之中,但制度性规范秩序除此之外还包括诸如道德等内容;当然,此处对二者间关系的这种说明必将是初步的,因为本章中有很大部分内容实际上就是在阐述这一问题。

　① Neil MacCormick, "Institutional Normative Order：A Conception of Law", *Cornell Law Review*, vol. 82, no. 5, 1996. 以及"Law as Institutional Normative Order", *Rechtstheorie*, vol. 28, no. 2, 1997.

　② Neil MacCormick, *Institutions of Law：An Essay in Legal Theory*, Oxford：Oxford University Press, 2007, p. 5.

到"后实证主义"的转变。需要注意的是,在此问题上,不同的视角会影响到对麦考密克法理论的观察。本书认为,尽管其理论经历了从"实证主义"到"后实证主义"(此处姑且假定这一立场是成立的)的转变,但由于它们都与制度/制度性具有内在的理论关联,所以皆可以被纳入"制度法理论"(institutional theory of law)范畴之中。在对此予以肯认的前提下,当我们抽离"制度性"这一公约部分时就可以很明确地发现,其制度法理论经历的便是从"事实"到"规范秩序"的转变。因此,考察麦考密克后期的制度法理论就应当得从"规范秩序"处着手。

总体而言,由于作为制度性规范秩序的"法律"(此处主要指的是"成文法")只不过是"规范秩序"之一种,因而本章将从一般且抽象意义上的"规范秩序"处展开考察,它是理解麦考密克后期制度法理论的基础;这同时也意味着,我们在很大程度上还要对"何谓规范"和"何谓秩序"有着一般性的把握,在此基础上才有可能将其拓展至对规范秩序及其制度化(即制度性规范秩序)层面。它实际上遵循的就是麦考密克所说的关于法律的"解释性定义"(explanatory definition)思路。

一、何谓规范秩序

(一)"排队"与规范秩序

"规范秩序"既可以进行一种实践样态的理解并呈现为日常生活中普遍可见的那种秩序现象,如此处将要展开考察的"排队";与此同时,"规范秩序"在理论层面又是一种可追溯久远的古典思想,其中暗含着某种"德性"观念。当然,尽管我们可以说规范秩序就其深层本性而言被打上了自古希腊以来的关于"事物状态"(state of affair)的烙印,但麦考密克毕竟是一个现代人而且也从不试图在古典的意义上进行写作,从而他对规范秩序的理解不仅始终以"法律"为目的关怀,而且试图以最通俗的语言和实例来对其进行解读。本书认为,在如何把握麦考密克关于"规范秩序"的阐述问题上暗含着两条并行不悖的理解进路:其一,是在《法律制度》一书中所展现出来的、通过"解释性定义"达致的从规范/规范性到规范秩序再到规范秩序的制度化的思路;其二,是20世纪90年代在阐述规范秩序时所使用的比较视野,即在法律、道德、政治三者间的比较中所进行的甄别性把握。在接下来的内容中,我们将分别对这两条进路进行考察。

我们对世界的把握,尤其是对超出我们可感知范围之世界的把握,是通过与之相关的规范陈述或规范图景进行的。① 一般而言,"规范的/规范性"关涉的是"应该做什么";在这个意义上,规范的/规范性指的便是一个人或一群人"应该如何行为的标准"②。也正是在这个意义上,"规范"才和"规则"相关联乃至进行互换。③ "规范"能为行为提供指引,比如说在一个具体场景中,"禁止杀人"的规范便能为人们如何行动提供有效的指引;然而,诸如此类的单个规范有时却并不总是能有效发挥作用,而且事实上也没有哪种规范能够凭借自身就独自起作用,它必须与由其他规范所构成的整个体系相结合才有意义。在特定情形下,与"什么该/不该做"相关的规范面向往往是多维的,因此人们就不应仅仅考虑单个的规范而忽略了规范整体的要求。当人们遵从这种规范标准而行为时,便会相应地生发出一种"秩序"(order);这种能够为人们所区分出来的秩序就是此处所说的"规范秩序"。"排队秩序"便是一个典型实例。

无疑,排队是日常生活中最常见的关于规范秩序的场景,小至食堂就餐大到国家庆典的阅兵等都可以见识到排队这种规范秩序。有时候,它可能是自发形成的,有时候则可能是经由某种预先设定好的规则安排促成的;而且,尽管人们大多时候可能并未形成关于排队的全面共识,但排队这一活动仍可以在事实上能够得以成功进行。在此,我们可以说其中存在着一种"规范"亦即关于排队规范的观念。这是因为,如果你想要实现某个目的而排队是达致它的必经之路的话,那你就"应当"进行排队;不仅自己会这样认为,而且可以很容易就发现,其他人也会同样持有这样的看法,即别人也会认为自己和其他人"应当"这样做。如麦考密克所

---

① Neil MacCormick, "Institutional Normative Order: A Conception of Law", *Cornell Law Review*, vol. 82, no. 5, 1996, p. 1052.
② [美]布赖恩·H. 比克斯:《牛津法律理论词典》,邱昭继等译,法律出版社2007年版,第162页。
③ 在麦考密克那里,规范与规则之间的关系在于,规则是制度化了的规范,并被那些拥有某种权威的人们所运用。See Neil MacCormick, *Institutions of Law: An Essay in Legal Theory*, Oxford: Oxford University Press, 2007, p. 2.

言,"在人们寻求某项不能同时满足每个人的服务或机会的情况下,每个人都应排在比他早到服务地点或时间上比他早到者的后面,每个人都有资格排在后到者的前面,并有权利希望其他人也遵守这一规矩,且有权利对那些插队的人提出批评,乃至是阻止他们插队"[1]。甚至可以说,不管是否存在这样的规范性共识(即便存在也不可能是唯一的),我们都可以进一步反省存在于排队秩序背后的规范性问题。

在麦考密克那里,规范秩序同时也可以在"理想秩序"(ideal order)层面进行理解[2],这种理想秩序在很大程度上充当了排队秩序背后的规范性核心。而且,也正是由于存在着这种关于理想秩序的基本观念,我们才可能分辨出那些排队秩序的行为并对其提出批评。比如说,在排队就餐的秩序中,一个后到者却"居上"插入队伍中间或径直走到队伍前面,这种行为就将会引发那些参与排队者的不满和愤怒。尽管可能说不出或者不清楚排队中所蕴涵的具体规则(或规范标准)是什么,但他们对一个正常的排队秩序和一个被扰乱的排队秩序之间的差异的看法和感受却是真实存在的。不仅自己会这么看,这种看法和感受同时还能为其他所有参与排队的人或一般意义上的人所持有、共享、认同,即我有关于别人如何行动的预期,别人具有我关于别人如何行动的预期的预期。实际上,正是得益于对其他人会拥有此种看法和感受抱有基本的预期,排队秩序才得以逐步形成,因为"秩序是彼此了解的参与者之间的一种共同行为"[3]。这种"相互了解"实际上就是一种"相互信念"(mutual beliefs),它在这里进一步表现为彼此间的"相互预期";而人们彼此之间形成的那种相互预期在很大程度上不可避免地带有卢曼所预期的"反身性"特征。[4]在相互预期的意义上,"秩序"至少具有以下三种含义:其一,它指向这样一种事态:其间诸种不同要素之间的关系是甚为紧密的,因而人们可以从

---

[1] Neil MacCormick, *Institutions of Law: An Essay in Legal Theory*, Oxford: Oxford University Press, 2007, p. 15.

[2] Neil MacCormick, "Law as Institutional Normative Order", *Rechtstheorie*, vol. 28, no. 2, 1997, p. 226.

[3] Neil MacCormick, *Institutions of Law: An Essay in Legal Theory*, Oxford: Oxford University Press, 2007, p. 16.

[4] [德]尼古拉斯·卢曼:《法社会学》,宾凯、赵春燕译,上海人民出版社2013年版,第73页。

对整体中的某些时间/空间部分所获得的认知中学会去对其他部分作出正确的预期,至少作出在很大程度上能够证明为是正确的预期;其二,它意指个人行动者与规则系统通过互动而形成的稳定状态;其三,它意指人的行动在本质上是受成功的预期所引导的,即他们不仅可以有效地使用各自的认知,并且还颇为自信地期待能从其他人那里得到合作。① 这种预期与秩序之关系的解读虽然主要是哈耶克式的,但与之不同的是,麦考密克对秩序的理解却更强调其背后的规范性之维,这是哈耶克因倚重"无知论"而着墨不多且不及的方面。基于此,在考察"规范秩序"时就需要注意:就规范秩序而言,其表在相互预期,其里在相互信念。如果说"相互预期"是对他人行为和看法的反身性看法,那么"相互信念"就是对蕴含在秩序内部之规范性的一种明确表达。

顺着这样的理解思路,我们至此关于"规范秩序"的既有考察就可以得出如下基本结论:规范秩序之所以是"规范的",其原因在于:我们每个人都具有一个基本的相互预期和相互信念,它使得我们能够区分"对错";而且也正是借助于它,我们才能以一种互惠的方式在彼此行为间达致相互协调。此外,由此而来的规范性之所以得以形成"(规范)秩序",其原因则在于:我们经由相互预期和相互信念而形成的是关于"应当做什么"的规范性看法,这同时也是一种关于行为模式的基本看法,并且能最终形成(规范)秩序。实际上,从规范到规范秩序再到规范秩序的制度化这一理论还关涉更为丰富的内容,这一点可以在接下来关于两种理路的比较中得到进一步的揭示。

(二)比较视野下的"规范秩序"

实际上,不管是作为一位实证主义者还是后实证主义者,麦考密克基本上始终都承认法律与道德之间存在概念上的区分,法律与政治之间亦是如此;但与哈特式立场不同的是,他却在此基础上迈进了一步继而认为三者之间其实还存在相互关联的一面,而且这种相互关联同样也是发生在概念层面的。应该说,没有人会否定法律与政治之间存在着关联。一般看来,法律的制定与改革、法律官员的任命、法律秩序的维护,以及(在

---

① 王荣余:《论法律预期及其结构:哈耶克与卢曼》,载《荆楚学刊》2019年第1期,第28—33页。

现阶段)仍主要局限于特定主权国家范围之内的法律都离不开"政治",然而政治毕竟不是法律。道德与法律紧密相关,道德中的"批判道德"在很大程度上扮演着批评法律规则、法律判决、法律本身的角色;然而,同样地,法律毕竟也不是道德,而且也不是道德的分支(尽管有自然论者经常将道德视为"自然法"的一部分)。在相区别的意义上,政治的核心是"权力"(power),①道德的核心是"自主性"(autonomy)。②

在麦考密克看来,政治关涉的是"权力问题",作为权力类型之一的政治权力"指向社会主体和个人,它概括性地将特定目的确定为共同善,在个人和组织之间安排可资利用的东西(经济的与非经济的),并保护共同体免受来自外在主体的侵扰"③。这种政治权力是一种事实性权力(power-in-fact),它不太考虑人们应当按特定方式如何进行行为的问题;与之相对,法律权力则是一种规范性权力(normative power),它属于应当的领域。在法律权力作为一种规范性权力的意义上,法律本身并不受限于事实性权力,而旨在设定行为之对错的标准并授予权力。④ 这有些类似于法律效力和法律实效间的关系,(规范性)法律权利的存在并不直接意味着也存在一种与之相关的政治权力。20世纪20年代美国施行的禁酒令就为其提供了一个例证,禁酒令为政府授予了一种规范性的法律权力,但它并未衍生出一种关于事实性权力的实践。基于此,在法律与政治相比较的意义上,我们可以进一步得出结论:政治关涉(事实性)权力,而法律则关涉规范性权力,规范性权力实际上也就是一种规范性秩序。

与法律一样,道德同样也关涉规范性秩序。麦考密克认为,在最根本

---

① 按照韦伯对"国家"的经典界定,即"国家者,就是一个在某固定疆域内(在事实上)肯定了自身对武力之正当使用的垄断权力的人类共同体。"正文中所使用的"power"一词实际上也可以理解为"力量"或"武力"。参见[德]马克斯·韦伯:《学术与政治》,钱永祥等译,广西师范大学出版社2010年版,第199页。
② Neil MacCormick, "Law as Institutional Normative Order", *Rechtstheorie*, vol. 28, no. 2, 1997, p. 223.
③ Neil MacCormick, "Law as Institutional Normative Order", *Rechtstheorie*, vol. 28, no. 2, 1997, p. 222.
④ Neil MacCormick, "Institutional Normative Order: A Conception of Law", *Cornell Law Review*, vol. 82, no. 5, 1996, p. 1063.

的意义上,我们对道德的把握必须采用康德或哈贝马斯所使用的术语。这意味着,道德不仅是自主性的,同时还是普遍性的和可论辩性的。具体而言,关于道德原则或其他道德事项的讨论需要在自由而无强迫的前提和氛围中进行,每一个人都有资格参与其中,并且应当对所有参与其中的人的利益都进行考虑,而关于道德对错的最终裁决是在与其他人进行论辩之后所得出的结论。① 与之相比,在不那么强的意义上,道德则被限定在由特定共同体所持有的共同性的或惯习性的原则和规则层面,它通常与传统观念相关乃至是它的一个集中性显现。在两种意义上的道德之间,前种意义的道德无疑具有优先性,这是麦考密克在从事概念分析时的必然选择。

如前所述,法律和道德都关涉规范性秩序,二者由此在"规范性"层面必定也具有相似性。比如说,法律也会像共同体的道德那样面临来自其他人的在看法上的强烈压力,而那些经由反复出现且得到确认的看法则逐步作为批评其他人的一个标准。与之不同的是,由于国家总是特定领土范围内的实体,法律由此不只是会遭遇看法上的强烈压力同时还伴随着制裁性权力这一后盾。即便如此,麦考密克也不认为:法律就其本身而言一定与国家相并存。"法律就其本身而言并不与国家共存,而是为权力的正确使用提供判准,也并非仅仅是纯粹权力的创设物,不管这种权力多么久远或短暂。所以,法律乃是一种部分的具有真实性、部分地具有理想性的(ideal),在某些制度化的共同体或社会中可以观察到的规范秩序。"② 这不单是因为法律为权力的行使设定了标准以及法律不只是纯粹权力的创设物,还在于:在后主权国家时代,国际法的日益重要性超越了特定领土范围的限制。麦考密克的这种观点很有代表性,它可以进一步显示出法律与强制力的关系,即二者间并不必然关联。对这一问题的考察可能会衍生至麦考密克关于主权以及政治哲学等问题的讨论;③ 在制

---

① Neil MacCormick,"Law as Institutional Normative Order", *Rechtstheorie*, vol. 28, no. 2, 1997, p. 223.
② Neil MacCormick,"Law as Institutional Normative Order", *Rechtstheorie*, vol. 28, no. 2, 1997, p. 224.
③ Neil MacCormick, *Questioning Sovereignty: Law, State and Nation in the European Commonwealth*, Oxford: Oxford University Press, 2002.

度法理论的语境中,托雷教授对这种观点给予了批评,并在制度法层面对"权力"概念进行了更为系统的论述,①在此不作过多延伸。

(三)两种理路的内在差异

至此,我们相继考察了麦考密克在阐述"规范秩序"概念时的两种思路:通过"排队秩序"揭示出来的从规范/规范性到规范秩序的动态把握,以及在法律、道德、政治三者的比较视域中进行的对规范秩序的概念化把握。的确,两种理路存在视角上的差异,而且伴随视角差异涌现出的内容同时还具有实质性分别,遵从不同的视角相应地就会使得我们对麦考密克后期制度法理论的把握朝两种不同的方向发展。

在前一种理路中,"人"的因素得到了强调。与哈耶克从"理性的有限性"来理解相互预期略为不同,麦考密克所说的相互预期和相互信念在根本上是基于对"人之本性"的认识展开的,而并非出于对理性的把握;也正是在这个意义上,麦考密克才会说"人是规范的使用者",②即人首先是一种规范性的存在。当然,由此开放的意义绝不止于此。比如说,这种经由相互预期和相互信念而展现的对"人之本性"的认识暗含了麦考密克对亚当·斯密关于"同情共感"理论的认同,③由此牵扯出的是下一章有关实践理性以及合理性等相关问题的讨论。又比如说,由于在尚未制度化的规范秩序中,每个人在相互预期和相互信念中都拥有平等的身份和地位,这又会通向麦考密克对"民主"等相关政治哲学问题的讨论。

与之不同,经由后一理路开放出的系列论题将不可避免地会通往当代法哲学的相关争论,比如,法律与道德之关系、法律实证主义与自然法以及前面已明确涉及的描述性与规范性法理学的方法论争论。虽然麦考密克在最初阐述规范秩序时更倾向使用这一进路,但这种进路在后来的相关论述中却逐渐趋于淡化。在笔者看来,由于自哈特以来的法律实证主义自始至终都承担着捍卫"分离命题"的理论任务,这似乎自然会促使麦考密克在"法律与道德"之关系维度来寻求突破。然而,后来的相关理

---

① Massimo La Torre, *Law as Institution*, Heidelberg: Springer, 2010, pp. 3-57.
② Neil MacCormick, *Institutions of Law: An Essay in Legal Theory*, Oxford: Oxford University Press, 2007, p. 20.
③ Neil MacCormick, *Practical Reason in Law and Morality*, Oxford: Oxford University Press, 2008.

论著述却表明,直接诉诸法律与道德以及法律与政治的概念式讨论可能不会获得一个比较满意的答案。或许正是由于这样的理由,麦考密克才不得不寻找新的理论突破点;该突破点不仅本身必须建立在难以撼动的坚实的哲学理论基础之上,而且还要与前期制度法理论的内在发展趋势相兼容,这便是麦考密克后期大加论述的"实践理性"。在此基础上,法律与道德之关系问题不仅可以被重置进实践理性的框架之中,还可以在既坚持法律与道德的概念分离命题的同时又坚持法律与道德都同属实践理性从而它们在根本上是相互关联的这一立场;而且它还可以为麦考密克对规范秩序的相关论述作后设伦理学层面的背书。这似乎就意味着,从后一种理路来理解"规范秩序"或许更符合麦考密克后期制度法的整体布局,但要全面理解制度法理论的内在逻辑却又不得不寻求前一理路的帮助。

无疑,法律的确是一种规范秩序,但"规范秩序"却毕竟不能直接与法律相等同;从规范秩序到法律的演变还需求助于规范秩序的"制度化",这是接下来要考察的内容。

二、规范秩序的制度化

可以说,从"规范秩序"进入到"制度性规范秩序"是麦考密克后期制度法理论达致对法律进一步理解的关键一步;这一过程的实现在很大程度上要借助"制度化"来实现,"制度化"由此成为考察"制度性规范秩序"时无法避开的一个关键词。具体而言,其中至少会涉及两个基本问题:其一,何为"制度化"?它要回答的是制度化的一般过程,这需要结合麦考密克的相关论述才能予以把握。其二,制度化的基本性质,与之相关的考察需要结合法律自身的性质一起来进行,在此我们将主要围绕"强制性""事实性"两维度展开。两个问题之间的关系在于,前者是后者的外在表征,后者是前者的内在旨趣。总体来看,麦考密克经由"制度化"意欲彰显的理论旨趣在很大程度上可归于"事实性"维度,"强制性"问题在其中被大大地淡化了;而且也正是得益于"作为制度性规范秩序的法律"中所共同凸显出的"事实性"与"规范性",关于法律性质的核心内容才获得较为完整的说明。

实际上,至此对"排队秩序"的阐述都是在不涉及"明确的规则"这一前提下进行的;这会很容易给人留下这样一种印象:排队秩序似乎只不过自然而然的产物,即一种自发秩序。的确,在与"人为构建"相比较的意义上,自然而然的排队秩序以及以它为例展现出的规范秩序类型都隶属于一种"非正式规范秩序"(informal normative order)。与正式和非正式言语行为作为言语行为的基本区分一样,正式和非正式规范秩序的区分在后期制度法理论中也发挥着重要作用。然而,这并非意味着,在非正式规范秩序中不存在"规则",它毋宁说的是:其中所涉及的规则必定是模糊不清的。非正式规范秩序中也有规则,但它却非常模糊,"模糊性"成为非正式规范秩序的首要特征。在这个意义上,非正式规范秩序实际上又与习俗或惯例"无本质差异,而且麦考密克也主要是在这个意义上来看待非正式规范秩序的。

在现代社会,法律的成文化是一个普遍趋势,即便是对于英国这一奉行先例制度的普通法国家而言亦是如此。这似乎意味着,惯例以及风俗等非正式因素在法律实践中的存在价值会被大幅度削弱;相应地,非正式规范秩序在现代社会得以存在的空间无疑也会被极大压缩,而排队秩序本身也不得不依靠和遵循那些得到明确颁布的规则才可能得以顺利进行并得到真正的维系。仍以排队秩序为例,比如说在银行的排队秩序中往往会发生如下情形:当某人手持的 10 号(用于获得服务的顺序牌)被叫到但他本人未及时现身时,排队秩序该如何进行?[1] 接下来,在叫号已进行到 12 号时,手持 10 号的那个人却突然出现了,排队秩序又该如何安排和进行? 10 号是应该在 12 号之后立马就可以得到服务,还是必须得重新开始取票并等待再次被叫到? 与之类似的问题还有很多,而难题之所以不断发生的根源或许就在于,非正式规范秩序本身带有不可避免的"模糊性"。由此,要达致制度性规范秩序,模糊性就必须被克服。

由于此时规则(实际上,在规则的模糊性意义上,使用"规范"一词会更为恰当)本身的模糊性不可避免,相关难题便会在所有非正式规范秩序的场合中反复出现。人们在最初的时候或许会单个地来进行选择以解决此类问题,但难题的"反复存在"无疑会使人们为这种行为模式付出巨大

---

[1] Neil MacCormick, *Institutions of Law: An Essay in Legal Theory*, Oxford: Oxford University Press, 2007, p. 22.

的成本。由于代价巨大,最终可能就必定会出现一位具备某种特定权威的人来提供解决方案;这一点几乎是法人类学和习惯法研究所共同得出的基本结论。更值得注意的是,在解决该难题时可资利用的规范自始都离不开存在于排队秩序之中的那种潜在的规范观念。对于身处非正式规范秩序中的人而言,它是导引人们如何行为的指引性规范,而在解决模糊性问题的权威者那里,它则变成为判断孰是孰非的原初标准。与法学叙事的一般逻辑大同小异,麦考密克认为,当相关难题反复出现时,针对某一特定场景、特定争议所作的裁决可能就会由此获得进一步的明确表达,并在反复不断的使用中慢慢演变为一个可以被普遍适用的一般而明确的规则。很明显,这种叙事带有浓厚的遵循先例和惯例意味。

如此一来,规则的模糊性就得到了进一步的明确化,非正式的或惯例性的规则由此被超越;与之相伴随的是,模糊性的非正式规范秩序也进入到更为明确化的制度性规范秩序,这是理解作为制度性规范秩序的法律的一个重要时刻。"制度化"由此成为任何非正式规范秩序向前进一步推进的必然之路,而"明确化"则是其最初的意涵所在。当然,由于语词的"开放结构"自始至终都会存在,"制度化"(明确化意义上的)就不会而且也不可能完全彻底地消除规范/规则的相对模糊性,"解释"(无论是狭义还是广义)是必需的内容。① 只不过,两种秩序类型中的解释存在差别:在非正式规范秩序中,解释是先于规定而存在的;与之相对,在规则得到明确表达的情形中,解释则后于规定而存在。② 解释有了基本的遵循,"解释后于规则而存在"则赋予规定下来的规则以优先性,这实际上也就是拉兹所说的法律体系必定主张其"至高无上性"③的内在要求之一。需要注意的是,规则的优先性以及法律的至高无上性并不等于说制度化是一个逐步趋于封闭的过程。与之相反,"制度化"自始至终都是而且也将一直是一个动态的过程,乃至是一个"不断制度化"的过程,我们

---

① Neil MacCormick, *Rhetoric and the Rule of Law: A Theory of Legal Reasoning*, Oxford: Oxford University Press, 2005, pp. 121–124.

② Neil MacCormick, *Institutions of Law: An Essay in Legal Theory*, Oxford: Oxford University Press, 2007, p. 23.

③ [英]约瑟夫·拉兹:《实践理由与规范》,朱学平译,中国法制出版社 2011 年版,第 171 页。

不可能凭借一种上帝视角在制度化问题上获得一个终极保障;与规则的开放结构一样,制度化也是始终开放的。在这个意义上,我们可以说,非正式规范秩序存在之初便存在制度化的冲动,即一种不断趋于明确化的内在需求。如此一来,人们便可以参照那些更为明确的规则而避免依赖那些多少比较模糊的默会规范。①

在完成上述总体性说明之后,我们对规范秩序的制度化就有了基本把握。但是,其中仍有许多疑问有待进一步追问和澄清。其一,如果我们在"明确化"或"明确性"的意义上来理解规范秩序的"制度化",那么我们或许还有必要考察一下何为"明确性"?的确,当论及一般性的明确规则是对非正式规范秩序中的默会规范的清楚阐明并消除其模糊性时,我们所实现的内容至多不过是一种社会学意义上的外部描述,它是必要的,但相较于法律实证主义的"分析性"而言却是不充分的;因为,一般性的明确规则达致怎样的程度或结构才能算得上"明确性"这一点仍未得到解决。在麦考密克看来,一般性的明确规范至少要包括两个本质性内容:②其一,指明可能出现的某种情形[即他所说的"效验性事实"(operative facts)];其二,在任何时候,只要"其一"所规定的情形出现了便会产生下述后果:应当做什么、将要发生什么、什么将被视作真的[即他所说的"规范性后果"(normative consequence)]。基于此,任何一般性的明确规则都将具有如下形式:

无论何时,一旦 OF 出现,那么 NC 就一定会出现。(Whenever OF, then NC.)

在排队秩序中,我们就可能在其中发现这样的有效规则,即"无论什么时候,在某个序号被取消之后,原持票人都可以从票号分发机那里领取新号,只有按照预定的次序轮到新的票号时,持票人才会被(再次)叫

---

① "默会规范"并不是麦考密克使用的术语,而是本书对哈耶克"默会知识"(tacit knowledge)的改造性使用;在笔者看来,它或许可以很好地表达非正式规范秩序中存在的规范或规则问题。

② Neil MacCormick, *Institutions of Law: An Essay in Legal Theory*, Oxford: Oxford University Press, 2007, p.25.

到,并接受服务"①。虽然"制度化"是任何规范秩序的内在需求,从而具有内在的必然性,但经由制度化而得到的明确性规则却并不具有唯一性,它会因特定地域各自所具有的特殊性而显得各不相同。不仅如此,由于效验性事实与规范性后果之间是一种规范性联系,所以二者之间的实际联系以及规则的实际效力到底怎样也可能会存在不尽相同的看法。规则既可能是绝对适用的,也可能是严格适用的,当然也可以是酌情适用的,而具体如何适用则是一个实践性问题,涉及具体的实践推理。

如此一来,一般性的明确规则所具有的上述形式就隐含着非常重要的思想,这一思想实际上也是麦考密克对自己早期已论及内容的再深化。对于任何一般性的明确规则,它都具有上述形式;而对于任何参与制度化过程的人、事、物而言,它则具有本书前面已考察过三元规则体系的形式,即创设规则、效果规则、终止规则。在此,后期的制度法理论与前期的制度法理论便产生了进一步的联系,二者之间并不是相互割裂的。当然,由于"效验性事实"本身不是纯粹事实而是经由人们理性加工了的"制度性事实",所以它所蕴涵的内容还不仅仅是"事实",而是包含了"价值"的要素在其中;如麦考密克所言,"一旦我们将规则说成是吸收了'标准'时,其效验性事实就包括我们所称的'效验性价值'"②。

"规则"是一种得到明确阐述的"规范",我们不仅要注意它所具有的上述形式,而且还不可忽略其中的另一重要因素,即权威者,这是第二个疑问。得到阐明的规则总是由拥有权威地位的人引入而得以明确化的抑或由其发展出来继而得到人们认可的,③但麦考密克在此并没有对权威者的身份和地位作进一步的考察,更没有在制度法理论层面对权威问题展开一般性的讨论。粗略地讲,麦考密克对权威者之身份和地位的观点可能更多地源于社会学的既有研究结论;而就目前所讨论的排队秩序的制度化维度来看,由于规范秩序的制度化在很大程度上指的就是"判断"

---

① Neil MacCormick, *Institutions of Law: An Essay in Legal Theory*, Oxford: Oxford University Press, 2007, p. 25.

② Neil MacCormick, *Institutions of Law: An Essay in Legal Theory*, Oxford: Oxford University Press, 2007, p. 31.

③ Neil MacCormick, *Institutions of Law: An Essay in Legal Theory*, Oxford: Oxford University Press, 2007, p. 31.

的制度化——麦考密克甚至认为这是制度化的"根本特征"(fundamental feature),①所以权威更多的是"判断"的权威,而不是"判断者"的权威;权威者并不是因为具备了一般性的权威才有能力阐明默会规范,相反,这是因为他们阐明了默会规范才成为权威者。在这里,我们可以大致感受到麦考密克对"权威理论"的基本态度:其一,只有在绝对适用和严格适用的规则意义上,法律才必然会主张权威,而在酌情适用的规则层面,法律可能并不必然会主张权威。其二,由于权威要从"判断"即作出决定的意义上来理解,所以制度化的过程本身便已包含了权威要素;制度化是一个规范性的过程,而"规范性地思考即判断性地(judgementally)思考,这对于任何种类的规范秩序而言都是一个一般且意义重大的真理"②。由此,制度化、规范性和权威本身可能就是一个整体性过程的不同面向而已。当然,我们对"权威者"的理解绝对不能限定在"人"的层面,制度中的"机构"同样扮演着权威者的角色、发挥权威者的作用;在"制度化"之后,这些机构会大致涉及一般理论中所提及的立法、司法、执法以及法律监督等机构。这实际上就是麦考密克所说的"制度性机构"(institution-agencies)、"制度性安排"(institution-arrangements)、"制度性物"(institution-things)等内容。③ 它们本质上并不是什么新内容,同时也不是后期制度法理论的核心,故在此不作过多论述。

第二节 制度性规范秩序与法律的基本性质

前文对规范、规范秩序、制度化等内容作了初步考察,但制度化部分的内容仍较为初步和表面从而是不充分的;在接下来的内容里,我们将以制度化的诸阶段为线索展开进一步的追问,并在这一过程中衍生至对制

---

① Neil MacCormick,"Law as Institutional Normative Order", *Rechtstheorie*, vol. 28, no. 2, 1997, p. 230.

② Neil MacCormick,"Law as Institutional Normative Order", *Rechtstheorie*, vol. 28, no. 2, 1997, p. 229.

③ Neil MacCormick, *Institutions of Law: An Essay in Legal Theory*, Oxford: Oxford University Press, 2007, p. 36.

度法理论的理论性质的探讨。

一、制度化诸阶段:进一步考察

无疑,规范秩序的"制度化"的确如前面所说的那样涉及从"非正式规范秩序"到"正式的/制度性的规范秩序"这一过程;不过,这只是一个概略性观点,其间还涉及诸多更为"隐秘"的内容。麦考密克法哲学问题研究专家马克西米利安(Maksymilian Del Mar)提供了一个更为详细的阐述;在他看来,达致制度性规范秩序的"制度化"至少要经历以下几个阶段的推进:①

(1)非正式的或非制度化的阶段。非正式或非制度化是相对于正式的或制度性的规范秩序而言的,其具体理论性质如何界定可能还存在疑问。尽管如此,"规范的使用"(norm-using)却是它具有的一个重要特点;就其内容而言,该阶段最为人所知晓的实例之一便是"通过语言进行交流"的实践;同时,可归于它们的规范则又是多种多样的,亦即马西米利安所说的"规范性秩序的动态性"(dynamics of normative ordering)。

(2)规范秩序阶段:自主意识的形成。在这一阶段,置身于动态性规范秩序的"规范使用者"能够以一种模糊和含混的方式分享关于何为对错或何为更好或不坏等诸如此类的看法。他们之间存在互动,这涉及前文所说的相互预期、相互信念等内容。当然,规范使用者所置身的规范秩序是先于它们而他律性地存在的,但他们却能够以一种自主的方式对其进行一定程度的反思;个人自主性或良心在此扮演了重要角色。

(3)第一阶段的制度化:作为第三方的"裁决者"的出场。规范秩序并非静态,它同样也会涉及改变和发展,以及诸如插队这样的分歧问题。此处的裁决者是作为临时性的第三方而存在的,他就特定规范秩序中所发生的具体问题如何采取下一步行为这一特定问题进行裁决;规范使用者虽然也可以作为裁判者,但并不涉身其中的第三方所作出的裁决会更容易为双方所接受。在这个意义上,规范秩序本身可能就是特定裁决生发出的结果状态。

---

① Maksymilian Del Mar,"Legality as Relative Institutionalisation:MacCormick's Diffusionism and Transnational Lgeal Theory", *Transnational Legal Theory*,vol. 5,no. 2,2014,pp. 210-213.

(4) 第二阶段的制度化:裁决标准化与裁决机构的出现。将第三方所作的裁决予以标准化处理,从而可以进一步地将其用于对各种相关情形的处理;标准化的一个关键则在于"机构",它不仅能够在规制自身的规范创设之前就可以开展裁决活动,而且其活动方式也是多样的,这些活动方式完全不会通过其试图加以适用的规范或规则而穷尽。

(5) 第三阶段的制度化:某些程式化规范(知识)的明确表达。实际上,关涉特定秩序的规范形成既可能会相对比较简单,同时也可能会相对复杂,比如说与排队秩序不同的、规制合同或婚姻等事项的规范,具体如何则取决于特定的社会实践。值得一提的是,在此,可以通过麦考密克所说的三元规则体系来予以把握,三元规则体系成为规范程式化的表现。

(6) 第四阶段的制度化:复杂规范的涌现及其明确化。由于不可能仅仅存在一种裁决实践,因此更进一步的复杂性问题便会涌现出来。在此阶段,不同机构之间会存在各式不同的处理问题的非正式方法,它们或紧或松地存在着,那些得到明确阐述的规范在此被用于处理纠纷和冲突。

(7) 第五阶段的制度化:将不同规范重构为一个整体。对规范进行理性重构的动机可以是多种多样的,比如说为了教育的目的或进行更好的判决。需要注意的是,由此而得出的"知识"不管多么系统,它也不是对现实世界的再现,而是前面所说过的那种"理性重构"。这同时也就意味着,重构可能是不一致的或者会在不同的重构之间存在竞争甚至是分裂,我们最好将对规范(知识)的这种理性重构视作是"可废止性的"。[1]

(8) 第六阶段的制度化:国家法的涌现。马克米西马利安对制度化的重构止步于上述第(7)阶段;这或许会使得他对于理解国家意义上的法律概念显得不够充分,因为在此之后必定还涉及国家法涌现的问题。在此阶段中,它会具体涉及前面所论及的强制性以及权力等内容。或许正是由于缺失了对这一阶段的考察,马克米西马利安才会得出结论认为:规范秩序的"制度化"暗含了权力弥散性(the diffusion of power)这一规范性承诺。至少,我们暂时还得不出这样的结论。

关于马克米西马利安对麦考密克规范秩序"制度化"的重构,我们需

---

[1] Neil MacCormick, *Rhetoric and the Rule of Law: A Theory of Legal Reasoning*, Oxford: Oxford University Press, 2005, pp. 237-253.

要进行三点说明:其一,此处所展示的七个阶段是对马克米西马利安之重构的再凝练,因为他对麦考密克制度化理论的重构实际上包括了10个方面的说明;比如说,在(2)和(3)之间还存在对理性与情感的论述,亦即自主性是重要的,但还不至于可以完全取消规范所具有的他律性意义。其二,不管是马克米西马利安十阶段的说明还是此处八阶段的说明,各个阶段之间的区分和先后实际上无法进行截然区分,它们彼此之间不可避免地会存在重叠;比如说,(第二阶段的)某些裁判标准或裁决机构的出现可能要后于(第三阶段的)程式化规范(知识)的明确表达。其三,制度化本身具有一个"相对性"维度,这不仅是因为不同阶段的制度化与其他阶段制度化之间具有相对性,同时还因为制度化本身充满了前面多次提及的开放性和动态性;在这个意义上,马克米西马利安才会将麦考密克的制度化称作"相对制度化"(relative institutionalisation),继而在此基础上将"合法性"理解为一个程度问题,因为不同阶段的制度化会对应不同程度的合法性。①

基于此种意义上的对"制度化"的理解,我们可以对叶一舟博士所提出的"法律作为常识的制度化"命题中的"制度化"提出几点不同意见。他认为,任何相关法律规范性的理论都要致力于回答"意义"是如何产生以及具有何种特点这一问题,从而潜在于法律规范性理论背后的是一种"意义理论",规范只不过是意义的一种形式,亦即"应然命题的语义"②,而这一点唯有通过自弗雷格以降的关于语义的语言哲学才能达致。在此,凯尔森的纯粹法理论便与"弗雷格—维特根斯坦"相遇,而且在"以'常识'为纲,并最终将意义生成的基础归为生活形式"③的后期维特根斯坦和牛津日常语言学派的哲学中进一步与哈特相遇,而哈特的法律理论就是将规范性最终建立在"人们习以为常的生活形式"之上的,从而其法律理论的核心思想可以概括为"法律作为常识的制度化",即包括对习俗的制度化和官员尤其是法律官员适用法律时的再制度化。在批判哈特双层"制度化"理论的过程中,他认为"法律作为常识的制度化"这一理论命

---

① Maksymilian Del Mar,"Legality as Relative Institutionalisation:MacCormick's Diffusionism and Transnational Legal Theory," *Transnational Legal Theory*, vol. 5, no. 2, 2014, pp. 213-214.
② 叶一舟:《论法律作为常识的制度化》,中国法制出版社2020年版,第62页。
③ 叶一舟:《论法律作为常识的制度化》,中国法制出版社2020年版,第115页。

题包含着三个层面：

> 第一个层面的制度化指的是，从前法律阶段的生活世界到法律阶段的生活世界的过程。在此过程中，人们在日常生活的交往中所形成的意义最终汇聚到一个个人或群体之上，使之成为进入法律阶段的生活世界之意义的总设定者，由他来设定重要的意义并保护相应的价值。这一过程的集中体现就是主权者立宪。第二个层面的制度化指的就是在生活世界进入法律阶段后，被主权者赋予特定功能的个人或组织，负责将主权者所作的意义总设定进行一般条文化，使之具有体系性和一定程度的明确性及可操作性。这一过程的集中体现就是立法机关的立法行为。第三个层面的制度化指的就是官员尤其是法律官员在他们的日常工作实践中不断地对尚为抽象的意义和价值进行具体化和常态化的维护，实现生活世界之意义与法律体系之间的动态协调，是生活的意义总体能不断地延伸和更新。①

这就意味着，哈特丢弃了第二个层面的"主权者"这一个与法律必然联系的要素，而主权者正是通过命令和强制将常识制度化为法律。就经由"制度化"这一视角来理解"法律"而言，无论是哈特的双层结构模式还是经过叶一舟博士修订过的三层结构模式或许都是不充分的。在"主权者"本身便不存在的情形下，常识的制度化就会因"中介"的缺失而根本无法最终完成制度化，从而也就无法达致法律的彼岸；现实地看，在诸如欧盟这样的语境中，主权者是否存在本身就是一个有争议的问题。相比于麦考密克所说的"制度性规范秩序"或此处所说的规范秩序的制度化而言，这种解说的解释力和说服力似乎是不充分的；尽管如此，但其中所关涉的内容却不能就这样简单地予以打发掉，而是有必要进入"制度性规范秩序"层面并通过对法律基本性质的审视来得到进一步说明。

在麦考密克后期制度法理论中，"法律"是在制度性规范秩序意义上进行理解的，而国家法则是"强制实施"与"制度性规范秩序"的进一步联合。其中，无论是一般意义上的制度性规范秩序还是特定意义上的即国

---

① 叶一舟：《论法律作为常识的制度化》，中国法制出版社2020年版，第170—171页。

家法意义上的制度性规范秩序,规则的明确性都是一个极为重要的因素,它与非正式规范秩序中规则的模糊性形成了鲜明对比。从规则的模糊性到明确性,麦考密克对法律的阐述似乎经历了一个与哈特法理论相类似的推进过程和整体结构,即从前法律状态进入到法律状态。在宽泛的意义上,哈特就法律问题所作的发生学解读,即从以义务规则为核心的法律秩序到以义务规则和权利规则相结合的法律秩序的演进,实际上也可以被视作一个制度化的过程,它表现为承认规则、变更规则和裁判规则的明确涌现。如此一来,我们可以对麦考密克和哈特各自理论中的制度化问题作一个简要的比较,这或许有助于我们对麦考密克意欲表达之确切观念的理解和把握。

在比较之前,我们必须首先明确的是:麦考密克和哈特各自理论中在理解"制度化"时的关键面向是什么,亦即制度化的对象和内容是什么。无疑,在回应奥斯丁"主权者命令"学说时,哈特集中性地批评了其中的"惯习性服从"要素。正如本书前面多处提及的那样,在哈特看来,这种对法律的理解仅仅关注其外在面向而忽略了"内在面向",因为惯习只不过是一种规律性的外在显现;比如说,对于遵从红灯的习惯,我们所看到的仅仅是人们在红灯面前规律性地止步这一外在特征。基于此,哈特辩解道,在遵守交通规则问题上,不仅有在红灯前止步的外在规律性行为而且还有内在的反思性态度,这便是其中的"规则"观念。由此,法律的制度化在很大程度上就转换成了一种"规则化",而规则化本身就带有"内在"维度,这是我们只有通过"内在观点"才能得以把握的内容。哈特的这种解说似乎已成为一种经典范式,但真的是这样吗?准确地说,在制度化的意义上,真的是如此吗?

与哈特类似,麦考密克后期制度法理论中的"制度化"意欲解决的问题也可以被理解是"发生学"意义上的。同样与哈特类似的是,麦考密克的制度化概念在很大程度上也就是对惯习或更宽泛意义上的习俗的明确化过程。尽管如此,麦考密克与哈特却在"如何看待惯习"这一问题上产生了极大差异。在1961年出版的《法律的概念》一书中,我们可以明确地感受到哈特对奥斯丁意义上的惯习乃至一般意义上的惯习的批判态度——尽管这一态度在其去世后刊发的"后记"中得到了相当程度的缓和。相对地,麦考密克却基于制度性规范秩序及其制度化过程对"规则"和"惯习"作了更具倾向性的阐述,即"本书的观点是:甚至可能存在一些被人们称为惯习的东西,它比规则更有价值"。① 将惯习提升为理解法律的重要面向,甚至淡化规则概念而代之以"关于规则的惯习",这是麦考密克制度法理论中的独特之处。

在哈特的规则理论中,规则是可以与惯习相分离而存在的,甚至是必须与奥斯丁意义上的那种惯习相分离。然而,这一点显然不适用于麦考密克的制度法理论,因为"制度化的法律秩序依赖于与规则有关的惯习,即依赖于人们在一定语境下惯习性地遵从诸如法律汇编与法律报告中的那种特殊种类的文本"②。这就是说,是惯习而不是规则撑起了整个法律大厦,尽管规则是重要的,但规则背后的惯习基础有时可能会显得更为重要。经由制度化而开放出来的对惯习观念的强调的确是对哈特规则学说的一种警醒,但这种解说本身也面临着一系列内在的难题,比如说它无法简单地通过引用诸如亚里士多德或 Sundram Soosay 的学说而得到完全解决;③对于深受休谟日常哲学、托马斯·里德常识哲学、苏格兰普通法影响的麦考密克而言,这些似乎都是一些不自觉的前提,但他对这些内容的阐述的确显得不充分。

二、制度性规范秩序视野下法律的基本性质

粗略地看,讨论完规范秩序的制度化问题后便马上讨论制度法理论语境中法律的基本性质问题会显得比较突兀,实际上并非如此。制度性规范秩序是麦考密克后期制度法理论的一个核心命题,考察在此语境中的法律基本性质问题实际上就是在考察此时制度法理论自身的性质,这与前述内容和本章主题是契合的;在这个意义上,经由对诸如强制性、事

---

① Neil MacCormick, *Institutions of Law: An Essay in Legal Theory*, Oxford: Oxford University Press, 2007, p. 64.
② Neil MacCormick, *Institutions of Law: An Essay in Legal Theory*, Oxford: Oxford University Press, 2007, p. 69.
③ 关于这方面的讨论,可以参见 Stefano Bertea., "The Master Rule, Normativity, and the Institutional Theory of Law", in Agustín José Menéndez & John Erik Fossum, eds., *Law and Democracy in Neil MacCormick's Legal and Political Theory: The Post-Sovereign Constellation*, Heidelberg: Springer, 2011, pp. 75–89。

实性等内容的讨论,我们不仅可以更好地把握后期的制度法理论,同时还可以进一步把握诸理论之间的关系。

(一)"强制性"问题

如前所述,规范秩序的制度化在现代社会是不可避免的,"权威者"和"明确化"则是其中相对比较重要的两个问题。原因在于,它们分别对应着法律的两个基本性质,即"强制性"和"事实性"。如果将这一点置于新分析法学的语境中,我们会更清楚地看到它所蕴含的理论意义。

应该说,自奥斯丁以降,"强制性"在界定法律时便扮演着至关重要的角色;如其所言,"显然,我们所说的准确意义上的法律,是可以用这种方式加以界定的:法律,是强制约束一个人或一些人的命令"。① 更明确地说,它是主权者或优势者对劣势者的命令或要求;当直接谈到这个要求时就是"命令",当直接谈到不利要求的可能性时便是"义务"或"责任",当直接谈到不利后果本身时则是"制裁"。② 各种隐喻意义上的"法"由此就与"强制约束一个人或一些人的命令"相区别。与之相似,凯尔森同样将强制性意义上的制裁视作法律的一个核心要素,因为法律③就是一种"强制秩序",即"凡设法以制定这种强制秩序来实现社会所希望有的人的行为,这种社会秩序就被称作强制秩序。它之所以是这样一种秩序,就因为它以强制措施威胁危害社会的行为"④。虽然以奥斯丁和凯尔森为代表的法理学强调法律的强制性面向,且该立场当前并不缺乏支持者,但它的确在哈特关于"制裁"和"义务"的区分中遭受了打击;哈特弱化了法律的强制性问题,代之以"内在观点"和"内在陈述"。可以明确的是,麦考密克的确同哈特基于内在观点对法律的强制性予以弱化

---

① [英]约翰·奥斯丁:《法理学的范围》,刘星译,北京大学出版社2013年版,第33页。
② [英]约翰·奥斯丁:《法理学的范围》,刘星译,北京大学出版社2013年版,第21—27页。
③ 此处"法律"一词的原文为"Law"(Hans Kelsen, *General Theory of Law & State*, New Brunswick & London: Transaction Publishers,2006,p.19.),沈宗灵教授将其译为"法"(参见[奥]凯尔森:《法与国家的一般理论》,沈宗灵译,商务印书馆2013年版,第29页)。由于"法"的范围要比"法律"更广,为避免误解,本书在使用凯尔森"Law"一词时如无特别说明皆将其理解为"法律",以便与麦考密克意义上的"Law"相一致。
④ [奥]凯尔森:《法与国家的一般理论》,沈宗灵译,商务印书馆2013年版,第49页。译文有改动。

的思路,但其间又存在区别。在此,我们可以对麦考密克和前三者作一个简单比较,以此来定位强制性在规范秩序之制度化中的位置。

在规范秩序的制度化问题上,麦考密克与凯尔森最为相近。尽管凯尔森最终将法律理解为一种"强制秩序",但从论述逻辑上看,法律首先是关于人之行为的一种秩序,即"一种'秩序'是许多规则的一个体系。法律并不是像有时所说的一个规则,它是具有那种我们理解为体系的统一性的一系列规则。如果我们将注意力局限于个别的孤立的规则,那就不可能了解法律的性质。将法律秩序的各个特殊规则联结起来的那些关系,对法律的性质来说,也是必不可少的。只有在明确理解构成法律秩序的那些关系的基础上,才能充分了解法律的性质"①。按照前文提及的理解规范秩序的第一种思路,"秩序"在麦考密克制度法理论中扮演着极为重要的角色,它也像凯尔森所论述的那样并不局限于独立的或单一的规则或规范。就"秩序"维度尤其是凯尔森在区分"规则"和"秩序"时彰显出的"静/动态法"维度而言,麦考密克追求其思路从而并不将法律局限于哈特的规则层面。不仅如此,紧随凯尔森的这种分析思路,麦考密克同样认为作为规范秩序的法律也具有两个面向的内容,即"动态的"(dynamic)和"瞬时的"(momentary)。② 基于此,哈特将法律内容全部纳入初级规则和次级规则的单一结构这种方法就难以回答三类规则(承认规则、改变规则、裁判规则)之间如何相互联系这一疑问;③恰当的方式应该是基于不同的实践关注并通过一种动态的视角对法律材料予以重构,这实际上就是在否定对法律材料进行体系重构的一种单一或唯一正确方案存在的可能性。但即便如此,麦考密克却并没有像凯尔森那样最终得出"法律是一种强制秩序"的结论,而是在"秩序"与"规范"相结合的基础上朝着"规范秩序"的方向发展。无疑"规范秩序"不同于"强制秩序",一个秩序是"规范的"并不等同于它就是"强制的",尽管一种强制秩序往往是规范秩序。此外,已完成制度化的"制度性规范秩序"也无法等

---

① [奥]凯尔森:《法与国家的一般理论》,沈宗灵译,商务印书馆2013年版,第29页。
② Neil MacCormick, "Institutional Normative Order: A Conception of Law", *Cornell Law Review*, vol. 82, no. 5, 1996, p. 1062.
③ Neil MacCormick, "Institutional Normative Order: A Conception of Law", *Cornell Law Review*, vol. 82, no. 5, 1996, p. 1062.

同于"强制秩序",因为按照麦考密克的说法,诸如教会法或体育赛事的规则并不一定就是强制性的。这意味着,"制度化"与"强制性"各自所包含的核心要素存在着一定的差别;很明显的是,在制度化过程中会出现"权威者",但权威者的出现并不一定会在性质上连带地产生"强制性",因为"强制性"的语义学核心就在于"以暴力为后盾"。在诸如宗教法这种制度性规范秩序中,以暴力为后盾意义上的强制性可能就不再是一个必要的因素。需要予以注意的是,由于此处考察的"强制性"问题是在"制度性规范秩序"意义上展开的,而又由于制度性规范秩序涵括了所有一般意义上的法律,这实际上就意味着:在麦考密克的制度法理论中,强制或强制性并非法律的必要因素。的确如此,麦考密克明确说道,法律就其本身而言并不必然需要被强制性地予以制裁;①这是其制度法理论中的一个鲜明观点,就像他对权利利益论的始终坚持一样。这不仅是因为,在最具强制力的地方,法律并不必然就是有效的;同时还意味着,如若让法律建立在纯粹强制这一基础之上,那我们都将是失败者。②

由此可见,麦考密克接受了凯尔森的"秩序"概念却没有一并接受其"强制秩序"概念;本书认为,这种情形的发生要得益于"规范"观念的存在,而"规范"要素在制度法理论中的涌现又在很大程度上得益于哈特对"内在观点""内在陈述"等内容的阐述;由此,麦考密克关于法律的"制度性规范秩序"这一解释性定义就分别囊括了凯尔森的秩序概念和来自重释哈特内在观点而获得的规范概念。也正是在规范和秩序层面,麦考密克在拒绝"强制秩序"的观念时就一并拒绝了奥斯汀关于法律的"主权命令"学说,麦考密克对奥斯汀的着墨自始至终都少得可怜。然而,作为现代西方法理学的开创者,奥斯汀的相关内容仍得到了一定程度上的显现,这便是由整个法律实证主义凸显出的法律"事实性"面向。

(二)"事实性"与"规范性"问题

法律必然体现为某种事实,如若缺乏事实部分,那它就不可能是法

---

① Neil MacCormick., "Coercion and Law", in His *Legal Right and Social Democracy: Essays in Legal and Political Philosophy*, Oxford: Clarendon Press, 1982, p. 246.

② Neil MacCormick., "Coercion and Law", in His *Legal Right and Social Democracy: Essays in Legal and Political Philosophy*, Oxford: Clarendon Press, 1982, p. 246.

律。① 在理论层面,法律的"事实性"问题首先涉及"法律与事实之间是否可分"的"还原命题"和"规范命题"两种不同的立场,前者所主张的法律和事实不可分立场为大多经验实证主义所持有,后者则为纯粹法理论或自然法理论所主张。② 按照关于法律实证主义演进脉络的主流解说,经由奥斯汀的努力,法律得以明确地从道德中被区分出来("分离命题");凯尔森则基于"规范命题"将法律和事实相区别,但其不足之处在于仅仅追求规范而排斥了法律的"事实性"维度。在此问题上,哈特法哲学则基于对"分离命题"和"还原命题"的坚持最终得以同时满足法律的事实性和规范性的实证主义要求。自此以后,事实性与规范性便成为理解法律时不可或缺的两个特性。具体到后期制度法理论语境,法律的事实性面向则是由规范秩序的制度化或明确化来保障的(在前期制度法理论中,这是由"制度性事实"自身所具有的独特性来保障的)。

前述内容在很大程度上将"制度化"等同处理为"明确化",这里并不存在根本性错误;由于制度化过程中必定有权威者的参与,所以经由权威者参与的制度化或明确化而得到的结果就是法律这个事实。在这个意义上,制度性或明确性本身就可以被理解为一种"事实性",因为"法律的事实性,其实就被等同于'人为性'"③。事实性面向是由制度化达致的,制度化使制度性规范秩序从而也就是使法律成为一种事实。由于不同的规范秩序语境会相应地出现不尽相同的制度化过程,所以特定地域会出现何种法律必定就取决于该地域中的人事实上采取的是何种制度化的行为和态度。法律是一种制度性规范秩序,但制度性规范秩序却不限于国家法或国内法秩序,除此之外,还包括诸如宗教法秩序、体育赛事的规则秩序、(麦考密克尤为关注的)欧盟法秩序乃至整个国际法秩序。④ 在麦考密克看来,国家法的典型特征就在于,"它是一种强制实施的制度性规范

---

① 陈景辉:《"习惯法"是法律吗?》,载《法学》2018 年第 1 期,第 16 页。
② 这里关于"规范命题"和"还原命题"的界定借用了《纯粹法理论》"英译者导言"中的提法。参见[奥]凯尔森:《纯粹法理论》,张书友译,中国法制出版社 2008 年版,第 15 页。
③ 陈景辉:《"习惯法"是法律吗?》,载《法学》2018 年第 1 期,第 18 页。
④ 麦考密克对法律抱有一种内在的乐观态度;在他看来,那种拥有完全主权之实体的国家将会逐步消退(至少在欧洲存在这样一种趋势),而代之而起的是一个更好的欧盟秩序;他认为,文化和宗教的多样化和相互尊重会在未来得到更好的体现。See Neil MacCormick, "Law as Institutional Normative Order", *Rechtstheorie*, vol. 28, no. 2, 1997, p. 220.

秩序"①。更具体地讲,麦考密克此处所说的"强制实施"是在限定的意义上使用的,即"已具备制度化了的法院体系和其他专门法院体系"这一维度。需要立即予以解释的是,与通常所理解的"法律实施"或"法律的强制实施"观念相区别,此处的"强制实施"并不必然包括行政机关或监狱等机构,而且不能直接等同于法律的"强制性";麦考密克的确不认为"法律"必然是强制性的,但这仅仅只是在制度性规范秩序这一法概念层面才有意义;而一旦涉及"国家法"及其具体运行层面,强制性往往就成为一个必不可少组成部分,法院对法律的强制实施便是强制性的一个集中体现。强制实施与制度性规范秩序并不必然具有的"强制性"不是一回事,而制度性规范秩序并不必然具有强制性又与国家法是否具有强制性相区别。

在制度法理论中,法律是作为一种制度性规范秩序而存在的,"宪法"由此也由大量的规范性材料构成,这种规范性材料又无法通过前面所说的凯尔森基础规范式的"预设"而得到解决,而是必须纳入相关的"社会面向",这种社会面向兼具事实性与规范性色彩。在规范性层面,这便是由哈特所大加阐述的官员对法律所抱持的"态度";差别在于,麦考密克将其不仅赋予法律官员,而且还将其扩充至作为大多数的普通人,"是什么它们具有规范性的?是什么赋予它们'应当'特性的?以及我们在什么基础上将正确行为从错误行为中予以关键性区分开?……我的建议实际上自始至终就是:规范性的关键在于哈特所称的行为的'内在方面'"②。

"国家法是一种规范秩序的强制性和制度性的形式"③,国家是一种强制性实体,这意味着无论是在广义还是在狭义的强制性意义上,国家法都是带有强制性的。在这里,麦考密克对法律与国家之关系的论述间接地批评了凯尔森的"法与国家的一般理论"。在凯尔森看来,国家是一种

---

① Neil MacCormick, *Institutions of Law: An Essay in Legal Theory*, Oxford: Oxford University Press, 2007, p. 55.
② Neil MacCormick, *Institutions of Law: An Essay in Legal Theory*, Oxford: Oxford University Press, 2007, p. 42.
③ Neil MacCormick, *Institutions of Law: An Essay in Legal Theory*, Oxford: Oxford University Press, 2007, p. 54.

法律意义上的构成物,它不可能外在或先于国家而存在;由此,国家与法律才具有一体的结构特征。但是,根据制度性规范秩序的法律观念来看,法律并不完全与国家相等同;这不仅是因为存在着非国家法意义上的其他类型的制度性规范秩序,同时还因为法律与国家各自关涉着不同的核心事物,即前面所说的国家是关涉权力的。虽然麦考密克并没有明确表达法律关涉的是什么,但基本可以推断,在后期制度法理论中,法律的核心在于"秩序",即一种带有强制性和制度性的规范秩序。这种秩序的现实体现就集中在"法治国"抑或麦考密克所说的"宪制国"之中。

第三节 宪制国:制度性规范秩序的现实整合

规范秩序是一种"理想秩序",制度性规范秩序相应地也是一种"理想秩序",即便它本身已得到了"制度化"的淬炼。然而,这是否就意味着,作为"法概念命题"而存在的规范秩序和制度性规范秩序不太可能乃至根本无法在现实世界中找到可以进行印证的原型呢?答案是否定的,作为一种理想秩序的制度性规范秩序并不意味着它在现实世界中无迹可寻。实际上,我们所作出的规范承诺就来自对现实世界的回应,即我们对现实世界的状态及其运行的满意与否,以及对发生了什么和将会发生什么的关心。① 由概念框架透露出的关于理想型层面的讨论能够为真实世界的法律及其发展提供有益的"参照";反过来,现实世界的实际境况也由此成为检验麦考密克制度性规范秩序这一法概念命题之说服力的试金石,毕竟规范秩序被设想为是关于这个世界在实践层面可实现的一种状态。本书认为,它主要涉及法律、国家、政治等讨论中有关"宪制国"(constitutional state)与"法律国"(law-state)的内容。为了能够对以下将要讨论的内容有一个更好地把握,我们可以首先给出一个整体性的展示来帮助理解:

---

① Neil MacCormick, "Institutional Normative Order: A Conception of Law," *Cornell Law Review*, vol. 82, no. 5, 1996, p. 1055.

表 4-1 非正式规范秩序与制度性规范秩序的展示

	理想层面		现实层面	
	类型	属性	类型	属性
非正式规范秩序	理想道德秩序	道德自主	习惯法秩序	法耦合行为
制度性规范秩序	理想法秩序	法耦合道德	国家法秩序	法符合最低道德

与大多关于"国家"的界定类似,在麦考密克看来,这一概念至少需要具备四个特征:其一,拥有一定的领土,在其内行使主权;其二,宣称自己的统治具有合法性;其三,主张自己的独立性,免于他国之干涉;其四,上述主张得到其他国家的承认。① 除此之外,与之相关的另一个事实则在于"全部国家都有宪法"②。相较于此处所考察的制度性规范秩序,"全部国家都有宪法"可能会显得更为重要。诚然,"法律"是一种制度性规范秩序,这是通过前面的梳理和考察得出的一个重要的概念性结论;在现实层面,"国家法"则是这种制度性规范秩序的主要显现(当然也只是例示之一),而国家法中的"宪法"则又扮演着极为重要的角色,它将法律和政治予以联合,"宪制国"的基本图景也就此得以构筑起来。需要注意的是,此处会面临一个"制度与规则"的循环解释相类似的悖论,即在假定国家的制宪权时实际上已经预设它早已是国家内的一部分。③ 在此,凯尔森经由基础规范给出答案的那种思路为麦考密克所接受,即"人们不得不直白地预设宪法创制者的权威,因为没有哪一个实在的、已颁布的规则能赋予宪法创制者拥有如此做的权威"④。由此透露出的是关于"功能性宪法"(functional constitution)的观念,重点并不在于是否存在一

---

① Neil MacCormick, *Institutions of Law: An Essay in Legal Theory*, Oxford: Oxford University Press, 2007, pp. 39-40.

② Neil MacCormick, *Institutions of Law: An Essay in Legal Theory*, Oxford: Oxford University Press, 2007, p. 45.

③ Neil MacCormick, *Institutions of Law: An Essay in Legal Theory*, Oxford: Oxford University Press, 2007, p. 45. 中译本将"constituent power"翻译成"组建权",这似乎传达不出其基本含义。参见[英]尼尔·麦考密克:《法律制度:对法律理论的一种解说》,陈锐、王琳译,法律出版社2019年版,第58页。

④ Neil MacCormick, *Institutions of Law: An Essay in Legal Theory*, Oxford: Oxford University Press, 2007, p. 45.

个可兹适用的现实文本,而在于如何发挥宪法的作用和功能。这意味着,具有文本的那种正式宪法可能并不具有真正的宪法功能,它可能只是一个充当门面的物什乃至是反宪法的;与之相对,只有在功能性宪法与正式性宪法相一致的情况下,一个运行中的"宪制国"才会出现。

从表面上看,麦考密克此处所使用的术语虽然是"宪制国",但就其实质内容而言,它表达的其实是源于德国的那种"法治国"(Rechtsstant)观念。按照当前学界的最新解说,"Rechtsstant"揭示出的是"制约"和"限制"之义,它作为一种有关"国家目的"的范畴区别于各式政体类型和政体原则,其具体内容自始至终就显现于"基本权利"和"分权"两个维度之中,即"基本权利和分权可视作法治国原则的两项核心内容,无论在其发展的任何历史阶段,法治国的制度诉求均是这两项"①。如若这种解说是正确的,那么麦考密克的"宪制国"概念无疑就可以与"Rechtsstant"相等同。这不仅是因为麦考密克在《法律制度论》一书的第二部分和第三部分着重论述的内容就是"权利"和"分权"——虽然其中"基本权利"占据了更多的部分;而且还在于,他在同等的意义上使用"法治国"(Rechtsstant)、"法律之下的国家"(state-under-law)、"法律国"(law-state)②等概念。③与之相比,"宪制国"概念只不过是更集中性地将"法"定位在"宪法"层面,上述四个概念之间从而就不存在本质差异。

尽管关于"宪制国""法治国"④"法律国""法律之下的国家"的表达已变得极为普遍,但"法律"和"国家"仍是两个可以在概念上相区别的事物。在排列组合的意义上,法律与国家之间的关系至少具有四种存在形式,分别是:(1)国家是法律的创设物,(2)法律是国家的创设物,(3)法律与国家之间具有同一性,(4)法律和国家互不涵括。实际上,这四种关系形态不只是逻辑意义上的,它们在思想史上都还有各自的支持者,继而在

---

① 刘刚:《德国"法治国"的历史由来》,载《交大法学》2014年第4期,第14页。
② "law-state"这一概念取自瑞典乌普萨拉(Uppsala)大学 Åke Frândberg 教授的 *The Law State*(1994)一书,Åke Frândberg 是麦考密克的好友;而"law-state"一词则在麦考密克后续著作中得到了较为频繁地使用。
③ Neil MacCormick, "Institutional Normative Order: A Conception of Law", *Cornell Law Review*, vol. 82, no. 5, 1996, p. 1060.
④ 实际上,在"法治"(rule of law)亦即"法律至上"的意义上,此处"法治国"(Rechtsstant)应该更准确地被翻译为"法制国"。

相当程度上就具有了现实性。第(1)种秉持的是一种典型的"自然法"立场,支持者大有人在,其主张就像约翰·洛克所说的那样,"最高的权力是由人民授予他们的,它就是经常由他们掌握的"①。第(2)种立场则是以霍布斯、边沁、约翰·奥斯汀为代表的实证主义一脉所主张的,法律作为一种实在法是国家的创设物,它是"主权者的命令"。第(3)种则主要体现为汉斯·凯尔森所主张的"一元论",即"国家是由国内的(不同于国际的)法律秩序创设的共同体。国家作为法人是这一共同体或构成这一共同体的国内法律秩序的人格化"②。第(4)种则释放出一种"多元论"信息,法律在此并不必然是国家的创设物,国家同样也可以在没有法律的情况下存在;这便是麦考密克所主张的立场,而且是透过"制度性规范秩序"这一法概念意欲表达的对法和国家之间关系的基本看法。就像之前所说到的那样,它具体表现为:一方面,在国家范围内存在诸如体育法、俱乐部规则、协会规则等法律,在超国家范围中则存在诸如欧盟议会法这样的类似法律形式;另一方面,国家既可以在法律存在之后而存在,也可以在法律尚未存在之前就存在或者在法律消亡之后继续以一种"无法律的"国家这一形式存在。与之相关的问题在于,这种逻辑上的存在可能性是否具有真正的现实性。

威廉·艾沃德(William Ewald)不仅对麦考密克的这种法概念立场,还对麦考密克对凯尔森所主张的法律和国家同一性的否定看法提出了质疑。在他看来,麦考密克似乎太不清楚凯尔森一元论的理论任务,即反对19世纪盛行于德国境内的,由基尔克(Gierke)、胡果(Hugo Preiss)、海内尔(Albert Haenel)等人所倡导的那种多元主义观念;因为在凯尔森看来,这种多元主义理论不仅在分析性的意义上是模糊不清的,同时还认为法律能够由除国家之外的其他人类团体(human groupings)创设。③ 应该说,批评多元主义理论在当时德国是一个主流倾向,包括卡尔·施密特等人都参与了这一运动;在此之后,多元主义理论在德国逐渐销声匿迹,代之而起的是大多数现代法学家的倾向性看法,即法律在根本上是与

---

① [英]洛克:《政府论》(下篇),叶启芳,瞿菊农译,商务印书馆1964年版,第97页。
② [奥]凯尔森:《法与国家的一般理论》,沈宗灵译,商务印书馆2013年版,第269页。
③ William Ewald, "Comment on Maccormick", *Cornell Law Review*, vol. 82, no. 5, 1997, pp. 1074-1075.

国家相联结的一种现象。因而,国家也就成为法律存在的一个必要前提;与之相对,"制度性规范秩序"这一法观念所意欲追求的理论目的却恰好就在于这种多元主义观念,尽管并不一定就是德国彼时意义上的那种多元主义。如果说在当时德国支持多元主义理论还不具有足够多的现实基础的话,那么,随着欧盟、欧盟人权法院以及跨国组织的涌现,这种多元主义理论是否应该得到重新审视和尊重呢?艾沃德的质疑在于,如果对此给予肯定的回答,那"主权(sovereignty)和国家(state)概念又成为什么呢?"①要知道,国家和现代法意义上的法律的涌现在时间上基本上是一致的,而在可见的未来之内,国家和国家法仍会居于核心,麦考密克所主张的后主权时代的国家和法律似乎就失去了现实性。对于麦考密克的主张尤其是"存在一种没有法律的国家",艾沃德最终给出了否定性的答案,原因很简单,因为就当前这种现实境况而言,麦考密克那种规范王国似乎不具有"客观性"。②

这种反驳是有意义的,因为它明确指出了理论在实践层面能否得到展开,从而是否具有可行性这一现实关切;然而,这种反驳的力度却又是有限的,因为麦考密克的"制度性规范秩序"是一个"法概念命题",因而相应的反驳也只有从概念层面展开才会具有真正的攻击性。在这个意义上,本书无疑认同"法律作为制度性规范秩序"这一命题。在麦考密克那里,"法律"与"国家"间的关系基本上可以概括为"重叠却不完全等同",即国家必须冠以"宪法"之名才能组建起政府,而政治秩序的维系亦即国家却不一定会受到宪法的约束。这意味着,虽然"Rechtsstant"本身便带有保障基本权利和分权的内涵,但它却不一定会导向"法治"(rule of law)。根据制度法理论的解说,"规范秩序"是否能够得到制度化以及得到何种意义上的制度化,这还要看"宪法"是如何进行演变以及它是如何

---

① William Ewald,"Comment on Maccormick",*Cornell Law Review*,vol.82,no.5,1997,p.1075.
② William Ewald,"Comment on Maccormick",*Cornell Law Review*,vol.82,no.5,1997,p.1079.这种反驳是有意义的,因为它明确指出了理论在实践层面能否展开,从而是否具有可行性;然而,这种反驳的力度却又是有限的,因为麦考密克的"制度性规范秩序"是一个"概念命题",因而反驳相应地也只有从概念层面展开才会具有真正的攻击性。在这个意义上,本书无疑认同"法律作为制度性规范秩序"这一命题。而且,此处的"宪制国"实际上已在相当程度上反驳了艾沃德的观点。

被人采纳的。① 这间接地指明,宪法之所以能够发挥功能继而一个宪制国之所以能够得到法治意义上的维系,其关键在于:在其整个结构的地基处必定有一个必要的规范性基础,而该规范性基础则即习俗性的或惯习性的基础规范。基于此,一个真正意义上的"宪制国"必定是由制度性的规范秩序和非制度性的规范秩序两部分结合而成;后者为前者提供了规范性基础,继而也为基本权利之保障和分权的确立提供了稳固的基础。制度法理论的确重视惯习,但它却不是一种关于"习惯法"的理论,更不会得出"法律在性质上就是惯习"这样的结论。基本的解读路径是,惯习只是作为说明规范性的要素之一,因而它始终是作为一个潜在因素出现在制度法理论之中的;这主要是因为惯习性规范是一种"适应"人们实际行为而确定的,但制度化的规范则要求人们的行为来"适应"规范自身,"即便其制度化的基础依据是尊重宪法这一通常的惯习,即使后一种惯习非常普遍"②。所以,惯习性规范尽管重要但却仍只能被理解为制度性规范秩序中的一个潜在存在因素,我们没有必要在制度法理论中将其地位抬得过高。

本章小结

在这一部分中,我们对麦考密克后期的制度法理论作了一般性的考察,集中关注在"作为制度性规范秩序的法律"这一命题之中;应该说,除此之外还存在着且可以开发出更多的理论内容。对这一命题的说明,麦考密克既有理论阐述中隐含着两条解读路径:一是从规范或规范性到规范秩序再到规范秩序的制度化。二是在法律、道德、政治的概念比较中来进行理解。它们各自承担着不同的理论任务且可能会通往不同的理论方向。前一路径展现出的是"制度性规范秩序"这一概念命题在社会实践

---

① Neil MacCormick, *Institutions of Law: An Essay in Legal Theory*, Oxford: Oxford University Press, 2007, p.49.

② Neil MacCormick, *Institutions of Law: An Essay in Legal Theory*, Oxford: Oxford University Press, 2007, p.70.

中的意义,因而我们重点考察了其中的"制度化"以及由此而来的关于法律的强制性、事实性与规范性问题,以及第三节中作为制度性规范秩序之现实体现的"宪制国"问题。需要注意的是,我们对规范秩序制度化的看重绝不是偶然的;由于这种制度化过程与社会学具有紧密的关系,所以麦考密克此时的制度法理论才会受到这样的批评,即向法律社会学的靠拢而冲淡了其法律实证主义的底色。① 尽管有这样的批评,但我们要明确的是,制度性规范秩序首先是一个法概念命题,它不仅与"作为制度性事实的法律"具有同样的语法结构,而且还与之充当着阐述法律基本性质的理论任务;由此,这种批评只具有次要的意义,它必须首先承认"作为制度性规范秩序的法律"是一个概念命题而不是一个社会学命题,并在此前提之下来进一步回答该法概念命题是否成立的问题。至此,我们对第一条路径的考察便基本完结。

此外,第二条路径在麦考密克制度法理论中可能扮演着更为重要的作用,至少对于本书所意欲考察的"理论脉络"而言会是如此。如前所述,"规范秩序"本身就暗含了一个"理想的"维度;在此,人们会对"什么是应当的"也即"什么是更好的"会有一个基本判断。麦考密克坦言,他并不试图以一种价值无涉的方式来解释规范或价值,因为"被用于阐述作为理想秩序的规范秩序的'更好'或'更令人满意'的概念显示出,规范秩序隶属于(并不独立于)价值领域,而这价值是所有人类看法中的根本要素"②。也正是在关于制度性规范秩序的解读中,他可以比前期更为融贯地来谈论诸如价值、道德等问题,但这些内容具有一个更为基础的内容,即"实践理性"。由于实践理性的存在,人们得以可能在规范秩序中对诸如"对错""善恶""好坏"等二元区分内容作最根本的阐释。与此同时,也正是在关于实践理性的阐述中,不仅制度性规范秩序中的价值维度得到了说明,法律和道德这一更为关键的内容也可以得到更进一步地说

---

① Massimo La Torre, "Reform and Tradition: Changes and Continuities in MacCormick's Concept of Law", in Agustín José Menéndez & John Erik Fossum, eds., *Law and Democracy in Neil MacCormick's Legal and Political Theory: The Post-Sovereign Constellation*, Heidelberg: Springer, 2011, p. 65.

② Neil MacCormick, "Law as Institutional Normative Order", *Rechtstheorie*, vol. 28, no. 2, 1997, p. 227.

明,并在这种说明中通往"后实证主义";这便是接下来第五章的内容,它与本章内容的结合才共同构成对"作为制度性规范秩序的法律"的完整考察。

第五章　实践理性与后实证主义转向

在前一章中,我们集中考察了"规范秩序"及其制度化相关问题,但却对其中涉及的"实践理性"以及经由法律和道德之关系而开放出来的"后实证主义"这两个紧密话题未作深入讨论。实际上,由于《法律与道德中的实践理性》(Practical Reason in Law and Morality)[①]一书中所阐述的实践理性理论就在于对包括"制度性规范秩序"在内的整个制度法哲学理论作最终的基础性说明,所以,如若不理解麦考密克的"实践理性"理论就不可能真正理解麦考密克后期所阐发的那种制度法理论,更无从理解从实证主义到后实证主义的发展脉络。在这个意义上,我们无法在不涉及实践理性论题的情况下达致对麦考密克制度法理论的真正把握。在接下来的讨论中,这两部分内容会得到专门性的考察。首先,考察麦考密克是如何对实践理性进行理论证成的,以及它在制度法理论中所扮演的角色;其次,由前部分讨论所得出的基本结论,即通过实践理性在法律和道德之间搭建起沟通的桥梁而转入到二者间关系的讨论,并由此纵向性地讨论麦考密克由实证主义到后实证主义的理论演变,并在此基础上转入对后实证主义本身进行考察,以及随之而来的后实证主义是否如其所说的那样能够得到证立等内容。

[①] Neil MacCormick, *Practical Reason in Law and Morality*, Oxford: Oxford University Press, 2008.

第一节　实践理性：贯穿制度法理论的一条隐线

"实践理性"无疑是一个古老话题，麦考密克重拾该话题也必定不是偶然。这不仅是因为"实践理性的复兴"在其所处时代是一个大的理论环境，尤其是学界彼时普遍从实践理性的分支来理解法律推理；而且还在于，如若麦考密克要实现融贯性的理论论述也不得不对实践理性进行考察，它是贯通制度法理论中关于法律与道德之关系问题的一个"枢纽"。如前所述，"认识论"问题即"法哲学的一个本质任务在于供给法律的认识论，也即一种在法律领域获得真正知识之可能性的一种理论"在其制度法理论的相关看法中扮演了重要角色；但这并非法哲学的唯一任务，他同时还认为，那些超出认识论范围的任务则在于"阐明实践理性的本质和运作机制"[①]。在前期理论尤其是在和魏因伯格合著的《制度法论》一书中，认识论问题很大程度上仍是在非唯知论意义上进行的，这使得对诸多法律问题的理解不得不停留在诸如情感或欲望的层面，关于道德判断也不存在"真假"问题了；这对于意欲在"法律领域获得真正知识之可能性"这一理论追求的制度法理论而言无疑是不可接受的，这也就是为什么麦考密克会最终从非唯知论走向诠释学立场的原因之一。相应地，他对"实践理性"的相关看法也发生了类似的变化。与魏因伯格不同，麦考密克一开始就显示出对纯粹理论理性的不满，而对"法律实践"的关注更进一步促使他将目光转向实践理性，即那种"通过反思来解决如何行动的问题的一般能力"[②]。实践理性能力不仅是存在的，而且在对实践理性进行宽泛理解的意义上，它还构成了法律和道德的共通结构，以及法律推理的上位概念。在此基础上，如果说前期制度法理论试图经由制度性事实为法律实证主义和法社会学提供一个可用的本体论和认识论基础，那后期的制度法理论则一定程度上转向了对实践理性的关注，这种关注在乎的

[①] Neil MacCormick, "Contemporary Legal Philosophy: The Rediscovery of Practical Reason", *Journal of Law and Society*, vol.10, no.1, 1983, p.1.

[②] 徐向东编：《实践理性》，浙江大学出版社 2010 年版，第 2 页。

是"我们对法律的解说为什么必然是与道德相关的"。当然,二者间的关系并不断裂,与认识论相关的是一个本体论问题,后者将直接决定如何看待认识论问题的方法论选择,而它又会直接影响到对"理性是不是实践的"这一问题的看法。由此,认识论和实践理性都在制度法理论中起着重要的牵引作用,只不过,实践理性问题直至在后期制度法理论中才更清楚地凸显出来,因而它是潜在于制度法理论中的一条隐线。

当然,这种概略式的说明是远远不够的;在本节余下部分,我们将主要考察实践理性在制度法理论中的两个方面内容,以便为第二节内容作准备:其一,检视"实践理性"在麦考密克法哲学中是如何缘起的以及这种缘起的内在必然性;其二,检视麦考密克法哲学对实践理性的基本布局以及通过实践理性意欲达致的理论目的。

一、实践理性的缘起与发展

不管在何种意义上,实践理性都不是一个新话题。当柏拉图在《普罗泰戈拉》以苏格拉底的口吻否定意志软弱或难以自制的存在可能性时,一个聚焦于"实践中的不合理性"论题的实践理性问题便得到了明确的讨论;这种否定实践不合理性的看法和基本立场一直延续到了当代哲学界关于实践理性的讨论之中,甚至成为相关争论的核心。期间,规范伦理学中关于实践理性问题的讨论主要集中在以休谟或休谟主义者为主与康德或康德主义者为主的两大阵营之中,[①]这种具有根本差异的实践理性争论被后来的威廉斯分别称之为"内在主义"和"外在主义"。对于"理性如何能够产生一个动机",内在主义主张行动的理由必须内在于行动的动机之中,而能够成为行动理由的那种东西必须也是能够把行动激发起来的那种东西;外在主义或外在理由理论家则要么搪塞了"必须用一种特殊的方式来设想获得一个动机和最终相信一个理由陈述之间的联系"这个问题,要么则是含糊其词。[②] 当然,此处无法延伸至这场如此深奥的讨论。就实践理性在制度法理论中的缘起的而言,我们可以直接将目光转向哈

---

① 在下一节中,我们将会看到麦考密克重新回到休谟和康德那里来讨论实践理性问题,并试图以此为自己的制度法理论提供了一个以"斯密式定言命令"的哲学基础。

② [英]伯纳德·威廉斯:《道德运气》,徐向东译,上海译文出版社2007年版,第144—161页。

特的法哲学。

在哈特那里,法律的功能就在于"以各种各样的方式,导引、计划和控制人们的生活"[1],法律成为一种行动理由,而且还是一种被视作激发和辩护特定行为的实践理由;哈特对法律的这种阐释便是学界后来所说的"法理论的实践理由转向"。[2] 尽管哈特的法理论在"实质层面"提出了这一问题且深深影响了后来的理论走向,但实质层面的法理论却在"描述性社会学"的方法论追求中被冲淡;由于要捍卫一种"关于"法律或对法律进行"描述"的道德中立的理论,因而诸如法律推理等问题则被抛到了一边。价值是否占据抑或占据何种位置以及法理论是否包括了法律推理便成了一个问题。这种否定性看法在拉兹那里达到了高潮。他一方面基于道德客观主义立场认为法律推理的确需要由原则来进行推动(道德推理与法律推理由此具有相似性);另一方面却出于捍卫法律实证主义(即法律和道德之间存在概念分离)的需要而不得不将法律推理(它不可避免地会染上道德色彩)从法律的"性质"中驱逐出去。与拉兹类似,麦考密克也认为法律推理和道德推理之间具有相似性,因为它们共享着实践理性的一般结构;但与之不同的地方却在于,他还认为,关于"法律"概念的理解和说明不可能在没有"道德"要素参与的情形下达致。

二、实践理性的布局

本书认为,实践理性在麦考密克制度法理论中的缘起具有整体上的融贯性,即从"意愿性内在观点"开始的对哈特法律实证主义的突破,到后期所主张的一种"强"的立场即后实证主义。实践理性的涌现具有融贯性,在具体的考察过程中我们却可以从不同视角分别进行,其中几个重要的路标是:(1)"制度性事实"本身的特质;(2)由"意愿性内在观点"开启的对哈特规则理论的重新诠释;(3)由"规范"尤其是"人是规范的使用者"所开启的全新理论建构;(4)作为实践理性在法律中的具体形态的法律推理。

对于第一点,我们已大致阐明,由于"制度性事实"本身就是对行为

---

[1] H. L. A. Hart, *The Concept of Law*, Oxford: Clarendon Press, 1994, p. 40.
[2] 陈景辉:《哈特〈法律的概念〉导读》,载《法哲学与法社会学论丛》2017年卷,第276页。

和事件的"解释"——这也正是它为什么会区别于"纯粹事实",而解释又必定是在参照实质性规范或实践承诺之后才能作出的;要使这一点成为可能,人们就必须对"规范性"及其性质本身有基本的认识,而对规范性及其性质的认识又会进一步要求我们了解"理性行为的性质"[1],这就自然而然地导向了对"实践理性"的关注。虽然麦考密克已经很明确地指出了这一点,但实践理性的相关讨论在1986年的著作中仍非常有限,其中只是简要地涉及法律推理中的合理性限度问题。应该说,由"制度性事实"这一制度法理论的核心概念衍生出实践理性相关内容具有理论上的必要性,但由于中间环节的杂多,其理论说服力已被极大地削弱。与之相比,第三章考察过的麦考密克经由"意愿性内在观点"开启的对哈特法律实证主义的重新诠释似乎显得更为"关键",其关键之处在于:意愿性内在观点相较于认知性内在观点的"逻辑优先性"。我们甚至可以直接说,它实际上已对哈特所追求的那种"描述性社会学"意义上的法律实证主义进行了基础性的重构;包含道德要素在内的价值等内容由此被置于法律实证主义的基础部位,对"是"的说明就不可能在没有"应当"参与的情形下真正达致,而"应当"所涉及的规范要素则构成为我们对事物认识何以可能的首要和关键。虽然说理论家可以秉持一种"非极端的外在观点",但这种二阶意义上的观点在麦考密克那里却间接印证了法律本身不可能是"价值无涉的",因为哪怕是居于二阶观察的理论家如若要理解包括法律在内的事物,"要么必须是实践的参与者,要么必须以移情的方式将自己设想为实践的参与者,如此我们才能理解那些否则将无法理解的事物"[2]。它与实践理性之间的关系又是怎样的呢?这实际上又回到了刚才所说的经由"制度性事实"而达致的对规范及其性质的说明要进一步了解"理性行为的性质",并最终导向实践理性。虽然它会和制度性事实一样面临论证链条过长的不足,但这种说明却是基础性的,从而也就具有了更强的说服力。

另一个说明实践理性的论题便是"法律推理",应该说,这是麦考密

---

[1] Neil MacCormick & Ota Weinberger, *An Institutional Theory of Law: New Approaches to Legal Positivism*, Dordrecht: D. Reidel Publishing Company, 1986, p. 106.

[2] Neil MacCormick & Ota Weinberger, *An Institutional Theory of Law: New Approaches to Legal Positivism*, Dordrecht: D. Reidel Publishing Company, 1986, p. 131.

克前期集中阐述实践理性的一个范例。可以很明显地发现,实践理性问题在法律中已扮演着极为重要的角色。法律推理只不过是实践理性在法律中的一个具体展现,由于法律和道德在实践理性层面具有同构性,因而法律论证在以规则为基础的内部论证之外,还有一个外部论证,即根植于实践理性层面的外部证成。可以说,麦考密克对法律推理的研究是其制度法理论的一个自然延伸,而且是在"实践理性的一般理论框架中进行"[①]。这不仅是为了反向地证成制度法理论的有用性,同时也彰显出法理论与法律实践之间的密切关系。诚如后来的法律实证主义(如科尔曼和莱特)所认识到的那样,"一种令人满意的法理学应该包括对合法律性和权威性概念的说明,并且提供一种审判理论"[②]。这一点在当前应该说取得了基本共识,同时也是实践理性为法律实证主义带来的一种理论拓展。

应该说,上述三个层面的进路都在早期制度法理论中得到了体现,并共同催生出后期明确提出的"后实证主义";与之相比,"人是规范的使用者"则是一个早期并未得到明确显现但却在后期发挥了重要作用的、具有标志性意义的观点。根据"人是规范使用者"观点,每一个人是且必定首先是一个"规范使用者",在此之后,人们才有可能过渡成"规范创制者"。如果说,规范使用者是相对于规范创制者而言的,那么这一词汇就至少暗含着这样一种深意,即规范本身就是先于人而存在的;虽然从逻辑上似乎可以得出上述结论,但是否可以由此进一步得出结论说麦考密克是一个"实在论者"却似乎并不那么明确;在后面部分,我们将会对此问题给予考察和说明。

麦考密克在不同阶段都或多或少地谈及了实践理性,实践理性也在这种不断涉及的过程中逐步在制度法理论中获得了一个越来越核心和基础性的身份。这种身份使得上述四个层面(以及其他未能在本书明确进行考察的内容)就会变得不太充分,这意味着,一个关于实践理性的基础性说明有待提出。就实践理性而言,可供借鉴的理论资源很多,拉兹和菲

---

① Neil MacCormick, *Legal Reasoning and Legal Theory*, Oxford: Oxford University Press, 2003, forword.
② [美]朱尔斯·L. 科尔曼、布赖恩·莱特:《法律实证主义》,载[美]丹尼斯·帕特森编:《布莱克维尔法哲学和法律理论指南》,汪庆华等译,上海人民出版社2012年版,第262—263页。

尼斯就对此问题发表了很多看法,尤其是后者对麦考密克似乎具有重要影响;但与菲尼斯不同的是,麦考密克认为"在最终的意义上,价值乃是一种态度的功能,而非认知主义理解的对象"①。如若对"实践理性在制度法理论中扮演着核心和基础角色"这一判断无误的话,那么,麦考密克就必须对实践理性作出专门回应,乃至形成自己的关于实践理性的独特理论,而不仅仅是转引他人的既有陈述。实际上,《法律与道德中的实践理性》一书中所阐述的关于实践理性的观点就意在于此,他将目光投向了康德和自己的苏格兰先辈休谟和斯密,并在此基础上提出了"斯密式定言命令"来作为自己整个制度法理论的最终基础。这是我们接下来要考察的内容。

第二节 麦考密克论"斯密式定言命令"

在麦考密克关于实践理性的论述中,"斯密式定言命令"具有核心性地位。从形式上看,"斯密式定言命令"旨在融合康德和斯密二人的理论,但究竟是"融合"抑或仅仅只是一种"杂糅"则有待进一步的考察。实际上,这一考察会显得相对比较困难,这不仅是因为康德的"定言命令"在何种程度或何种意义上可以与主张"道德感"(moral sentiment)的斯密理论相协调这一问题本身有待回答;更在于,麦考密克对实践理性的考察还包含了更为复杂的内容,比如说涉及了对正义理论以及斯泰尔(Viscount Stair)理性自然法理论的批评和修正。基于此,下述考察将主要围绕"斯密式定言命令"这一核心及其与制度法理论之间的内在关联这两个维度展开。具体而言,一是麦考密克是如何认识康德和斯密继而如何调和二者看上去水火不相容的理论的;二是对斯密式定言命令予以具体考察(其中会涉及这一理论可能之缺陷的评论),并最终考察它与制度法理论之间的关系尤其是它在何种程度上有助于说明麦考密克的后实证主义。但在此之前,我们还需要涉及前文所提到的一个关键性命题,即"人是规范的

---

① Neil MacCorMick, "Contemporary Legal Philosophy: The Rediscovery of Practical Reason", *Journal of Law and Society*, vol. 10, no. 1, 1983, p. 13.

使用者"。在我看来,虽然麦考密克的"斯密式定言命令"直到2008才正式提出,但其内涵早已隐含在"人是规范使用者"命题之中。

一、人是规范使用者

"理性能否是实践的"(Can reason be practical?)这是考察"实践理性"首先要处理的前提性问题。① 在对实践理性持怀疑态度的经典文献中,主要存在三种思潮:其一,是由弗洛伊德所开创的"潜意识理论",它将我们的注意力转移至潜意识的动机以及表面动机所掩盖的原初性冲动;其二,是马克思主义经典理论作家基于"经济基础决定上层建筑"而揭示出的在资本主义经济活动中的阶级利益和阶级冲突;其三,是心理学和社会学领域基于"行为主义"所作的将人类行为简单地作为一种对象进行研究而撇开了其内在的动机面向。在这三种思潮中,单个人所具有的理性在人类事物中所起到的作用在很大程度上被疏忽了。② 然而,与上述怀疑主义态度不同,③麦考密克首先对"理性"在人类事务尤其是个人事务中所扮演的角色予以了肯定,因为"尽管实践理性只不过是我们作为人类之特征的一部分,但它对我们作为道德主体的地位而言却是决定性的"④。其内在逻辑在于,实践理性决定道德主体的地位,而从道德主体的自主性展开论证则是整个法哲学的"根本前提"。⑤

就"人是规范使用者"命题而言,它既不同于康德对人是理性存在者的阐释,也不同于斯密对人是感性存在者的理解,但三者之间却又存在着某种内在关联,抑或说后两者构成了"人是规范使用者"的理论资源和基础。粗略看来,人是"规范使用者"(norm-user)是与"规范创设者"和"规

---

① Neil MacCormick, *Practical Reason in Law and Morality*, Oxford: Oxford University Press, 2008, p. 1.

② Neil MacCormick, *Practical Reason in Law and Morality*, Oxford: Oxford University Press, 2008, p. 10.

③ 实际上,麦考密克并没有直接否定上述三种关于理性的怀疑立场,而只是将其视作考察理性的不同方式。

④ Neil MacCormick, *Practical Reason in Law and Morality*, Oxford: Oxford University Press, 2008, p. 10.

⑤ Neil MacCormick, *Institutions of Law: A Essay in Legal Theory*, Oxford: Oxford University Press, 2007, p. 303.

范实施者"相对应的一个概念,但它同时还涉及"人本身是一种什么样的存在"这一根本追问。从古希腊人要接受神谕的指引到新教人人可以直接阅读圣经而获得启示的"因信称义",再到现代社会人为万物立法;从古代中国的"刑不可知,威不可测"到"铸刑鼎",再到"民主立法","人"在面对规范时的主体性无疑是逐步提升,恰如斯温伯恩《人类的赞歌》中所写到的那样"荣耀归于最崇高的人类,因为人类是万物之主"①。这不仅是一个历史事实,同时也得到了哲学层面的说明。理性总是与规范相联的一个概念,因为理性在很大程度上就是我们确认和回应规范的一种能力——虽然规范本身并不必然需要人类理性的参与,作为与理性相对应的感性亦是人的一种内在特性。这意味着,由于规范可能并不需要理性的参与,那么作为一种理性存在者的人在这个意义上就是后于规范而存在的。虽然麦考密克并未完全接受康德的先验世界,但我们在此还是可以初步地感受到"人是规范使用者"想要表达的那种浓厚的康德意味。当然,该命题还要说明一个更重要的话题,即人与实践理性之间的关系。

如前所述,实践理性就是"我们通过反思来解决如何行动的问题的一般能力","如何行动"在法律中表现为既涉及简易案件又涉及疑难案件的关于合/违法的司法裁判等,在道德中则涉及有关对/错、正当/不正当的道德抉择等事项。由于"理性能否是实践的"这一问题在麦考密克那里首先得到了肯定性的回应,结合"人是规范的使用者",此处需要进一步考察的内容则延伸如下:人的理性能力怎样才能对如何行动尤其是在道德领域如何行动诸难题给予证成,亦即就"对与错"②予以证成。证成需要理由,而且还需是客观且普遍化的理由,因为"证成"本身就意味着"普遍化","无普遍化便无所谓证成,动机的形成不需要任何普遍化,解释却需要普遍化和一般化"③。如果这样的说明还显得比较模糊,那我们可以将麦考密克思考实践理性问题时的关注凝练成这样一个问题,即"理性能够是实践的"抑或"实践理性是否可能"就是要说明人的理性是否能

---

① [英]J. B. 伯里:《思想自由史》,周颖如译,商务印书馆 2017 年版,第 132 页。
② Neil MacCormick, *Practical Reason in Law and Morality*, Oxford: Oxford University Press, 2008, chapter. 3.
③ Neil MacCormick, *Rhetoric and the Rule of Law: A Theory of Legal Reasoning*, Oxford: Oxford University Press, 2005, p. 99.

为如何行动提供普遍化、一般化的理由证成。虽然我们一再强调说,麦考密克对此的答案是肯定性的,但尚未对其内在的原因给出分析,这一原因分析实际上就是"人是规范使用者"命题所要表达的对实践理性的基本看法。

问题是这样的,由于在既有理论解说中存在"合理性的"(the reasonable)与"理性的"(the rational)的区分,典型如罗尔斯所认为的那样,"常识把'合理性的'理解为包含着道德的道德观念,而'理性的'则不是这样的道德观念。"①因而,当一个拥有较大政治权力或占据更有利社会地位的人想要基于其有利地位而对自己提出的某种方案进行讨价还价时,这一举动虽然会是"理性的",但却是"不具备合理性的"。因而,尽管一个如何行动的判断符合理性的要求,但却并不一定就会自然地符合合理性的要求。如若"理性的"与"合理性的"的这种区分和解说的确令人信服的话,那么,麦考密克"人是规范使用者"命题就需要在实践合理性层面进行论证,同时还必须能够容纳"理性的"这一要素。之所以如此,原因就在于,"合理性的"是一个包含道德要素在内的规范概念,因而此时的实践理性就主要关涉一个在道德领域如何作出"对错"判断的能力,但由于理性的却并不一定就具有合理性,所以理性就不足以回答在道德领域如何行动的问题,它必须转而寻求实践合理性。

在当代法哲学语境中,经由菲尼斯对实践合理性(practical reasonableness)之基本要求的阐释,②该词已成为一个带有浓厚自然法意味的术语。虽然我们可以说麦考密克大致会接受菲尼斯关于实践合理性基本要求以及基本善的相关阐述,但始终未能认同其中所包含的内容就是菲尼斯所认定的那些。当然,这种怀疑论色彩并不是此处的关键,更重要的问

---

① [美]约翰·罗尔斯:《作为公平的正义:正义新论》,姚大志译,上海三联书店2002年版,第12页。中译者将"the reasonable"和"the rational"分别译为"理性的"与"合理的",这似乎不太符合汉语世界分别赋予理性和合理性的基本意味,因为如果将此处的rational仅仅理解为一种工具理性的话,那理性的就并不必然是合理性的,而是相反地认为,只要具备合理性的却并不需要具备理性,这无疑会和常识相冲突。基于此,本书将"the reasonable"和"the rational"分别译作"合理性的"和"理性的"。

② John Finnis, *Natural Law and Natural Rights*, Oxford: Oxford University Press, 2011, chapter. 5.

题在于,如若实践合理性的诸原则必定会产生出关于正义和共同善的观念,①那这是如何可能的？也就是说,在具体的实践判断中如何才能实现实践合理性的要求？对此,麦考密克曾以轰动一时的"连体婴儿案"作说明。② 应该说,该案件之所以具有典型性,主要原因在于,不同的人对此得出完全不同的结论。Jodie 和 Mary 父母作为天主教徒,坚决反对医生进行分割手术;医院方则认为与其两个孩子都死去还不如救回一个(救回 Jodie),因为治病救人乃是医生的职责所在,从而医院方转而寻求法院的支持;法院则支持分割手术并予以授权。争论的背后主要涉及两个问题:其一,是背后的那个规范到底是什么,从而涉及在这一具体的道德抉择中该如何行动,以便于最终能够获得一个证成性的理由;其二,是人到底有没有进行自行判断的能力,还是只能仰仗权威的规范给予者。由于麦考密克认为除去"错"所具有的排他性质而不予考虑之外,在"对"的规范性领域,人们可以基于特定的语境来进行自由选择,这使得"错"领域内的选择项一开始便被排除在合理性考量之外,正是由于由此彰显出来的特定的"规范秩序"观念,人们就会在"对"的领域享有规范自由。③ 如此一来,麦考密克必定会拒绝在道德考量时采用规范给予者的路径并进而否定人的规范自由,而承认另一种路径,即康德主张的那种道德自主性。

道德通常与个人相联系,即所谓的"个人道德"观念,这也是为什么人们会在"连体婴儿案"中表达出不尽相同的道德判断的缘由之一;然而,如若仅仅停留在个人意义上的话,那么,个人道德的概念就将难以得到证成,即难以获得一种普遍化的辩护理由。个人道德可能是极具智慧的,比如说众所周知的"所罗门审判"的例子,道德判断因而可能也就并不存在(应该是肯定不存在)可供借鉴的教科书式的指引,但这并不意味

---

① Neil MacCormick, "Contemporary Legal Philosophy: The Rediscovery of Practical Reason", *Journal of Law and Society*, vol. 10, no. 1, 1983, p. 10.
② 案情基本如下:2000 年 8 月 8 日,英国曼彻斯特圣玛丽医院出生了一对臀部相连的女婴 Jodie 和 Mary。Jodie 各方面发育正常,而她的连体姐妹 Mary 不仅脑部发育不完整,心肺也在出生不久后就丧失了正常功能。由于她们共用一条主动脉,Jodie 的心脏就要承受为两个生命提供动力的支撑压力,长此以往,Jodie 的心脏将在 6 个月内衰竭,到时候两人都会死去。最终的结果是,法院认定医院的分割手术合法,Mary 在手术后死去,Jodie 则活了下来。
③ Neil MacCormick, *Practical Reason in Law and Morality*, Oxford: Oxford University Press, 2008, p. 50.

着个人道德可以完全脱离普遍化的要求和内在可能性。所罗门的个人智慧无疑是值得称赞和流传的,但也只能一次性适用,而且更重要的是这一道德判断[即"把孩子给她……(因为)她是孩子的母亲"]本身也要获得规范秩序的证成,而这一规范秩序所揭示出的道德原则就在于"每个母亲都应当照养她的每一个孩子"①。当然,由于并不存在一种绝对的理性法则,所以即便是根据"每个母亲都应当照养她的每一个孩子"这一原则来进行理性实践时,其中也必定存在例外情形;因此,麦考密克立刻补充说道,"这并非说,那种规范性普遍化具有不受限制的性质"②。由此,麦考密克虽然接受康德哲学的道德自由和道德自主性概念,却像拒绝菲尼斯基本善的不证自明一样拒绝了康德的道德法则在实践中的普遍有效性。在康德那里,"一切来自感性本质的东西,例如我们的自然倾向或自然情感,若被用作服从普遍的、不变的道德要求的动机,不仅来源上是不可靠的,而且也可能是自我挫败的或者甚至是自我毁灭的"。而他之所以会秉持这样一种古怪看法,是因为"他相信道德法则必须具有普遍有效性,对道德法则的服从必须是无条件的"③。麦考密克除了对先验法则或不证自明的基本善始终持怀疑态度而始终有所保留外,另一种证明人是规范使用者或证明实践理性存在的理由就在于,从抽象规范到具体判断的过程并非一蹴而就的,而是需要一个牵线搭桥的中介,这在很大程度上就是实践理性要发挥的一个功用。

如若将康德这种在现代哲学中被称作"外在主义"的进路作更强的理解,那我们此处所考察的实践理性概念就会面临一个新的难题,即在没有一种内在诱因的情况下,理性如何才能变成实践性的呢？要知道,"实践理性概念的根本要旨就在于它与感性的关联。若没有感性,'纯粹实践理性'也就变得毫无意义"④。通俗地讲,在没有一种内在主义参与的情况下,纯粹的外在主义是可能的吗？因为"理性归根结底是通过感性动机

---

① Neil MacCormick, *Rhetoric and the Rule of Law: A Theory of Legal Reasoning*, Oxford: Oxford University Press, 2005, pp. 88-91.
② Neil MacCormick, *Rhetoric and the Rule of Law: A Theory of Legal Reasoning*, Oxford: Oxford University Press, 2005, pp. 88-90.
③ 徐向东:《康德论道德情感和道德选择》,载《伦理学研究》2014年第1期,第61页。
④ 徐向东:《道德与理由》,北京大学出版社2019年版,第109页。

而变成实践性的"①。由此,我们就可以理解为什么麦考密克最终会引入休谟和斯密的情感理论来填补无法由外在主义说明的内在部分,并最终将其凝结为"斯密式定言命令"。

二、调和斯密与康德:斯密式定言命令之准备

在麦考密克看来,理性(Reason)②可分为三种类型:关涉自我的理性(self-regarding reason)、关涉他人的理性(other-regarding reason)、关涉共同体的理性(community-regarding reason)。其主要判准是形式性的,即是否涉及他者以及涉及何种他者。"关涉自我的理性"仅仅涉及"自我",即实践主体个人,而且如何行动的考量完全由自身予以决定。以笔者为例,写作博士论文的"关涉自我的理性"可能是为了按期毕业、也可能是为了透彻地研究一个理论课题,也可能是为了今后能够在学术界获得一个不那么差的名声;诸如此类的考量于笔者个人而言似乎都是"理性的",它们都可以成为促使笔者进行写作并坚持每天至少写 1000 字的"理由"。在极端的情形下,笔者甚至会认为除了"透彻地研究一个理论课题"之外,其他理性考量都是不值一提的乃至是庸俗的。在仅仅"关涉自我"的意义上,它似乎是成立的,因为它所触及的对象仅仅只有单个的"我",且仅此而已。然而,一旦将这种看法适用于他人并据此进行评判时,我们就会马上碰壁。比如说,和笔者同班的其他博士生也正在进行博士论文的写作,但他/她们仅仅只是为了完成学业任务以便最后能有一个"交差"的稿子,那么,适用于笔者个人的那种理由能否仍适用于他/她们呢?又比如说,由于博士论文写作还要涉及导师指导问题,导师会催促笔者尽快地提供一个稿件以便用于进一步的讨论,那么,支持笔者个人进行写作的理由是否仍能具有说服力呢?不管怎样,这至少已不再是一个纯粹"关涉自我"的事情,而是由于有了他人的参与由此成了一件"关涉他人"的事情。这就意味着,原本仅仅适用于笔者个人的"关涉自我的理

---

① 徐向东:《道德与理由》,北京大学出版社 2019 年版,第 109 页。
② 实际上,此处的"Reason"既可以指"理由"也可以指"理性",中文很难同时将其所包含的两种含义准确地表达出来。由于学界一般在"经由思考而行动的能力"的意义上理解实践理性,因而此处将其译为"理性",但这种理性思考本身已包含了行动理由的要素。

性"在此刻就具有了"关涉他人的理性"的意味,而且似乎一开始就是这样的。进一步看,博士论文写作并不仅仅涉及写作者个人和指导老师等主体,它还涉及学校、教育行业乃至国家层面的学术规范和学业要求;而且写作者个人不免是在学校这个共同体中展开研究的,正在写作的这篇论文是用于在中国申请博士学位的。在这个意义上,博士论文的写作在"关涉他人的理性"之上又加入了"关涉共同体"的理性维度。

此外,在"关涉自我"的意义上,单个人的理性考量之所以会大致成立抑或在"关涉他人"和"关涉共同体"的层面不会遭到彻底性的否定,其原因在于我所考量的那些内容符合"理性"的基本要求。很明显,当写作者认为促使自己写作博士论文的考量在于"更好地破坏学术规范"时,那这种"关涉自我的理性"无疑就将在"他人"和"共同体"那里遭到彻底的否定。这就好比说,"一篇坏的博士博文要比一篇好的博士论文更好或更有价值",这无疑会遭到绝对否定性的评价。在此,只有"一篇好的博士论文要比一篇坏的博士论文更好或更有价值"才是"理性的",继而也才有可能成为我们进一步从事写作的一个"理由"以及充当该理由背后的规范根据。

基于上述例示性的说明,我们可以基本上可以对"理性能否是实践的"给予肯定性的回答。实际上,在否定"一篇坏的博士博文要比一篇好的博士论文更好或更有价值"而肯定与之相反的看法时,我们还初步涉及了理性自身的规定性问题。在此,问题的焦点开始发生变化,它转变为如下问题,即是否存在"善"或"价值",它们对于人类而言是"自然的"?①麦考密克的答案无疑是肯定的。很显然,健康要比患病好,有人爱要比被人恨好,活着要比死去好,干净要比肮脏好,美丽要比丑陋好,住有所居要比流离失所好,老有所养要比老无所依好,病有所治要比坐着等死好,诸如此类的基本看法在人们的生活中可以说是"常识"。与之相对,如果有谁认为患病要比健康更有价值,死去比活着更有价值,肮脏要比干净更有价值,抑或丑陋要比美丽更有加权值,那么,我们的第一反应可能是它不符合日常道德的一般观念,乃至这些人在胡说八道。更进一步说,如果因为有人主张患病比健康要好甚至是研制出带有毁灭性的病毒来毒害人类

---

① 毫无疑问,此处"自然的"一词已然具有了道德意味。

并由此获得"诺贝尔生物学奖",这将是"无法理解的"。它之所以是不可理喻的,是因为"健康要比患病好"这一点是"自然的",即自然而然地存在于我们的认知和日常实践之中;也正是基于此,我们才能够说它是"理性的"。这一点对于"实践理性"而言至关重要,因为只有在"活着要比死去好/有价值"这一前提下,我们才会存在,当我们遭遇危险时我们才有理由尽其所能地避免危险而保全生命的延续和完整。

对以上论述,我们可以进行一种康德式的重述。在经由一场类似于"哥白尼式的革命"即将理性的普遍性从至高的存在者拉回到理性的自我批判之维后,主体所具有的主体理性要靠其自我立法来完成。作为一种形而上学的理性,奠基于自我批判的主体理性由此具有了批判理性的意味,它不仅适用于自然形而上学也适用于道德形而上学,而后者则在于探寻理性的先天根据,因为"只要缺乏正确地批判道德的那条导线和最高的规范,道德本身就依然会受到各种各样的败坏"[①]。既然理性自身带有的"普遍有效的必然性"不能从至高的存在者那里寻得,那么,它就应该回到人的具体行为中来探寻。然而,道德形而上学却不同于人类意欲之条件和活动的心理学基础,而是要研究"一种可能纯粹意志的理念和原则"[②]。如此一来,在诸如"你不应当说谎"诸义务所表达的直言命令中就必然会存在一个超越于感性体验之上的"定言命令",即"要只按照你同时能够愿意它成为一个普遍法则的那个准则去行动"[③]。活着之所以要比死去更好或更有价值,就在于它符合定言命令的规定。由此而来,康德的实践理性就必然是形式的和纯粹的、非质料的和非经验的。如此一来,与快乐主义截然不同,一个真正的实践行为并非出于任何外在目的而是出于行为自身的法则,即"自由的必然性"。虽然在应当如何进行选择的意义上我们可以考虑很多的因素,甚至进行功利主义式的计算,但就如麦考密克自己所讲述的那样,如何在关于继续担任欧洲议会的苏格兰代

---

① [德]康德:《道德形而上学的奠基》(注释本),李秋零译注,中国人民大学出版社 2013 年版,第 4 页。
② 谢永康:《康德实践理性概念及其两种批评》,载《社会科学辑刊》2018 年第 6 期,第 162 页。
③ [德]康德:《道德形而上学的奠基》(注释本),李秋零译注,中国人民大学出版社 2013 年版,第 40 页。

表还是回到爱丁堡大学从事学术研究中进行抉择一样,身处实践中的人们都不得不最终作出一个"现实的选择"。① 选择虽然是现实性的,但它同时也是自主性的;在这个意义上,霍布斯关于社会契约的理论主张就会遭到制度法理论的否决。与之相反,人们自始至终都具有康德所说的"自由意志",该"自由意志"并不需要其他内容的进一步说明,因为它的存在本身就是"无因之因"(non-caused cause)。在这个意义上,自由意志便具有了普遍性,而由自由意志所确立的规范性法律也就相应地要满足普遍性的要求,只有这种理想性的法律才能为所有人自由地拥有。

　　麦考密克将康德的实践理性称作"理想的道德"②,并相应地提出了两个批判:其一,与通常的见解相似,麦考密克认为,康德关于实践理性的理想型论述虽然为现实的道德实践和社会制度提供了一个极有助益的批判基础,但就人们真实的义务感以及关于正当与不当的判断而言,它却显得"太过于抽象"[在我看来,它还显得过于苛刻和残暴(如康德关于处决掉监狱中最后一个犯人的论调),因为不管我们所意欲的内容如何,它都意味着如果我们是理性的话就必定会意愿那些内容]。这种抽象绝不仅仅是术语或表达层面的,因为它"简单地通过宣称意志的自由性以及对于自由意志的拥有者仅仅如此意欲而不能以其他方式意愿的必要性而回避了动机问题"③。应该说,这一批判是有哲学史的理论基础和佐证的;其中较为有名的就是叔本华基于"意志优先于理性"对康德道德哲学展开的非理性解构,并犀利地反问道"谁告诉你,存在着我们行为应该遵守的法则? 谁告诉你,那应当发生但事实上从未发生的事情? 你有什么理由一开始就提出这一假设,并且以后把一个用立法命令表述词语表述的,作为唯一可能的道德体系强加给我们?"④然而,与叔本华对康德道德哲学

---

① Neil MacCormick, *Practical Reason in Law and Morality*, Oxford: Oxford University Press, 2008, pp. 38-42.

② Neil MacCormick, *Practical Reason in Law and Morality*, Oxford: Oxford University Press, 2008, p. 56.

③ Neil MacCormick, *Practical Reason in Law and Morality*, Oxford: Oxford University Press, 2008, p. 56.

④ [德]叔本华:《伦理学的两个基本问题》,任立、孟庆时译,商务印书馆1996年版,第161页。转引自谢永康:《康德实践理性概念及其两种批评》,载《社会科学辑刊》2018年第6期,第167页。

反叛不同,即把情感"理解为一个终极形而上学事实的直接表达,即'我们乃同一实体'"①不同,麦考密克进行反驳的内在根据根植于大卫·休谟和亚当·斯密,因而他所说的"情感"是真正基于人们的自然感而生发出来的。由此而来的对康德的第二个反对意见就在于,它会消解理想层面与实际层面在内容上的差异从而使二者变得模糊。② 在此,我们应该进行反省的是,是否任何在对理想道德进行承诺之前的自然化阐述都有助于实践理性问题的解决?由此引发的另一个问题则在于它会引发循环解释的难题,即到底是一个有待证立的观点要求义务观念还是义务观念使得特定观点得到证立?

康德道德哲学被批评之处就是麦考密克制度法理论转向休谟和斯密的起始之处。"同情"在康德那里只不过是纯粹的主观情感,它不可能成为道德的基础,而这正是休谟和斯密的道德哲学的最终基础。其中,尤其是后者在《道德情操论》一书中揭示出的人的同情同感能力为实践理性问题的解决提供了一个新起点,它给出的回答不仅没有像康德那般抽象而苛刻,更重要的在于,它更多地建基于每一个人的"世俗本性"(earthly nature)③之上。作为康德试图调和的一个对象,休谟以及斯密对道德的理解建立在人自身的"激情"(passion)和"情感"(sentiment)之中,二者所共同关注的一个重要内容则在于"同情"(sympathy)。无疑,对于那些发生在我们身上的事情,我们会要么感到痛苦要么感到愉悦,要么体现为其他更为复杂的情感;当被一个石头碰撞了一下我们会本能地感到愤怒,当花香扑面而来时我们会很自然地感到愉悦,诸如此类的反应对人而言都是自然而然的。实际上,这种感受能力不仅适用于我们自身,同时还适用于我们对其他人所经历之情感的感受。当听到汶川地震消息时人们会感到悲痛,当朋友精神痛苦时我们也会感到难过。古语所说的"恻隐之心,人皆有之"揭示的便是人所具有的这种同情共感的能力。当然,斯密

---

① 谢永康:《康德实践理性概念及其两种批评》,载《社会科学辑刊》2018 年第 6 期,第 168 页。

② Neil MacCormick, *Practical Reason in Law and Morality*, Oxford:Oxford University Press,2008,p. 57.

③ Neil MacCormick, *Practical Reason in Law and Morality*, Oxford:Oxford University Press,2008,p. 57.

本人也明确说道,我们感受其他人之愉悦或痛苦的能力是不完全的、有限的,因为我们很难甚至根本不可能像感受自己所经历的愉悦和痛苦那样期待别人与我"感同身受",反之亦然。① 但即便如此,它们之间仍存在诸多重合之处;正是在这里,斯密发现了我们进行道德判断的能力基础,"同情"据此成为麦考密克将道德哲学的基础从最高存在者拉回到真实世界的"尤里卡时刻"(Eureka Moment)。在斯密看来,道德判断就是建立在我们对发生在我们自身或其他人身上的那些事情予以赞成或反对的"感觉"之上的;而这种支持或反对的感觉促使我们予以行动,道德的"实践性"也在这一过程中获得了自然化的基础。② 此外,由于人共享着"同情共感"的能力,这也使得我们会对其他人予以相同判断这一情形得以可能。最初的道德动机就是通过对"不认可"的避免这一简单的自然倾向来进行表达的。斯密认为,只需要通过对原初情感的简单反思,我们就会发现道德动机的这种发生学论述是可能的;在此,麦考密克更进一步地指出,"每一个人不仅是社会情感的参与者,同时还是社会感情的观察者"③。在他看来,这几乎是人类心理学中的一个确定不移的基本事实。然而,在进一步考察这种自然情感时我们会发现它实际上是根植于人的"社会本性"之中的,正是因为身处社会之中并作为一种社会性的存在,"同情共感"才是可能的。

当然,意欲就此建立起一种道德哲学,理论家们还必须克服两个难题:其一,由于我们总会倾向于偏爱和自己亲近的人而疏远那些不亲近的人,所以我们所做的道德判断很容易受这种"偏好"的影响,以致使道德判断纯粹成为一种主观的事情,而道德判断自身所要求的"客观性"这一内在的规定性则要求它必须建立在超越纯个人偏好意义上的公正之上;其二,知识或信息的有限性会进一步阻碍我们作出相对比较客观的道德判断,而意欲使自己的判断尽可能地客观就必须尽可能地获取更多的信

---

① 比如说,"我们对痛苦的同情远远不如受难者自然感受到的痛苦强烈"。参见[英]亚当·斯密:《道德情操论》,蒋自强译,商务印书馆2015年版,第53页。
② Neil MacCormick, *Practical Reason in Law and Morality*, Oxford: Oxford University Press, 2008, p. 57.
③ Neil MacCormick, *Practical Reason in Law and Morality*, Oxford: Oxford University Press, 2008, p. 58.

息和知识。针对此问题的基本出路在于,可以通过"理想而公正的旁观者"这一模型来构建自己的道德判断。

三、斯密式定言命令

经由追问"理性能否是实践的",麦考密克将关注点集中在了康德传统和休谟与斯密传统之中,并试图打通二者以便于为"作为制度性规范秩序的法律"以及整个制度法理论寻得一个经得起考验的坚实基础。上述对康德和斯密的考察无疑是极为简略的,各自理论中所关涉的更为基础的内容更多地被背景化处理;实际上,就接下来所关注的斯密式定言命令而言,至此的考察似乎已经足够。麦考密克并不是康德或斯密的研究专家,而且他自己也明确地说到过,其中的某些看法可能并不完全忠实于康德自己的看法,①而带有二阶重构的意味。尽管如此,这并不影响经由这种重构而展开的三阶重构。在达致斯密式定言命令的理论征途中,一个关键问题在于,"旁观者"就特定情势所作出的道德判断是否可以通过"定言命令"的方式得到重新表达?与康德获得其"定言命令"的方法类似,在此,麦考密克必然需要从斯密的论证中予以相当程度的提炼。他给出的"提炼"如下:

> 尽你所能地充分感受每个直接参与或受事件或关系之影响的人的感受,并公正地形成一个判断何谓正当且能为所有人都接受的准则,如果他们致力于保持互信以便于在他们之间建立起一个支持或反对的共同标准的话。② (Enter as fully as you can into the feelings of everyone directly involved in or affected by an incident or relationship, and impartially form a maxim of judgement about what is right that all could accept if they were committed to maintaining mutual beliefs setting a common standard of approval and disapproval among themselves)

---

① Neil MacCormick, *Practical Reason in Law and Morality*, Oxford: Oxford University Press, 2008, p. 64.

② Neil MacCormick, *Practical Reason in Law and Morality*, Oxford: Oxford University Press, 2008, p. 64.

根据第一定言命令,可推导出第二定言命令:

> 如此地行为,与对特定事件或关系的公正判断相一致。①
> (Act in accordance with that impartial judgement of what it is right to do in respect of the given incident or relationship)

实际上,麦考密克所说的"斯密式定言命令"是一个从"感觉"到"行动"的完整过程,而非像真的是康德意义上的"法则","定言命令"在此更多的是一个比喻性用法,它不具有法则的严格性。我们可以将隐含在"斯密式定言命令"的完整叙事像考察"制度化"诸阶段那样予以过程化的重构。在斯密式定言命令意义上,意欲达致一个道德判断抑或完成对道德判断之基础的论述,就必须:

第一阶段:自然准则阶段。"纯粹的感觉"是斯密式定言命令的一个生物学前提,缺失了这一部分的道德哲学理论将无法支撑起斯密式定言命令;在此阶段,人们在进行判断时所诉诸的是"(人类)本性的普遍准则",它不是康德意义上的"法则",②而只不过是人之生物倾向性的哲学化表达。在麦考密克看来,"如果一个东西不能适应我们的情感以及由此建立起来的理性特征,那它就不能被视作是'(人类)本性的普遍法则'"③。

第二阶段:"公正旁观者"的引入。"感觉"不仅是斯密式定言命令的出发点和前提,而且它还与"(人类)本性的普遍准则"具有紧密联系,即前者必定体现了后者。这实际上就等于说,我们每个人的内心都有一个"旁观者"或者说我们每个人都能够"想象"作为一个旁观者存在继而具有与之相关的体验,因而我们每个人的道德判断实际上就是我们每个人

---

① Neil MacCormick, *Practical Reason in Law and Morality*, Oxford: Oxford University Press, 2008, p. 64.

② 康德对"准则"和"法则"作了严格区分,即"准则是行动的主观原则,必须与客观原则亦即实践法则区别开来。准则包含着理性按照主体的条件所规定的实践规则,因此它就是主体行动所遵循的原则;而法则是对每一个理性存在者有效的客观原则,是主体应当行动所遵循的原理,也就是说,是一个命令式。"[参见[德]康德:《道德形而上学的奠基》(注释本),李秋零译注,中国人民大学出版社 2013 年版,第 40 页。]基于此,本书将麦考密克的"maxim"译为"准则",但它实际上又不同于康德笔下的准则。

③ Neil MacCormick, *Practical Reason in Law and Morality*, Oxford: Oxford University Press, 2008, p. 64.

建立在"(人类)本性的普遍准则"之上的、并经由自己的"感觉"倾向所作出的类似于"公正的旁观者"的判断。在此,经由单个意义上的"旁观者","公正的旁观者"的概念也自然而然地被推导出来。

第三阶段:"公正旁观者"所作之决定的"普遍化"。我们从"旁观者"自然地推导出了"公正旁观者",但这只是证成"公正旁观者"的必要条件,据此还不能断言经由公正的旁观者所作的道德判断可以得到每一个人的认可或适用,还必须对其予以"普遍化"的证成。这一点是第二定言命令所表达的主要内容,这实际上也是实践推理的一个基本要求。

第四阶段:依凭前面得出的道德判断展开行动。行动主体最后的外在表现是"行动",这种行为是在定言命令的指引下完成的,经由了一个复杂的推导过程。由于此时的道德判断经过了"普遍化"阶段的处理,所以人们可以条件反射式地在相似情形下做出类似的行为,其他人亦是如此,规范秩序也由此得到进一步的强化。

斯密式定言命令将"纯粹的感觉""想象和判断""普遍化""行动"四个阶段紧密地联系起来,从最初道德心理学意义上的感觉到最终的道德行动,实践理性的真正基础就得到了说明。这种关于实践理性之基础的说明具有以下两个明显的优势:首先,虽然人类所具有的感受痛苦或愉悦以及其他复杂情感的自然能力(也即"人性")不会或短时间内不太可能发生大的改变,但由于他们所具有的社会性以及对社会变化的回应会发生改变,所以我们可以从斯密式定言命令中进一步推出:定言命令并没有提供一个绝对不变的客观法则,它提供的只不过是一种说明形式,而其具体的内容则可能要根据各自的"地方性"来厘定。因而,在给出上述定言命令之后,麦考密克紧接着说了下面这句话以免读者对它产生误会,"这一定言命令的确在形式上是命令性的和普遍性的,但它将作出的具体判断却要根据真实的以及直觉上看上去正当的方式而语境性地发生变化"①。

在麦考密克看来,斯密考察道德哲学基础时的一个关键性优势在于,"它并不涉及任何关于先在的或完满的道德规则典章(moral rule-book)

---

① Neil MacCormick, *Practical Reason in Law and Morality*, Oxford: Oxford University Press, 2008, p. 64.

的预设"①。在斯密那里,道德法则或自然法规则只不过是从反复出现的情势以及就此情势所做的判断中概括和归纳出来的;由此,它也会根据情势的变化而变化,道德规则本身由此具有了"可废止性"。实践理性的基础不涉及或并非主要涉及一个"立法者问题",而是一个"判断问题"。何为"正当"或"不当"这是一个判断问题,它经由"理想而公正的旁观者"就可以达致,它作出的判断实际上就是"每一个人"作的判断;因为只要人是一种社会性的动物,那么,人们就有理由接受"理想而公正的旁观者"所做的判断,这种接受必定是理性的。(而且,即便就自然状态下的个人而言,每一个个人都是对自己所面对的事情作出正当或不当的判断者)正是在这里,我们在作出自己的道德判断时就会依赖"理想而公正的旁观者"所作出的那种判断,相应地,我们就在这里超越了简单的感情而进入了一个具有客观性质的道德世界。然而,由于前面已经阐述过,实践理性决定道德主体的地位,而从道德主体的自主性展开论证则是整个法哲学的"根本前提",②所以斯密式定言命令在此还要回应它是否压制"自主性"这一问题。当然,与法律作为一种制度性规范秩序一样,斯密式定言命令也是一个概念命题从而具有理想性。这就意味着,在理想的情形下,道德准则与个人自主性之间是一致的。尽管我们会受到流行意见乃至同辈群体意见的影响而随波逐流,但这并不等于说自主性被压制,而只能说你的行为并没有反映出你真实的意志。③ 因而,在麦考密克的实践理性哲学中,判断导向而非立法导向是能够与自主性完全契合的。至此,麦考密克关于实践理性的道德哲学考察便画上了一个相对完满的句号,而接下来的问题则是进一步考察他的这种思路是否靠得住?

四、对斯密式定言命令的进一步考察

显然,如若麦考密克对康德和斯密(以及与之紧密相关的休谟)的理

---

① Neil MacCormick, *Practical Reason in Law and Morality*, Oxford: Oxford University Press, 2008, p. 60.

② Neil MacCormick, *Institutions of Law: A Essay in Legal Theory*, Oxford: Oxford University Press, 2007, p. 303.

③ Neil MacCormick, *Practical Reason in Law and Morality*, Oxford: Oxford University Press, 2008, p. 68.

解基本无误的话,斯密式定言命令就将不仅能够为整个制度法理论提供一个实践理性的坚实基础,同时还能为整个道德哲学提供一个原创性的贡献。应该说,这一点是非常振奋人心的。但事实真的是这样吗?尽管基本赞成麦考密克的观点和论述,米西马利安教授仍提出了一些质疑,其考察的出发点在于"如何认识麦考密克对斯密和康德的理解"。

借用 Paul Bamford 对康德的理解,即康德的定言命定存在两种不同的解释路径:一种是较强的,它认为遵循定言命令展开行动就是要与客观有效的原则相一致,即普遍性会产生客观有效的原则;另一种是较弱的,它认为遵循定言命令展开行动并不必然与客观有效的原则相一致,而只需要与普遍性原则相一致即可。① "客观有效的"肯定是"普遍性的",但"普遍性的"却并不意味着就是"客观有效的";普遍性并不能导向客观有效这一目的,而只是帮助我们克服那些致使我们走向堕落的诱惑。因为如果我们认为撒谎能够使某人避免陷入危境,那我们的理性就会告诉我们去撒谎,继而经过普遍性程序的检验,但这并不符合康德"客观有效的"这一概念。因而,在普遍性的意义上,定言命令并不能提供客观有效的知识。在这里,"客观有效的"意味着当且仅当所有理性主体都理性地进行判断和理性地如此选择才是可能的。如若康德的定言命令真的存在这两种路径,那接下来的问题就是麦考密克所理解的是哪一种?这一问题可能较为复杂,甚至麦考密克本人是否明晰这一点也不甚清楚。在米西马利安看来,如若麦考密克适用强版本意义上的定言命令并认为"普遍化"是相关行动客观有效的充分条件、以及认为定言命令本身就足以产生道德知识的话,那么,麦考密克意欲达致的将康德进行斯密化的任务就无法实现;与之不同,如若麦考密克采用弱版本意义上的定言命令,那么康德斯密化的理论目的才有继续进行下去的可能。其理由在于,斯密关于道德规则的情感论述、想象以及公正的旁观者不仅能够为特定问题提供道德知识而且还能实现其可错性。② 虽然麦考密克在此问题上存在两种选择,但米西马利安认为他无疑会采取后者,即"与普遍性相连的自主

---

① Maksymilian Del Mar, "The Smithian Categorical Imperative: How MacCormick Smithified Kant", *Archives for Philosophy of Law and Social Philosophy*, vol. 98, no. 2, 2012, pp. 236-237.

② Maksymilian Del Mar, "The Smithian Categorical Imperative: How MacCormick Smithified Kant", *Archives for Philosophy of Law and Social Philosophy*, vol. 98, no. 2, 2012, p. 238.

性"这种弱意义上的康德立场。① 在这种立场中,道德主体是作为可以进行自我规训以及自我批判的存在者,而不是被客观有效的道德知识所担保了的从而可以正当性地从事行为的那种存在者。应该说,这种解释较为符合麦考密克自己的整体路径,而且麦考密克还在这里为斯密的引入提供了理论准备。

麦考密克之所以将自主性提到道德哲学的核心位置,还有一个重要的原因就是:他认为,不管是康德还是斯密都带有浓厚的新教自然法色彩。其中,每个人所具有的人性以及对人与上帝之间的认知使得他们能够理解人类社会中的正当行为的原则。更为关键的是,麦考密克认为,即便是那些不信教的人,即未受到上帝启示的人也能够知晓"书写在内心"的规则。这一点几乎是康德和斯密都认同的内容,虽然二者表现出的策略和路径不尽相同,即康德适用的是超验的而非(斯密的)经验路数,但也只不过是在如何对其进行更完满的阐释方面上存在差异。最终,康德凭借其自主性概念而斯密凭借其自我命令以及公正的旁观者的概念各自对人们在置身其道德生活时的"自由"予以了强调。不仅如此,尽管康德认为情感出于其易变性而无法成为道德哲学的基础,但在康德的道德义务概念中,感觉或情感这一因素并未被完全排除;比如说,就"爱你的邻人"而言,如果我们履行这样一种道德义务,我们就展现出了一种道德美德;我们之所以选择这样去做并非旨在于满足义务的要求,而可能是为邻人带去好的生活。帮助他人实现其目的便就是这样一种义务,"道德并不源于爱,但却要发展它"②。如此一来,康德和斯密之间就变得贯通起来。

麦考密克将斯密的 sympathy 和 empathy 这两个词予以等同,并认为 empathy 只不过是更为现代的用法。尽管有学者指出斯密在使用这两个词时赋予了各自略微不同的意义,但这并不影响斯密式定言命令。与之不同的是,斯密和休谟在使用 sympathy 概念时的差异则揭示出一个更为重要的问题,即"想象"。在斯密那里,"想象"是要参与到人们的同情活

---

① Maksymilian Del Mar, "The Smithian Categorical Imperative: How MacCormick Smithified Kant", *Archives for Philosophy of Law and Social Philosophy*, vol. 98, no. 2, 2012, p. 240.

② Maksymilian Del Mar, "The Smithian Categorical Imperative: How MacCormick Smithified Kant", *Archives for Philosophy of Law and Social Philosophy*, vol. 98, no. 2, 2012, p. 241.

动中的,而且是"通过想象"我们才得以参与其中。这一点使斯密和休谟开始出现分别,在休谟那里,判断者所感受到的情感是与当事人一样的。如此一来,对于斯密而言,即便旁观者没有体验到当事人的情感,但却仍旧能够"通过想象"进行同情;同情不仅仅是一种简单的外在反应,而且还是一种内在想象。在这种内在想象中,道德上的赞同与不赞同便与同情发生了关系。① 但这并不意味着斯密会认同道德判断就等同于人们在分享其他人的情感时所做的那种判断,情况并不必然如此。斯密笔下的"理想的旁观者"中的"理想的"指的是旁观者"是想象行为的产物,因此……不是真实的旁观者"②。它也不是某种确保正确行使道德的担保方式,相反,它是使我们在特定情形下远离不经反思的一种方式,从而可以在身处其中的时候唤起关于同类人的经验。"同情"的确是一种情感,但经由公正旁观者介入之后的同情却是一种理性主义的同情;由此,斯密的道德情操论也顺带地具有了理想主义的意味。重要之处在于,"我们想象性地参与到其他人的处境之中,并由此审视我们是否倾向于分享他们的感受,抑或倾向于分享另一种可能更能打动我们的感受"③。

至此,我们基本完成了对实践理性以及与实践理性紧密相关的斯密式定言命令等内容的考察。应该说,它所包含的内容无疑要比本书所讨论的丰富得多,其中以下几点是值得注意的:其一,必须予以重申的是,此处的讨论不是随意的,这不仅是因为实践理性本身是潜在于前后期制度法理论的一条隐含线索,同时也是因为对于实践理性的考察使得麦考密克更坚定地将其理论定位在"后实证主义"层面;其二,由于实践理性、行动理由与规范性三者之间具有内在的关联,因而对实践理性的考察必然会深化前面所涉及的"规范性"问题的解决,这也是为什么我们会在"制度性规范秩序"之后来讨论实践理性问题的考量之一。实际上,至此关于

---

① Maksymilian Del Mar, "The Smithian Categorical Imperative: How MacCormick Smithified Kant", *Archives for Philosophy of Law and Social Philosophy*, vol. 98, no. 2, 2012, p. 243.

② Maksymilian Del Mar, "The Smithian Categorical Imperative: How MacCormick Smithified Kant", *Archives for Philosophy of Law and Social Philosophy*, vol. 98, no. 2, 2012, p. 247.

③ Maksymilian Del Mar, "The Smithian Categorical Imperative: How MacCormick Smithified Kant", *Archives for Philosophy of Law and Social Philosophy*, vol. 98, no. 2, 2012, p. 244.

以"作为制度性规范秩序的法律"为核心的后期制度法理论基本内容的考察才基本完结。接下来的问题是对此时制度法理论的理论性质予以评价和讨论,即所谓的"后实证主义"问题,这是本章第三节的内容。在此之后,我们会再反过来讨论麦考密克对待自然法的态度,并说明为什么他不是一个自然法学家,后期的制度法理论也不是严格意义上的自然法理论。

第三节 "后实证主义"的理论定性问题

麦考密克最终将后期制度法理论明确地界定为一种"后实证主义",既不是实证主义或反实证主义,也不是自然法理论。[①] 那么,这是一种具备怎样性质的理论,又具有怎样的理论内容呢? 它与其他诸理论间具有怎样的关联,又是否能够成立呢? 这是接下来要考察的基本内容。一般意义上的"实证主义"是由事实命题和分离命题共同塑造的,前者认为法律是一种"社会事实",后者则主张"法律和道德不存在概念上的必然联系"。在这个意义上,如何理解麦考密克"后实证主义"理论中"后"的含义便会变得相对不那么复杂。在此,笔者将首先展现实证主义与麦考密克制度法理论在实证主义层面的整体演变,并在此基础上考察"后实证主义"中的三个主要命题,并由此展开对"后实证主义"这一理论性质的批判性审视。

一、实证主义与麦考密克的实证主义

按照德沃金对概念(concept)与观念(conception)的区分,[②]作为一个概念存在的"实证主义"范畴内部无疑会存在诸种不同的"观念"。如此一来,法学理论中的"实证主义"或"法律实证主义"就将是一个不太容易得到准确界定的术语。尽管存在这种困难,在结合此处的考察对象的前

---

① Neil MacCormick, *Institutions of Law: A Essay in Legal Theory*, Oxford: Oxford University Press, 2007, p. 5.

② Ronald Dworkin, *Law's Empire*, Cambridge: Harvard University Press, 1986, pp. 70-72.

提下,我们仍可以就与实证主义相关的以下几点内容达成基本共识:其一,在法学叙事的基本模式中,"实证主义"通常是在与"自然法"相对的意义上使用的,且被形象地称作是"自然法论之子",自然法传统也正是以实证主义的出现而逐步被区分为"古典"与"现代"的形态。① 其二,由于"自然"本身被赋予了诸种不同的含义,如本质、神性、理性等,因而寻求与"自然法"相比较意义上的"实证主义"可能需要进一步考察自然法传统本身,但这种思想史的进路显然不利于对实证主义相对精确的界定。与之不同,我们可以径直考察当代最重要的法律实证主义者哈特的理解和说明来进一步明确界定实证主义。在他看来,在人们通常归入法律实证主义的诸观点中,②实际上只有很少一部分才是自己所认同的"实证主义",其中"分离命题"扮演了"基础命题"的角色。③ 其三,与分离命题紧密相关的内容是,法律的规范性基础依赖于"规则"本身而非任何外在于规则的道德或其他非法律因素。在哈特那里,"规范性"问题经由社会规则理论抑或规则的实践理论得以解决,而由于规范性和社会性将共同构成法理论不可或缺的两部分内容,其社会性则在于人们的创造。对于哈特的这两个命题,我们可以分别将其称作"本体论命题"和"社会事实命题"。除此之外,哈特在方法论上还主张一种"描述性社会学",从而区分出对法律的描述和对法律的评价,这是"方法论命题"。不管在具体内容的描绘和阐述上存在多大的差异,上述三部分基本上构筑起关于"实证主义"的经典框架。假若这种关于实证主义的理解符合哈特思路的话,那么接下来的问题就是它与麦考密克眼中的实证主义是否吻合,如果不吻合那又存在何种不同。这种前提性的比较和说明是重要的,原因在于:如果

---

① 参见[英]约翰·菲尼斯:《自然法:古典传统》、[美]布莱恩·比克斯:《自然法:现代传统》,载[美]朱尔斯·科尔曼、斯科特·夏皮罗主编:《牛津法理学与法哲学手册》(上),杜宴林等译,上海三联书店 2019 年版,第 1—119 页。

② 其中包括五种观点:(1)法律是人类的命令;(2)法律与道德或实在法与应然法之间不存在必然关联;(3)对法律概念进行分析性研究,并以此区别于思想史、历史学或社会学研究;(4)法律是一个封闭的逻辑体系,判决可经由逻辑的方法凑从法律规则中提出,无须借助其他;(5)道德评判区别于事实陈述,即非唯知论立场。See H. L. A. Hart, *Essays in Jurisprudence and Philosophy*, Oxford: Clarendon Press, 1983, pp. 57-58.

③ 参见陈景辉:《法律的界限:实证主义命题群之展开》,中国政法大学出版社 2007 年版,第 1 章。

麦考密克所理解的实证主义与哈特相同,那么他所说的后实证主义基本上就可以视作对以哈特为代表的学说的批判性意见;而如若不同,我们就必须重新寻求和定位麦考密克阐述后实证主义时最初的问题意识和理论指向。

在第一章的部分内容中,我们已对麦考密克眼中的"实证主义"作了扼要说明;麦考密克此时认为,只要承认以下两个命题,便可被归入实证主义或法律实证主义的阵营:其一,法律的存在不取决于是否符合对所有法律制度普遍适用的任何特定的道德价值;其二,法律的存在有赖于它们是社会中的人们的决定而创设的。① 前者是首要的,后者是派生出来的。这种陈述无疑是与"自然法"相对的一种立场,②因而在此可以直接和哈特的实证主义进行比较。第一个命题中实际上就是哈特所说的"分离命题",对此应不存在太大争议;而后者则是法律理论"社会性"或"社会事实"的一种表达,这种"创设"(established)所表达的意思实际上就是"实证"(posit)最初的含义。基于此,我们可以得出结论说,麦考密克对实证主义的阐释和理解与哈特的实证主义之间尚不存在明显的龃龉。

在寻得关于实证主义的基本理解之后,我们可以集中考察麦考密克的制度法理论与实证主义之间的关系。维拉(Vittorio Villa)认为,麦考密克的法理论前后经历了三个阶段的发展,③且方才援引的内容已属于"理论修正"时期的内容。在他看来,第一阶段主要体现在《法律推理与法律理论》一书中,麦考密克在此坚决捍卫了法律实证主义与自然法之间的理论对立,而且此时的立场最接近哈特意义上的法律实证主义内涵;在第二阶段即理论修正时期,法律实证主义与自然法之间的理论对立开始被质疑,却仍得到了一定程度的遵循,彼时的相关论述主要体现在《哈特》和《制度法论》这两本著作之中;在第三阶段,集中体现在"法律、国家与实

---

① Neil MacCormick & Ota Weinberger, *An Institutional Theory of Law*: *New Approaches to Legal Positivism*, Dordrecht: D. Reidel Publishing Company, 1986, pp. 128-129.

② "相对"并不等同于"相对立"。至于二者之间是否相对立,我们会在后面部分作具体考察。

③ Vittorio Villa. ,"Neil MacCormick's Legal Positivism", in Maskymilian Del Mar & Zenon Bankowski, eds. , *Law as Institutional Normative Order*, Burlington: Ashgate Publishing Company, 2009, pp. 50-56.

践理性"系列著作尤其是《法律制度》中的不仅包括对法律实证主义与自然法这种二分观点的抛弃,即认为这种划分本身是"毫无意义的",①而且还包括"在没有关于道德证立之考察的情形中,关于法律的解读都将是不可能的"②这种极具自然法意味的主张。除此之外,维拉还认为麦考密克所经历的这些转变存在诸多需要进一步予以澄清的内容,因为实证主义与自然法之间的理论对立"在当代法律思想中仍扮演着核心角色"③。在此值得讨论的是,麦考密克的制度法理论或许并非像维拉所认为的那样存在三阶段的发展,而是一开始就埋下了偏离实证主义从而无法始终坚持为其提供辩护的种子。本书认为,维拉教授过于关注实证主义与自然法之类的简单标签,由此不免忽略了早期一篇重要文献的实质性内容。要知道,在改造"制度性事实"的过程中,麦考密克实际上已将"原则"以及隐含在原则背后的诸多带有价值、道德色彩的内容引入其中;这种改造活动在1973年"作为制度性事实的法律"的就职演讲中就已然发生,它无疑要早于《法律推理和法律理论》一书中所坚持的那种对立立场。由此,我们可以说,麦考密克一开始便在其法哲学中播下了一颗道德的种子,等待其生根发芽。基于此,三阶段的划分就会变得难以成立;与之不同,我们毋宁可以以"显性的实证主义"或"隐性的实证主义"这类方式来解读麦考密克制度法理论与法律实证主义之间的关系。就前者而言,麦考密克的相关论述虽然表面上仍在为法律实证主义辩护,但由于其理论的内在逻辑会促使他在一定程度上向自然法理论开放和靠拢,所以他为哈特意义上的实证主义所作的辩护也会逐渐变得越来越弱;就后者而言,麦考密克认识到其理论的内在问题并给出了相应答案,这使得其理论即便在表面上都不再能有效地捍卫实证主义,从而在措辞上也要求进行相应的改变。

---

① Neil MacCormick., "Natural Law and the Separation of Law and Morals", in Robert. P. George, eds., *Natural Law Theory: Contemporary Essays*, Oxford: Clarendon Press, 1992.

② Neil MacCormick., "Comments", in Ruth Gavison, eds., *Issues in Contemporary Legal Philosophy: The Influence of H. L. A. Hart*, Oxford: Clarendon Press, 1987, p. 113.

③ Vittorio Villa., "Neil MacCormick's Legal Positivism", in Maskymilian Del Mar & Zenon Bankowsiki, eds., *Law as Institutional Normative Order*, Burlington: Ashgate Publishing Company, 2009, p. 46.

如此一来,不仅麦考密克自身的制度法理论可以得到更为一致的考察,而且这种摒弃实证主义与自然法简单二分的进路也更符合其理论的内在要求。基于此,本节所考察的"后实证主义"就主要不再是一个"麦考密克的法理论是否已蜕变成自然法理论"之类的问题,而是"如何在制度法理论的框架下对实证主义和法律自身进行更好的说明"的问题。

二、后实证主义诸命题及其内在关联

本书认为,"后实证主义"由三个命题共同构成,它们分别是第二章和第三章中谈及过的经由"原则"概念而进入制度法理论中的道德或价值命题,第四章中的"制度性规范秩序"命题,以及潜在于第五章实践理性相关讨论中的"道德自主性"命题。在接下来的内容中,笔者将首先对该三部分内容作分别陈述,并揭示其内在的逻辑关系,并在此基础上进一步展示"后实证主义"在何种意义上仍是一种实证主义,同时又在何种意义上不再是一种实证主义,即其中"后"(post-)的问题。

粗略看来,三命题间的联系好像并不紧密,它们似是彼此分离的内容,但事实上却并非如此。它们之间至少存在一个"共通"的主题,即法律与道德之间的关系。[①] 的确,麦考密克引入"制度性事实"的初衷旨在为法律实证主义提供一种新的本体论和认识论,从而实现法律实证主义

[①] 当然,对于三命题间的关系,我们还可以从其他视角展开,比如说"知识论"。但由于此处试图解决的一个关键任务是考察"后实证主义",所以将法律与道德之关系列为主要的考察脉络;实际上,相较于"知识论"问题,它与三命题间的关系也显得更紧密一些。此外,意欲达致后实证主义,我们还必须在三命题中寻得一个"切入点";在我看来,第二章已专门考察过的"制度性事实"仍不失为一个好的选择,这不仅是因为制度性事实是麦考密克的制度法理论从而也就是其法理论的核心因素,而且因为麦考密克对制度性事实的重释一开始就展示出其理论偏离实证主义的趋向。但与此前对其中所涉及之内容考察不同的是,我们在此可以以另一种视角对其进行重新审视。通过引入制度性事实,麦考密克试图解决的一个主要问题在于"法律知识是否可能?"肯定性的回答表明,法律并非只是法律现实主义者所说的那样只是繁杂的个别对象,而是客观地存在一种"制度性事实",它好比是弗雷格所说的"思想"世界抑或波普尔所说的"世界Ⅲ"。当解决此问题后,随之而来的问题是"我们如何表达这种法律知识",是一种纯粹描述的方式还是一种附加价值承诺的方式?哈特选择了前者,从而才有后面广泛争议的"描述性社会学"问题,虽然麦考密克起初也坚持哈特的"非唯知论"路线,但却又显得不尽相同;在他看来,没有价值和目的论因素的参与,我们实际上不可能真正认识任何一个事物。See Neil MacCormick., "Comments", in Ruth Gavison, eds., *Issues in Contemporary Legal Philosophy*: *The Influence of H. L. A. Hart*, Oxford: Clarendon Press, 1987, pp. 109-110.

的一种"新发展"。但可能连他自己都未曾预料到的一个意外结果是,"原则"在重释过程中得以顺理成章地进入制度法理论中,从而也就是进入到整个法哲学之中。更明确地说,与原则相关的并不只是一个"原则"问题,而是一个被道德所笼罩的道德问题。原则进入其制度法理论中,其实就是"道德"进入到制度法理论中;这实际上就是经由本书第二、第三章考察所得出的一个基本结论。

尽管如此,我们仍有必要对这一结论进行某种限定,即"道德"在此进入制度法理论中的幅度和程度仍是非常有限的。毕竟,麦考密克此时所标榜的理论任务在于实现哈特式的法律实证主义的一种新发展,因而不可能在此非常明确地处理这一问题。但确切无疑的是,制度性事实、规则、原则、道德等要素之间如何更好地相互协调这一问题现在却已摆在了麦考密克面前,他必须对此予以进一步的说明,而且这种说明还必须与奠基于制度性事实的整个制度法理论的语境相协调。在此,道德的自主性为理解法律与道德的关系提供了新的视角,而自主性的一个核心意涵就在于自我立法。然而,很明显的是,不同理论在"何为自我立法"这一问题上存在着很大分歧;比如说,以康德为代表的理性主义和休谟以及斯密为代表的情感主义虽然都赞成"自我立法",但却在"哪一部分的自我在承担立法工作,哪一部分的自我在遵守所立之法"这一问题上各执一词,"理性主义将立法的部分与其他部分区分出来,并称其为'理性'……情感主义将道德反思所产生的准则视为整体心灵的产物,他们不区分心灵的统治者和被统治者"①。麦考密克无疑明确意识到了这一问题,斯密式定言命令就在于为此提供一个答案,继而为法律和道德及其关系提供一个总的说明:它不仅要说明实践理性为什么是法哲学研究的一个主题,同时还要说明道德在法律中扮演的不可或缺的角色。

如若以斯密式定言命令为核心的实践理性阐述能够得到证成(在笔者看来,麦考密克经由调和康德和斯密而得到的斯密式定言命令是能够成立的,虽然其中可能会涉及一些不足之处,但这并不影响其基本成立),那麦考密克就可以将之前仍潜在于制度法理论中的原则、目的、道

---

① [美]迈克尔·L.弗雷泽:《同情的启蒙:18世纪与当代的正义和道德情感》,胡靖译,译林出版社2016年版,第4页。

德、共同善等规范要素更明确地推至理论前台上进行讨论,这就是制度性规范秩序命题试图展现的内容。法律之所以是一种"制度性规范秩序",其理由就在于,"规范"一词集中性地表达了诸如原则、道德、共同善等内容;不仅如此,经由规范秩序的"规范"配置,法律一开始就涉及的一个关于应当的价值性或评价性问题。这无疑是麦考密克借此希望得到彰显的内容。

由此可知,三命题之间不仅存在脉络上的前后衔接关系,同时还存在基础性说明和外在性表达的相互支持关系。正是由于在解释制度性事实时开放出了原则问题,这才为道德的引入提供了契机,关于法律的道德性或规范性基础这一问题才更明确地被提出。也正是在这里,麦考密克才转入对实践理性这一规范伦理学问题的讨论,并在此基础上论证了制度性规范秩序这一后实证主义命题。然而,这是否意味着,释明三命题的内在关系就已达致了对"后实证主义"本身的证明呢?显然不是,这是两个不同的内容。此处所处理的是三命题间的内在结构,因而已预设了"后实证主义是成立的"这一前提,而后实证主义本身是否成立则是另一个问题。实际上,二者间的差异使得,即便三命题是成立的,后实证主义本身也不一定就能自然地由此得到证成。这是接下来要处理的内容。

三、后实证主义能否成立(Ⅰ):外围层面

无疑,"后实证主义"肯定不是"反实证主义",这一点不仅得到了麦考密克的肯认,也得到了国内学者的清晰说明。[①] 然而,这种提问方式本身具有的意义可能会非常有限,因为讨论该问题的理论逻辑在于首先明确由"实证主义"和"后"组合而成的"后实证主义"在何种意义上仍是一种实证主义,同时又在何种意义上是一种"后"实证主义,并在此基础上最终回答其是否成立的问题。在此,我们将首先基于既有讨论对"后实证主义"中的"实证主义"和"后"作一个初步的形式分析,并在这一讨论基础上再对后实证主义能否成立作实质性的考察。

---

① 余涛:《法律制度理论的后实证主义面向及其困境》,载《法律科学(西北政法大学学报)》2020年第4期,第26—27页。

(一)制度性与实证性

如若本节前半部分对"实证主义与麦考密克的实证主义"的解读无误,那么,我们就可以理解为什么后实证主义仍会是一种实证主义。麦考密克之所以能够始终自信地认为其理论是"实证主义的一种新发展"并捍卫其与哈特法律实证主义之间的紧密关系,其内在根据就存在于由"制度性事实""制度化""制度性""法律制度"等术语折射出的理论内容和倾向。无疑,在前期制度法理论中,麦考密克通过"制度性事实"试图解决的基本问题在于"法律知识何以可能",但随着"制度"一词的发展和丰富,其范围也得以大大拓展。无论是第二章对"制度"本身的考察还是对规范秩序及其制度化的梳理,大致可以明确的内容在于:制度、制度化抑或制度性都只不过是对"实证性"在不同程度上的表征。所谓"实证的"指的就是,它是在调整人类行为并经由有意识的人类行动所设定的,制度化由此就成了"实证"的一个代名词。如若法律实证主义因其"实证性"而成立,那制度法理论也将因其所展现出的内容与实证性之间的"本质一样"而自然地归属于法律实证主义阵营。然而,需要注意的是,此种说明并不具有足够强的说服力,因为"实证性"或"实证的"毕竟不完全等同于"实证主义",二者间的差异会斩断刚才所建立起的那种关联。这意味着,相关讨论必须进入到"分离命题"之中进行。

(二)通过自主性区别法律与道德

比克斯认为,我们最好把法律实证主义理解为这样一种信念,"认定实在法是一个值得独立研究的学科"[①]。此处的"独立"指的是道德上中立的法律描述理论或法律的概念是可能的且是值得追求的,它指向的是"分离命题"。对分离命题本身,人们实际上并不存在理论争议,有争议的是它是否可能。不管是前期制度法理论还是后期制度法理论,麦考密克始终都在捍卫分离命题,虽然捍卫的方式不尽相同。就后实证主义语境来看,在与道德相比较的意义上,他将法律解释性地定义为制度性的、权威性的、他律性的一种规范秩序,而将道德理解为一种自主性的、普遍

---

① [美]布赖恩·H.比克斯:《牛津法律理论词典》,邱昭继等译,法律出版社2007年版,第129页。

性的、具有论辩性的规范秩序,这一区分并不是随意的。其中,"制度性"是与道德的"自主性"相对应的一种关于法律的品性,从而成为理解法律的关键。经由斯密式定言命令,麦考密克不仅说明了法律和道德之间的"同构性",与此同时,通过自主性、普遍性、实践理性的考察,麦考密克还进一步揭示出法律与道德之间所存在的"差异性",而且这种差异性还是概念层面上的。这就意味着,法律和道德之间是存在着概念区分的,从而分离命题即便在后实证主义语境中也是成立且得到捍卫的。如此一来,在分离命题的意义上,后实证主义也仍旧属于实证主义阵营之中。

(三)原则与规范承诺

说明后期制度法理论为什么仍处于实证主义阵营或许会相对比较容易,而说明它在何种意义上跨越了实证主义则会显得较为复杂和困难一些,它要求对麦考密克制度法理论的整个走势有一个基本把握。在第三章中,通过考察麦考密克对"原则"问题的处理态度,我们认为它(即前期制度法理论)实际上开放出了一个偏离哈特式规则理论的窗口,尽管这一论题彼时仍未得到明确处理从而只占据着一个不太重要的位置;然而,经由对哈特内在观点的进一步区分并将"意愿性内在观点"置于"认知性内在观点"的逻辑优先性地位,麦考密克开始正式论证"道德"因素在法律中的位置问题,从而带有了相当程度的规范性法律实证主义色彩。如果说关于原则的讨论仅仅只是开放出了一扇窗口,那么,关于内在观点的讨论则明确地将制度法理论的目标掰离了哈特式的法律实证主义。如此一来,我们对于法律的认识其背后都将隐含着一个"规范性要素",后者成为我们关于法律的认知和理解成为可能的背景和前提。在具体的表述中,麦考密克先后使用过德沃金意义上的"原则"、富勒意义上的"目的"、凯尔森意义上的"规范秩序"、菲尼斯意义上的"核心意义"(focal meaning),并最终主要聚焦于"规范秩序"。规范秩序是一种理想秩序,其所具有的规范意味使得我们对现实层面中的法律或道德等秩序的理解成为可能。也正是在这个意义上,麦考密克才会在为自己的实证主义添加新的限制,即虽然法律和道德之间存在概念上的区分,但对于法律的理解是无法脱离道德因素这一基础和前提的,"道德必定是法律的基础"①。

实际上,在当代法律实证主义语境中,已经鲜有人会支持传统意义上的那种"恶法亦法"观念;不管是排他性法律实证主义还是包容性法律实证主义都为关于法律的道德研究给出了诸多理论说明,即便是像拉兹这样的排他性实证主义者也主张法律要变得具有可理解性就不可或缺地需要客观道德主义,即理由与价值之间具有不可否定的必然联系。② 因而,在认识论意义上,麦考密克、拉兹、菲尼斯等人之间实际上并不存在本质区别。其间的差别只在于,这种认识论意义上的道德是否会否定法律存在的效力基础。麦考密克给出的答案认为,此时的法律已失去了其核心处的规范性而不再具有法效力;也正是基于此,麦考密克才作出了跨越实证主义阵营的明确表态。这种理论立场既不是自己之前坚持的那种实证主义,也不是自然法理论,更不是反实证主义,所以才会将其强谓之"后实证主义"。

四、后实证主义能否成立(Ⅱ):实质层面

至此,我们已完成关于后实证主义的外围讨论,进一步的问题则在于回答,麦考密克的后实证主义是否必要以及能否成立中的某些实质性问题。

圣路易斯大学卡伦·彼德洛斯基(Karen Petroski)教授以"麦考密克的立场是否真的是后实证主义"为核心点考察了"后实证主义是否可能"这一问题,其结论是否定性的,因为"现代法理学不可能而且也没有必要寄希望于普遍性地转为后实证主义"③。在给定的制度条件下,实证主义将是关于法律的一个必然选择,从而转向后实证主义理论立场的制度可能性与可欲性就会变得相当可疑。其具体论证始于对"实证主义"本身性质的认识以及麦考密克寻求超越实证主义的动机和理由,其次对产生法律理论的制度条件(而非其内容)进行考察,并最终温和地认为实证主

---

① Agustín José Menéndez & John Erik Fossum, eds., *Law and Democracy in Neil MacCormick's Legal and Political Theory:The Post-Sovereign Constellation*, Heidelberg: Springer, 2011, p. x.
② 刘叶深:《原则、效力与法律的概念》,中国政法大学出版社 2018 年版,第 166 页。
③ Karen Petroski, "Is Post‐Positivism Possible", *German Law Journal*, vol. 12, no. 2, 2011, p. 663.

义才是应该得到坚持的理论立场,由此得出的结论必然使得后实证主义失去其现实性。实际上,卡伦教授对"实证主义"的理解不同于通常所说的分离命题或渊源命题,"实证主义"在她那里是关于以下几点的整体性共识:法律可以区别于其他事物;法律是一个规范体系;法律体系具有其自身的局限;法律必须关涉某种更高秩序的话语(用以界定法律体系)。① 应该说,这是一种较为宽泛的"实证主义"观念。在此基础上,她认为麦考密克从实证主义出离并走向后实证主义主要基于两种理由:概念性的理由或审慎性的理由(conceptual or prudential)。前者在于,或是不满于实证主义者所处理的日益狭隘的问题及繁杂的结论,或者是法律实证主义的某一种或多种前提/方法已不再令人信服;后者则在于,或是试图将理论家的研究工作从与法律实证主义标签相联的贬义中解脱出来,或是实证主义论题之下可供使用的理论材料已经被耗尽,抑或意欲标新立异而不满足于仅仅只是一种派生的理论。② 那么,麦考密克转向后实证主义是基于何种理由呢? 在卡伦教授那里,理由主要是审慎性的(但他却并没有给出有说服力的论证)。如若其转向的理由果真如此,那相关的理论考察似乎就会变得非常有限,甚至是没有必要。

实际上,卡伦所得出的否定性结论是很难得到证成的。其间的原因并不在于她没有说明麦考密克转向后实证主义的理由为什么是"审慎性的"——这无疑会削弱其结论的说服力,③也不在于她所说的"实证主义"一词含义宽泛,而是在于,她并未准确把握从而误解了麦考密克所从事的理论工作,即关于法律的一种概念分析。与之相对,卡伦教授的考察并没有遵从这样的思路,而依靠的是一种"语境论"和"必要论"。她区分了法律实践和关于法律的理论,前者是一阶性的,后者是二阶性的,法律实证主义便属于后者;而由于盎格鲁—美国(Anglo-American)的法律理论传

---

① Karen Petroski, "Is Post-Positivism Possible", *German Law Journal*, vol. 12, no. 2, 2011, pp. 668-669.
② Karen Petroski, "Is Post-Positivism Possible", *German Law Journal*, vol. 12, no. 2, 2011, pp. 672-673.
③ 在此,我们可以对该论证作一个简要的补充。卡伦的意思应该是说,在实证主义的分离命题和事实命题的意义上,麦考密克并没有提出挑战;正如前面所说,麦考密克是认同并坚持法律与道德之间存在概念上的区别的,而且它也符合卡伦对实证主义的宽泛界定。所以,麦考密克转向实证主义的理由就只能是他所说的"审慎的"理由。

统自霍布斯、边沁、奥斯丁、哈特以来主要(并不唯一)是一种实证主义传统,这种制度语境会使得麦考密克的后实证主义转向变得不再必要。然而,如若明确意识到其转向的内在动机是由于通过法律的概念分析本身所衍生出来的,那我们就可以说,卡伦教授的批评只不过是在隔靴搔痒,而并未真正面对后实证主义转向中的核心问题意识。如此看来,麦考密克的后实证主义转向并不像她所说的那样是一种"堂吉诃德式的"①。

对于这种否定性的看法,托马斯·布斯塔曼特(Tomas Bustamante)提出了针对性的批评并在此基础上捍卫了麦考密克的"后实证主义"立场。首先,他认为,卡伦关于"什么是实证主义"的论证是一种循环论证,因为关于法律领域的描述必然是自我指涉的从而排除掉了那些已与法律实证主义的某些关键假设相一致的非法律理由;②这就意味着,卡伦对法律实践和法律理论的说明就好比是,法律理论将法律界定为自我指涉的和排他性的,这只是因为法律是自我指涉的和排他性的。由此,她对法律和法律理论所作的说明就是不可信的,因为它不仅会走向自我封闭,还会错失法哲学的核心关注。那么,法律理论是否就是如此自我指涉而远离诸如政治或道德等领域呢?这涉及托马斯教授自己对"法哲学"的理解。在他看来,"法哲学是对法律之本性的哲学追问……它是一种关于存在什么、应当是什么以及能够知道什么的一般性和系统性反思,只不过特定指向法律"③。因而,法哲学或法理论就被赋予了一种批判性的色彩,它与卡伦所主张的那种自我指涉性抑或中立性的理论态度就形成了鲜明对比,并成为二者间的关键差异之一。在这个意义上,法理论必然包括了法律论证理论;④也正是在这个意义上,托马斯与德沃金的立场更为接近,并认为诸如边沁、奥斯丁、哈特等人的理论都并非具有真正的"中立

---

① Karen Petroski, "Is Post-Positivism Possible", *German Law Journal*, vol. 12, no. 2, 2011, p. 692.

② Thomas Bustamante, "Comment on Petroski: On MacCormick's Post-Positivism", *German Law Journal*, vol. 12, no. 2, 2011, p. 695.

③ Thomas Bustamante, "Comment on Petroski: On MacCormick's Post-Positivism", *German Law Journal*, vol. 12, no. 2, 2011, p. 706.

④ Thomas Bustamante, "Comment on Petroski: On MacCormick's Post-Positivism", *German Law Journal*, vol. 12, no. 2, 2011, pp. 264-265.

性"。因而,具体到麦考密克这里,"即便是在其早期著作中,他也并不完全满足于主流实证主义关于法律性质的立场"①。这与前文得出的结论是相吻合的。

与那种仅仅寻求如何形式化地识别法律的实证主义者不同,麦考密克一开始就将理论与实践的问题相互结合。他并不旨在"描述"一种关于法律的理论,相反,他是在进行一种理论重构的工作,其中有论者自己的参与;这意味着,并不存在一个不变的客体在某处等待人们去发现,而只是存在对客体的一种理论重构。在 2006 年的一场学术访谈中,麦考密克讲道"我着迷于哲学,但又想从事法律实践"②。法律理论是关于法律的理论,但我们往往忽略掉它同时也是特定主体作出的关于法律的理论。虽然我们说,麦考密克的后实证主义基本上能够得到概念层面的支持的,但却不得不注意的是,对社会实践尤其是法律实践的密切关注反过来对他的制度法理论以及法律与道德之间的关系具有重要影响,从而也就无法做到且也不愿意像哈特那样保持道德中立。因而既保持"诠释"又涵括"说明"的"诠释—分析"或"解释性—说明性"就将是麦考密克制度法理论从而也就是他认为一般法理论应予以坚持的最佳立场,③而这又要求理论家们保持对社会和法律实践的关注,乃至作出某种必要的承诺。

在法律效力问题上,这种实践承诺就体现为"拉德布鲁赫公式",即"极端不法(不正义)不是法"。对此深信不疑的理由,除了前面所说的"一般的必要性和推定的充分性""意愿性内在观点"的逻辑优先性以及法律和道德同属实践理性范畴由此具有同构性之外,另一个重要的理由就在于"正确性宣称"(claim to correctness),④这一点在前后期制度法理论中都得到了体现。在阿列克西看来,"正确性宣称"是"冲破实证主义

---

① Thomas Bustamante, "Comment on Petroski: On MacCormick's Post-Positivism", *German Law Journal*, vol. 12, no. 2, 2011, p. 709.

② Manuel Atienza, "Entrevista a Neil MacCormick", *Cuadernos de Filosofía del Derecho*, no. 29, 2006, p. 480.

③ Manuel Atienza, "Entrevista a Neil MacCormick", *Cuadernos de Filosofía del Derecho*, no. 29, 2006, pp. 481-482.

④ Robert Alexy, "On Necessary Relations Between Law and Morality", *Ratio Juris*, vol. 2, no. 2, 1989, pp. 167-183.

法概念壁垒的萌芽"①。它具体由三方面要素构成,即"正确性宣称""对可证立性的担保""对可接受性的期待"。② 请看这样一个表述,"X 是一个主权的、联邦的与不正义的共和国"。这一条款不仅仅是具有"不当性"或"政治上不明智",也不只是违背了"语言惯例"或"技术错误",而是内在地具有"绝对的荒谬性",其荒谬之处在于:任何立法行为都内含着正确性宣称(即与例子中不正义相反的正义宣称)。该条款与正义宣称之间的相互矛盾使得它成为一个不正义条款。与立法行为一样,任何的司法裁判行为也会或明或隐地主张正确性宣称。基于此,"(根据对有效法的不正确解释,错误地)判处被告人终身监禁"就会因与判决中始终存在的一种宣称,即与"主张判决是正确的"这一宣称相矛盾而成为一个荒谬的、不可理解的判决。其原因在于,"任何人要放弃正确性宣称,就从总体上失去了陈述任何一种宣称的可能性,因为只有提出真值和正确性宣称的言语行为才算是宣称"③。应该说,法律必然主张"正确性宣称"具有很强的说服力,因为它根植于言语行为本身,从而在法律和正确性之间建立起了必然的概念关联,并由此直接影响到了法律效力问题。从表面上看,试图颠覆正确性命题在理论层面似乎是可能的,但其代价却是整个人类重新开始,这在实践上就将变得几乎不可能。由于"只凭正确性宣称而非正确性宣称的实现,就能建立法律与正确的道德之间的必然关联",④所以法律与道德之间就不可能存在真正的分离,概念层面上的分离由此就具有了一个根本性限制。如此一来,我们对"法律"就获得一个牢固的知识。对于这一点,麦考密克几乎将其作为一个"真理"来予以接受。

至此的讨论表明,在实践理性语境中,关于"实证主义"或"自然法"

---

① [德]罗伯特·阿列克西:《法:作为理性的制度化》,雷磊编译,中国法制出版社 2012 年版,第 2 页。
② [德]罗伯特·阿列克西:《法:作为理性的制度化》,雷磊编译,中国法制出版社 2012 年版,第 3 页。
③ [德]罗伯特·阿列克西:《法:作为理性的制度化》,雷磊编译,中国法制出版社 2012 年版,第 6—7 页。
④ [德]罗伯特·阿列克西:《法概念与法效力》,王鹏翔译,商务印书馆 2015 年版,第 85 页。

的区分实际上就不再具有严格的理论价值。① 麦考密克走向规范性法律实证主义并最终转向后实证主义的立场演进就是一个重要的表征。"后实证主义"语境下的制度法理论表明,调整人类行为的那些规范并非都是完全可经由人类行动来进行设定的,事物具有自身的规定性,而这是可废止的实证性法律可能无法涵括的最低内容。尽管至此的说明已经达致对"作为制度性规范秩序的法律""后实证主义"等内容的考察,但我们仍可以通过进一步麦考密克对菲尼斯"自然法"的态度来反向地加深对制度法理论性质的理解和把握。

第四节 麦考密克对"自然法"的态度

1980年,菲尼斯出版了《自然法与自然权利》一书;作为菲尼斯的好友,麦考密克在该书出版前就已接触和阅读了其中的内容。客观地讲,它对麦考密克关于法理论的看法是有深刻影响的,并促使他对"自然法"进行重新评估,乃至是将哈特也描述得更像一个"自然法学家"②。但又如前所述的那样,他自己又明确拒绝将制度法理论归入自然法传统之中。③ 那么,麦考密克对自然法的态度究竟如何呢? 实际上,在考察规范性法律实证主义之时,我们已提到理解制度法理论之理论转向的一篇重要文献,即"自然法与法律和道德的分离"。这是一篇关于菲尼斯《自然法与自然权利》的评论文章,它揭示出麦考密克对自然法与法律实证主义之看法的某种转变及其与自己所持立场之关系的理解。他坦诚地说道,菲尼斯的《自然法与自然权利》一书不仅是一个里程碑的著作,而且它还带来了智识上的挑战,促使自己进行了学术范式上的转变;④这种转变究竟是

---

① Neil MacCorMick, "Contemporary Legal Philosophy: The Rediscovery of Practical Reason", *Journal of Law and Society*, vol. 10, no. 1, 1983, pp. 8-9.
② [英]尼克·麦考密克:《大师学述:哈特》,刘叶深译,法律出版社2010年版,第23页。
③ Neil MacCormick, *Institutions of Law: An Essay in Legal Theory*, Oxford: Oxford University press, 2007, p. 5.
④ Neil MacCormick, "Natural Law and the Separation of Law and Morals," in Robert P. George, eds., *Natural Law Theory: Contemporary Essays*, Oxford: Clarendon Press, 1992, p. 106.

何种意义上的呢？在本节内容中,我们将以这篇论文为基础讨论麦考密克对自然法(主要是菲尼斯意义上的新自然法)的基本态度问题,并在此基础上形成对制度法理论以及后实证主义立场的深入理解；在这个意义上,本节的讨论属于"补强性理由"。具体而言：我们将首先概览麦考密克的基本论述,并对其予以重构,继而在此基础上来考察自然法进入制度法理论的基本途径,以及麦考密克对自然法的亲近对其制度法理论所具有的理论意义。

一般观点认为,自然法理论的基本教条就在于"不正义的法律必定是非法"(unjust Laws are necessarily non-laws),而这一教条又被认为是可以从正义原则中派生出来的,通过对事物的"本性"进行观察就可以发现这一点。与之相对,法律实证主义则认为,法律与正义或道德尽管存在使用术语以及所关切主题上的类似,但对法律的分析和解释却独立于任何道德原则或道德价值,因为法律之效力和内容取决于社会实践本身。尽管人们也可以辩称说,从社会实践到法律的产生无法脱离诸道德原则或道德价值,但法律自身是独立于任何道德判断的；它涉及一个社会事实问题,而不是道德价值问题。这便是"法律与道德之分离"的基本内容和理论目的。如此一来,在现代法理学基本语境中,自然法往往被视作与法律实证主义相对立的一种理论形态,法律实证主义与自然法不仅可以进行完全区分,而且这种区分本身就具有重要的意义。当然,根据前面在《为法律的去道德论的道德辩护》一文所阐述的观点,法律实证主义者并非就是非道德论者,因为他们并非不关心实证法的道德品性亦即那些"批判道德"的内容；边沁对法律概念的关切便是最好的证明。麦考密克认为,法律实证主义的"法律与道德之分离"的命题旨在说明,仅仅法律的存在本身(或仅仅法律的存在这一社会事实本身)并不能保证其作为法律的道德优点或其他品性；它同时也无法保证遵守法律的要求是一种道德义务乃至道德所要求做的事情。[①] 对于法律实证主义者而言,如果按照某些人所认为的那样,将法律的效力和内容建立在道德等要素之上,从而根据道德性的考量来对法律提出某种要求,这无疑会稀释法律的存在这一事

---

① Neil MacCormick,"Natural Law and the Separation of Law and Morals", in Robert P. George, eds., *Natural Law Theory: Contemporary Essays*, Oxford: Clarendon Press, 1992, p. 107.

实本身。这就是说,法律的存在并不会自动地获得道德上的尊重,尽管人们可以根据道德观点来对其进行批判性考察。

与人们通常对传统自然法关于法律和道德之关系的论述不太一样,菲尼斯及其自然法理论似乎并不否定实证法和道德之间的分离命题;不仅如此,他还认为,古典自然法理论并不是说存在着简单且可普遍适用于所有法律体系之法律有效性的道德准则,甚至超验性的准则。当说道"不正义的法律不再是法而是法律的堕落"时,它所关注的并非技术意义上的法律有效性问题;原因在于,根据有权进行立法的观点来看,法律的效力并不会因其是非正义的就予以否定。尽管它所赋予的权力或所施加的义务从道德维度来看是不公正的,但这并不能否定它赋予了权力和施加了义务这一事实。它们是法律权力和法律义务,只不过是有缺陷的或腐化了的权力和义务。无疑,这种腐化或缺陷的确削弱了遵守和尊重法律的道德可能性,在极端情形下甚至会完全否定其可能性。就此而言,在一个有缺陷的法律中,不正义的立法所具有强制约束力从道德实践角度来看充其量也就是有缺陷的,尽管从法律分析角度来看它的确仍是一个有效的法律义务。对此,麦考密克举了一个英国有关税收法案的例子来进行说明。① 在这项法案中,英国上议院用新的地方税取代了旧的税收制度;旧税收制度以个人名义下的不动产为限征收财产税,而新税收法案则由地方当局对常住成年居民征收统一的人头税,不再对特定的贫困人口免税。就此法案所规定内容来看,自然法论者必定认为,尽管该法案的确是一项有效的法律,但按其所规定进行纳税的道德义务却是一种稀薄的道德义务。然而,在此问题上,法律实证主义者如麦考密克自己也能够得出与菲尼斯主义者类似的结论,即法律是有效的、但所施加的义务却违背了正义的要求;这也就是说,纳税的法律义务是真切存在的,但是否具有纳税的道德义务却显然是一个有争议的问题。在自然法传统中,主流观点实际上并非只是简单否定这种法律的存在,而是认为它在道德上是不占优势的乃至是完全负面的;与之相似,在法律实证主义传统中,虽然部分的人会认为不正义的法律具有完全的强制力,但至少主流观点都不

---

① Neil MacCormick, "Natural Law and the Separation of Law and Morals", in Robert P. George, eds., *Natural Law Theory: Contemporary Essays*, Oxford: Clarendon Press, 1992, p. 109.

同程度地承认不正义的法律并不具有道德约束力。

如此一来,我们就必须进一步回答,当人们在对法律实证主义与自然法进行争论时,到底在争论什么?无疑,实证主义者坚持法律的界限从而有力地反驳了自然法论者从法律的腐化转向无效之法的推论,而且它对法律系统的结构、法律渊源等内容的分析也是值得自然法理论予以借鉴的内容。与之相应,自然法论者对法律道德性的强调也时刻提醒着人们,那些以法律之名而行不义之事的法律削弱乃至完全否定了法律的道德约束力。据此,自然法和法律实证主义之间的既有分歧似乎并非像人们通常所认为的那样水火不容:二者不仅可以对同一问题得出相同的结论,而且各自似乎还完全可以从彼此之中学到很多东西。菲尼斯自己也明确地说道,"自然法理论家却从未曾设想把他们自己的理论与法律实证主义相对立,甚至相区分"①。顺着这样的思路,麦考密克进一步认为,更为重要问题就不再是在二者间进行立场选择,而在于如何将这两个不同的立场予以有效地联合起来。② 在此,麦考密克得出了两个基本结论,即法律实证主义与自然法可以对同一问题得出相同结论,以及二者应该进行相互借鉴。这实际上暗示了制度法理论中的一个重要理论倾向以及理论转向的可能性,即法律实证主义与自然法的传统二元区分是不充分的,从而这种单一区分就将变得意义有限。③ 也正是由于对这一问题存在看法上的改变,后期制度法理论才表现出对自然法理论的某种亲和态度。

当然,据此我们还远远无法得出结论说麦考密克在法律实证主义立场上有了实质性的改变,因为重视自然法与法律实证主义之间的关联并非就是要否定二者间的差异。只不过,在麦考密克看来,二者间存在的一个本质性关联会重新塑造二者间关系的相关看法和理解,即社会来源。菲尼斯在《自然法与自然权利》一书中曾指出,绝大多数的社会制度和社会实践只有在某些要旨、价值等要素的帮助下才能得到理解和解释。比

---

① [英]约翰·菲尼斯:《自然法理论》,吴彦编译,商务印书馆2016年版,第87页。
② Neil MacCormick, "Natural Law and the Separation of Law and Morals", in Robert P. George, eds. , *Natural Law Theory: Contemporary Essays*, Oxford: Clarendon Press, 1992, p. 110.
③ Neil MacCormick, "Natural Law Reconsidered," *Oxford Journal of Legal Studies*, vol. 1, no. 1, 1981, p. 99.

如说,如果脱离了核心意义我们就无法理解什么是"一本书"或者什么是"一幅画"。① 这一点与德沃金所说的"解释性概念"以及富勒所说的"目的"极为相似(我们可以在麦考密克的理论中很明显地发现对"目的"要素和"解释性概念"的强调,这与前文中所说的意愿性内在观点以及规范承诺具有一致性)。基于对这些要素的理解和把握,我们就可以理解什么属于"具有相关性的情形",比如说,什么是一本书或不是一堆杂纸堆、什么是一幅画而不是一摊污渍。更进一步说,在对何为"具有相关性的情形"的判定中,我们需要一种"识别标准"。需要注意的是,这一标准本身不可能做到价值无涉,而且在对标准之价值的理解中,"重要的不是直接考虑某个人自己的价值判断,相反,应考虑我们能够将何种意图归于对象的创造者或配置者"②。由于这种看法涵括了对一般社会现象的理解,从而也就自然地适用于对法律的理解。

虽然法律的要旨、价值、目的或解释性概念并不构成法律有效性的条件,同时也不能据此说法律事实上就合乎某种价值或能够促进菲尼斯所说的共同善,但我们可以有充分的理由认为:当一项法案被明确命名为旨在施行不公正的歧视时,它无疑会产生一种自我矛盾。这即前面所说的正确性宣称问题。如果议会制定一项"对1970年设置罢工纠察法的不公正限制"或"对有钱人施行的不公正税收"等法案,尽管其中可能不会存在任何语法或逻辑层面的自相矛盾,但它却会在一般观念层面面临遭遇到自我否定。③ 即便法律内容就其实质而言是不公正的,但立法者也必须宣称它是合乎正义的,尽管这种宣称在很大程度上是"虚伪的"。此外,根据前面对"法律的去道德论"的考察,法律作为一种承载了道德的制度,其惩罚制度必定不可避免地也是承载着道德的。这使得法律对无辜之人所施加的惩罚变得"不道德",从而也就是对法律的一种扭曲。在此问题上,法律只能根据特定行为的"性质"来考虑定罪与否,而不能以民族、肤色、年龄等要素来作为判断标准,这实际上就是前面所说的目的、

---

① John Finnis, *Natural Law and Natural Rights*, Oxford: Oxford University Press, 2011, p. 10.
② Neil MacCormick, "Natural Law and the Separation of Law and Morals", in Robert P. George, eds., *Natural Law Theory: Contemporary Essays*, Oxford: Clarendon Press, 1992, p. 111.
③ Neil MacCormick & Ota Weinberger, *An Institutional Theory of Law: New Approaches to Legal Positivism*, Dordrecht: D. Reidel Publishing Company, 1986, p. 141.

价值、要旨等因素的具体展现。

通过此类论述,麦考密克旨在说明,法律只有通过借助其旨在实现的目的或价值等要素才能得到理解和说明。对此,我们应该立即予以强调的是,虽然对法律的说明无法脱离对法律旨在实现的目的或蕴含的价值等因素的考虑(这些目的或价值无疑都属于道德的范畴),但这并不等于说:要将这些实质性的道德要素接纳为法律有效性的判准。如此一来,我们就可以进一步得出两个基本结论:其一,法律与道德之间的确存在着必要的关联——这一点为实证主义法学家所忽视,但它与实证主义的分离命题却可以并行不悖;其二,法律与道德之间的这种关联似乎并不会为人们带来多少防护,因为真实世界中的立法可能只是假装看上去很公正,背地里却仍追求着恶毒目的。① 问题的讨论重点由此就转至第二个结论上。如果立法者本身是邪恶的,那么所立之法也将相应地变得邪恶,德国纳粹立法便是其实例。面对此问题,我们所要考虑的是立法中最基本的道德愿景。我们可以将立法者赶下台,或者说试图改变其既有的道德确信。在现代社会,理想的立法者难以寻觅,可寄希望于制度化的民主。

除此之外,法律和道德的另外一个重要关联就在于它们都属于实践理性范畴。在此问题上,道德和法律都是与"人类的实践关注"相联的,这实际上就是菲尼斯"人类事物哲学"试图表达的意思,②也构成了法律与道德相关联的一个至关重要的理由。在此,法律和道德在很大程度上共享着一套诸如"应当""必须""对错""权利""义务"的范畴体系,它们(连同"政治"一起)构成了对"我们如何生活"的关切。注意,不是"'我'如何生活"而是"'我们'如何生活";一字之差,直接揭示出麦考密克的对人性从而也间接地揭示出对规范性来源的某些看法。在他看来,"没有对我们自身的感受以及通过某种方式感受他人之感受的能力,我们将可能就是骇人听闻的计算器或计算机,我们既不会成为一个有

---

① Neil MacCormick, "Natural Law and the Separation of Law and Morals", in Robert P. George, eds., *Natural Law Theory: Contemporary Essays*, Oxford: Clarendon Press, 1992, p. 113.
② 吴彦:《菲尼斯实践哲学概要》,载《苏州大学学报(法学版)》2019 年第 2 期,第 13—14 页。

道德的人甚至不会成为人"①。"感受"是人的基本情感的表露,它包括了诸如希望、恐惧、意愿、同情等广泛内容;其中,"同情"在麦考密克实践理性的论述中显得相当重要,通过同情以达致对他人感情的"移情"和想象,人们得以可能生活在一个共同体之中,这是制度法理论对斯密道德情感理论的吸收和运用。对此,前文已有论述。此外,与"情感"相对应的是"理性",我们作为一种实践理性的存在能够进行实践理性层面的推理,而这种推理则是将瞬间的目的和要求纳入一个具有一致性和融贯性的秩序之中,并在与他人和共同体的相处中接受时间的考验。法律与道德在实践推理的理性层面尽管不完全同一,但却是相似的;说得更直白一些,理性不仅是"实践的",而且人本身就是实践理性的存在者。

当然,法律与道德虽然同属实践理性范畴,但一些关键性特征使得二者得以相互区别,这主要表现在法律的公共性、权威性、确定性等特征。更具体地说,法律是公共性的制度,而道德则是争辩性的、个人性的;法律具有权威性并且经由权威行动来处理纠纷,而道德则是分散性的、从而不可避免地会存在进一步的争论;法律是确定性的他律,从而约束并排除个人省思,而道德则是自主的从而会受到个人意志之约束。② 这就意味着,单凭个人道德或以个人道德为准绳可能无法解决社会性的问题,"即便是天使所组成的社会都将面临着合作问题,而这只有在某些具有共同性的公共规则情形下才能得到解决"③。在这个意义上,由于法律和道德各自所具有的模式、各自适用之规范/规则的有效性标准不尽相同,法律从此不仅可以和道德相区别,而且还意味着法律本身就具有独立存在的价值。基于此,法律和道德同属于"实践理性"将具有根本性的意义。也正是基于此,麦考密克明确指出,"每一实证法体系必定包含了一些非实

---

① Neil MacCormick, "Natural Law and the Separation of Law and Morals", in Robert P. George, eds., *Natural Law Theory: Contemporary Essays*, Oxford: Clarendon Press, 1992, pp. 118-119.

② Neil MacCormick, "The Concept of Law and 'the Concept of Law'", *Oxford Journal of Legal Studies*, vol. 14, no. 1, 1994, p. 7.

③ Neil MacCormick, "Natural Law and the Separation of Law and Morals", in Robert P. George, eds., *Natural Law Theory: Contemporary Essays*, Oxford: Clarendon Press, 1992, p. 120.

证的规范"①,并认为这是无法质疑的存在。通过实践推理意义上的实践理性,麦考密克不仅得以进一步说明法律和道德之间的"关联",而且展现出法律推理中实践理性之维的重要性。既定的法律规则表征着既定的有效规范,从而对涉身于法的人具有约束力,这种约束力不仅在于一般意义上的行为有效性或制裁可能性,更在于在没有更强理由推翻既定规范的前提下,它就会基于一致性和融贯性的要求而一直有效。

实际上,无论是早前所说的法律去道德论还是此处的实践理性命题,它们都在试图揭示法律的道德相关性。实践理性不仅在人类社会中建立起了法律秩序的理性关联,同时也隐含着法律理应采取的基本形式,即"法治"。麦考密克认同富勒、菲尼斯、拉兹对法治的论述,尤其是富勒的相关说明。通过对富勒形式法治理论的接纳,麦考密克进一步认为"合法性"本身就是一种道德层面的"善";这一认识上的更新促使其抛弃早前所持有的看法,即通过认同哈特的说法将富勒的八个原则归为技术要素而并非任何意义上的"道德"。在哈特看来,这些原则就其本身而言能够保持道德中立性,因为即便在满足这些原则的情况下仍然可能在施行不正义。② 甚至可以进一步说,在某些情况下,为了获得一个道德上可接受的结果,我们甚至还不得不打破诸原则中的一个或几个。尽管哈特的论证是成立的,但它仍忽略掉了这样一种可能性,即哈特所界定的"木工原则"(principles of carpentry)作为关涉人类事物的方式本身就承载价值,而这种价值很可能就是道德价值。③ 比如说,形式化地平等待人作为一种技术原则本身就可以设置一般性的准则从而防止个人独断,使得人们的生活变得可预期,这种形式化的要求实际上就是法治的应有之义。在此法治语境下,将一般性的标准予以普遍适用,这一抉择本身就是对作为理性主体之人的尊重,这难道不是一种道德价值的显现吗?尽管

---

① Neil MacCormick,"Natural Law and the Separation of Law and Morals",in Robert P. George,eds.,*Natural Law Theory:Contemporary Essays*,Oxford:Clarendon Press,1992,pp.120-121.

② H. L. A. Hart,"Lon L. Fuller:The Morality of Law",in his *Essays in Jurisprudence and Philosophy*,Oxford:Clarendon Press,1983,p.347.

③ Neil MacCormick,"Natural Law and the Separation of Law and Morals",in Robert P. George,eds.,*Natural Law Theory:Contemporary Essays*,Oxford:Clarendon Press,1992,p.122.

这种论述仍会面临指责,但基于形式合法性的公平正义无疑能够减少专断和实质性判断本身存在的不足,从而具有更多的可欲性,同时也能够得到普遍接受,尽管人们对于合法性的实质性内容仍会存在争议。

菲尼斯厘定出知识、生命、游戏、审美经验、友谊、实践合理性、宗教七种共同善,且彼此间不可通约。尽管学界会质疑"究竟有多少种共同善",但这并非问题的关键,因为菲尼斯对基本善的关注旨在说明它们是"人类完善的构成要素,因此就必须与人类本性存在密切的关联"①。麦考密克无疑认同菲尼斯对共同善的论述,而且他还从中得出了更多的内容。由于基本善之间不可通约,因此不仅基本善内部会存在张力,而且不同人持有的基本善更会存在矛盾和紧张的关系。在麦考密克看来,这恰恰表征着民主社会一个不可避免的自我矛盾性,因为价值在这样一个社会中必当是多元的。但这并不意味着它们必将因彼此间的矛盾和竞争而走向毁灭,因为"国家"可以通过一个合理的法律制度使个人在此合理性的基本框架内进行基本善的自我判断和选择,从而进一步使得人际间的相互合作成为可能。② 纯粹个人化的选择是不可能的,国家法律的介入从而是必要的,但法律的介入又是有限度的,独裁或全权统治从而在此又是不可能的。这意味着,在麦考密克那里,通过共同善的多样性来理解道德、法律、政治就抓住了问题的关键。"善既不是简单化的也不是一维的,而且任何关于何谓对错的判断都预设了何谓善恶的观念。"③

即便如此,对于菲尼斯关于基本善的论述,麦考密克仍提出了三方面的不同意见:其一,明确反对菲尼斯所认为的基本善的不证自明;其二,反对各种基本善本身不存在何者优先的论述,也就是说,它们之间并非都是处于同一位阶的善;其三,质疑这些基本善可否作为我们追求其他善的基础和来源。④ 麦考密克的这种质疑透露出他与菲尼斯在基础层面上的差

---

① 吴彦:《菲尼斯实践哲学概要》,载《苏州大学学报(法学版)》2019年第2期,第16页。
② Neil MacCormick, "Natural Law and the Separation of Law and Morals", in Robert P. George, eds. , *Natural Law Theory: Contemporary Essays*, Oxford: Clarendon Press, 1992, p. 126.
③ Neil MacCormick, "Natural Law and the Separation of Law and Morals", in Robert P. George, eds. , *Natural Law Theory: Contemporary Essays*, Oxford: Clarendon Press, 1992, p. 128.
④ Neil MacCormick, "Natural Law and the Separation of Law and Morals", in Robert P. George, eds. , *Natural Law Theory: Contemporary Essays*, Oxford: Clarendon Press, 1992, p. 128.

异性态度,他更看重的是"善"的"建构性",这与菲尼斯所持有的元伦理学层面的认知主义显得区别甚大,从而不为麦考密克的制度法律论所接受。实际上,正是由于对建构性的强调和认同,麦考密克才会进一步得出结论说,每一种基本善都必定是处于特定语境之下的,因为每一个人都是具体语境下的人。进一步说,基本善实际上不过是人们将实践理性适用于每个人的现实目的和利益时所实现的一种构建,一种建构起来的基本善序列。所以,基本善既不是不证自明的也不是完全处于同一位阶从而无优先次序。也正是在这里,我们可以看到麦考密克对菲尼斯自然法理论之接受的内容和限度;二者在此实际上就已可以进行区别,菲尼斯继续坚持他由基本善不证自明所开放出来的理论体系,而麦考密克则转向了由哈贝马斯和阿列克西所开放出来的"理性实践言说"(rational practical discourse)理论。在理性实践言说之下,人们得以在具体语境中反思何种基本善或价值能够得到理性而客观的证成。尽管它看上去与菲尼斯对基本善的诸多论述显得非常相似,如对基本善或价值之多样性的认同,但细致看来其中仍存在一些关键性差别;但这已超出本书范围,故不作进一步展开。

至此,麦考密克不仅完成了对法律道德论的基本考察,同时也将制度法理论和菲尼斯自然法理论的内在关联等问题作了基本澄清。这些内容有助于我们理解制度法理论的"后实证主义转向"问题。正如我们在前文中不止一次提及的那样,麦考密克对法律与道德之分离命题的支持是基于"道德理由"得出的结论,而非纯粹地出于一种概念考量。更进一步说,这种道德考量隶属于他所说的实践理性考量,这与他对菲尼斯自然法理论中的基本善和实践理性的有限认同是一致的。或许也正是基于实践理性的考量,人们才可以更坚定地支持法律的有效性与道德价值之间的区分。[1] 如此一来,即便是接受自然法的上述诸内容,这也不会与下述观点相悖,即继续坚持法律与道德之间的概念区分。基于此,麦考密克认为,"更为真实的情况可能在于,法律和道德之间的互惠性依赖和相互区

---

[1] Neil MacCormick, "Natural Law and the Separation of Law and Morals", in Robert P. George, eds., *Natural Law Theory: Contemporary Essays*, Oxford: Clarendon Press, 1992, p. 130.

分为此给出了独特的说服力,而非与之相反地放弃对它的证明"①。这一表述相当重要,因为它实际上是对自然法与实证主义之传统的一个清楚说明。如果麦考密克的上述论证是成立的,那么我们就会进一步得出结论说,自然法与实证主义之间的那种类似于教科书式的传统划分和相互对立的既有看法现在就应该予以"终结了,它是无意义的"②。

本章小结

至此,我们不仅完成了对麦考密克后期制度法理论的讨论,同时也完成了对麦考密克制度法理论发展的内在逻辑脉络的考察。在这一章中,我们将实践理性视作考察前后期制度法理论的一条主线,并随之讨论了麦考密克如何在此牵引下一步步地将法律和道德予以稳固的联结,乃至最终认为法律实证主义和自然法理论的传统区分应该终结。即便如此,制度法理论因其制度化和对分离命题的部分坚持使得它仍可归入法律实证主义阵营中,而由于法律和道德在实践理性上的同构性以及正确性宣称等理由的作用,其制度法理论又具有了超出法律实证主义而偏向自然法的意味。这种偏向在一定程度上来自菲尼斯、富勒等人的影响,但彼此间毕竟存在有差异。如此一来,我们大致可以说,在较弱的意义上,视麦考密克的制度法理论为一种自然法理论似乎也无妨,尽管他自己会认为法律实证主义和自然法的这种立场区分意义极其有限。这种"弱"是在如下意义上展开的,即"在不接受法律确实且必须服务于某些价值体系时,法律既不会被施行也不会得到充分的理解。如此,法律总是且必定与道德相关"③。法律总是且必定向道德批判开放,因而它必定且总是实践推理的一个主题。

---

① Neil MacCormick, "Natural Law and the Separation of Law and Morals", in Robert P. George, eds., *Natural Law Theory: Contemporary Essays*, Oxford: Clarendon Press, 1992, p. 130.

② Neil MacCormick, "Natural Law and the Separation of Law and Morals", in Robert P. George, eds., *Natural Law Theory: Contemporary Essays*, Oxford: Clarendon Press, 1992, p. 130.

③ Neil MacCormick, "Natural Law Reconsidered", *Oxford Journal of Legal Studies*, vol. 1, no. 1, 1981, p. 109.

结　语

经由前文对麦考密克制度法理论的系统讨论，一条清晰的演进脉络便呈现在我们面前，即从前期"作为制度性事实的法律"到后期"作为制度性规范秩序的法律"。制度或制度性是其中心线索和关注，这意味着，前后期制度法理论决不是断裂的，而是一个逐步发展深入的过程，只是关注的重点从"事实"转到了"规范秩序"。在后期制度法理论中，"排队"是一个比较典型的制度性规范秩序，它同时也是一种关于"制度性事实"的判断，因为每一个关于制度性规范秩序的判断就是一个关于制度性事实的判断。[①] 在第二章关于制度性事实的讨论中，我们没有明确点出的一个内容是制度法理论中的制度性事实这一概念的性质。实际上，事实性、制度性、规范性是麦考密克赋予制度性事实的三个基本属性：对于"事实性"，无需多言，这正是制度性事实要表达的核心关注之一；"制度性"则是在三元规则体系意义上使用的；而制度性事实还具有"规范性"的原因在于，"应当"等规范要素一开始便被置于其中，从而我们才会发现麦考密克并不严格区分"规范性事实"和"制度性事实"。前期制度法理论主要是一种法概念理论，它从法哲学视角出发试图为法学提供一种新的认识论和知识论；但这种起初主要针对哈

---

① Neil MacCormick, "Norms, Institutions, and Institutional Facts", *Law & Philosophy*, vol. 17, no. 3, 1998, p. 323.

特法理论的制度法理论却一开始便要寻求超越,这种超越可以从两个方面来进行说明,即方法论层面和实体层面。其中,正是方法论层面的突破才引发实体内容上的修订。

就方法论层面的突破而言,以下三点值得注意:一是"解释性定义"。哈特率先发起对"属加种差"定义法的批判,[1]但在麦考密克看来,这种批判是将孩子连同洗澡水一起倒掉了。与之不同,经由对定义对象之构成要素的说明,我们实际上是可以间接地达致定义概念这一理论目的的,这就是"解释性定义",即"释明法律的定义要素"[2]。如此一来,我们就可以理解在"作为制度性规范秩序的法律"这一命题中,麦考密克为何会逐次考察规范、规范秩序以及规范秩序的制度化这些内容,因为它们就是达致法概念解释性定义的诸要素。二是解释性—分析性方法。"分析"是一个与"综合"相对应的概念,而"理性重构"则是在分析之后对诸分析要素的再加工,这种分析和理性重构必定伴随着对特定观点的依凭,因而它又是"解释性的"。三是改造哈特的内在观点以及随之而来的"人是规范使用者"。根据人们都首先是语言使用者,麦考密克进行了从语言到规范的推导并就此延伸出"人首先是规范使用者"而非创制者或执行者的观点,这间接说明人的行为都是受规范导引的;它与内在观点的关系在于,内在观点的一个重要内容就是要说明持内在观点的那些人到底是哪些人。

与此方法论突破相对应的是,后期制度法理论的内容也随之发生变化。单纯法哲学层面的分析已不足以满足麦考密克的理论兴趣。这一点表现在后期制度法理论对社会制度的作用和功能的兴趣,这使得他对制度性事实以及法律制度的分析新增了社会学和功能性的内容。因此,麦考密克此时考察的是诸如排队及其制度化、宪制国以及非正式规范秩序等内容。此时的制度法理论是以现代国家为基本语境、制度性规范秩之外的内容亦纳入其中进行考察的关于法律的解释性—分析性研究。应该说,这些内容在前面内容中都得到了或明或隐的说明。

---

[1] H. L. A. Hart, "Definition and Theory in Jurisprudence", in his *Essays in Jurisprudence and Philosophy*, Oxford: Clarendon Press, 1983, pp. 21-48.

[2] Neil MacCormick, *Institutions of Law: An Essay in Legal Theory*, Oxford: Oxford University Press, 2007, p. 1.

此外,在制度法理论的整个发展脉络中,以下几点内容还须予以再次强调和明确化。其一,在以"作为制度性事实的法律"为核心命题的前期阶段,麦考密克试图提供的是一种关于法律存在的知识论。[①] 法律以一种制度性事实的形式存在于我们的社会之中,而法律知识就是用来解释其意义和结构的;此时的问题不是"何谓法"而是"保证法律知识之可能性的真法律命题是什么",因而是一个法概念命题而非(后期所讨论的)普遍性且一般性的法理论问题。其二,"作为制度性事实的法律"侧重分析哲学意义上的法定义。这种方法论上的要求使得时间要素在制度性事实中彰显出来,并通过创设规则、效果规则、终止规则来揭示制度的基本逻辑。虽然此时他也强调社会学因素参与的必要性,但仍从分析性甚至是逻辑性来进行概念分析。其三,此时的制度法研究是从一个法哲学家角度展开的,因而也就更关注"文本之法",不免对社会中的"活法"关注甚少,也并未对此时的制度性事实和制度赋予特定的目的性要素(虽然有所强调)。这使得我们可以很明显地发现,此时的制度法理论是在"法体系"(legal system)意义上展开的。当然,麦考密克也批判道,"在凯尔森看来,法律的动态性是规范性体系的一个内在过程,从而是尽可能远离看得见的社会过程而独立的……制度法理论强调社会上存之规范与社会上看得见的特性之间的相互作用,并将法律的动态性基础建立在这种相互作用之上"[②]。实际上,这一点可以被视作预示制度法理论从"法体系"转向到"法秩序"(legal order)的先兆。在后期制度法理论中,"制度性规范秩序"这种明显的"法秩序论"观点被提了出来,从而超越了早期的法体系论。其中,后期制度法理论承认并强调规范的价值,并为促使法律秩序的更有效运行,还强调法律制度与其他制度之间的相互作用,这是前期制度法理论所不具备的内容。"规范"要素的引入在很大程度上是经由意愿性内在观点以及实践理性等内容而引入进来的,它使得诸价值因素在制度法理论中的作用更为凸显;相应地,经由价值和默会规范带来的实质性要素也要求在制度法理论中得到正名,它成为转向后期制度法理论的

[①] Neil MacCormick & Ota Weinberger, *An Institutional Theory of Law:New Approaches to Legal Positivism*, Dordrecht:D. Reidel Publishing Company, 1986, pp. 95-101.

[②] Neil MacCormick & Ota Weinberger, *An Institutional Theory of Law:New Approaches to Legal Positivism*, Dordrecht:D. Reidel Publishing Company, 1986, pp. 19-20.

一个契机。后期制度法理论通过社会学方法来构建一种井然有序意义上的"civility",这要求诸社会制度的相互作用,而不能停留于纯粹的法体系分析。这即说,麦考密克不仅将考察范围拓展到法秩序内的法律制度之外,同时还将考察范围拓展到法秩序外的社会制度之上,并强调二者之间的相互作用,并最终通过"作为制度规范秩序的法律"来完成其后期的制度法理论。可以发现,越是到后期,麦考密克就越倾向于看重法体系的实际运作,而非像早先那样只关注法体系内的那些构成性要素。就其法概念考察而言,麦考密克的这种变化无疑是向社会学法律制度研究的一种接近,结合前期的分析性内容就最终形成更为完整和更具包容性的制度法理论。

麦考密克前后期理论都可以被称为"制度法理论",差别在于前期强调的是其分析性面向,后期则加强对社会面向的关注。通过对法律规范性和社会规范性的整合,制度法理论得以能够同时对实际情形和规范情形展开描绘,并最终以"制度性规范秩序"来替代"法律"。这不仅打破了狭隘法律实证主义的法体系观念,从而使制度法理论可以纳入更多有价值的内容,而且它同时还在阐述一种更具吸引力的法治观。如此一来,不论是前期的"作为制度性事实的法律"还是后期"作为制度性规范秩序的法律"都保留着制度法理论的基本要素,尽管存在方法和内容上的差异;在这个意义上,二者不应被割裂而应"扩张式连续"的思路予以连贯性地看待。理论间的这种"扩张式连续"不仅提高了制度法理论的现实适用性和解释力,同时也是在着力增强理论自身的可接受性,这种潜在趋向无疑是一种发展。如此一来,制度法理论从法律实证主义到后实证主义的推进脉络亦应作此理解,后者是前者的扩展版,其间由此就不存在根本性的断裂,更不存在实质性的偏离。也正是在这个意义上,麦考密克尽管对自然法理论表现出了极大的兴趣和关注,但这种接受却始终非常节制和有限。

当代英美法哲学虽然仍未走出"后哈特—德沃金之争",讨论的重点却已逐渐由规则/原则等内容转入更具根本性的规范伦理学层面,即通过实践哲学来破规范性难题。可以说,每一位试图加入讨论的人都必须对其脉络有清醒的把握;登堂入室的直接性考察无疑是不错的选择,但这或许也会错过诸多值得关注的内容。与直接考察规范性问题不同，麦考密克一开始便试图通过对"事实"的考察来回应法律实证主义所面临的责难，这是与当前学界与众不同的地方。本书并未直接考察法律的规范性问题，但经由对麦考密克制度法理论发展脉络的考察，我们不仅发现麦考密克参与了整个论辩，而且制度法理论的发展脉络也与整个论辩语境的走势密切相关，同时还是较早从实践哲学讨论法律问题的学者之一。应该说，其法哲学含有更为丰富的内容，虽然由于集中考察制度法理论的发展逻辑而未能完整呈现这些内容，但它们却无疑是重要的。如麦考密克自己所说的那样，自然法理论与法律实证主义之间的那种类似于教科书式的传统划分和相互对立是该终结了，而应关注那些更具启发的内容，其中便包括对麦考密克实践哲学在内的广泛主题。

附录一 革新与传承:尼尔·麦考密克法概念中的流变与连贯①

一、旧事重提

于我而言,谈论麦考密克教授的法概念及其历时性演进就是在以某种方式追忆过往,与之相伴的还有一种自传式的强烈触动。1984—1985 学年,我在格拉茨(Graz)当地一所大学②的法哲学系作学术访问,时任导师便是奥塔·魏因伯格教授。众所周知,由尼尔·麦考密克和奥塔·魏因伯格合著完成并于 1986 年出版的《制度法理论》是当代制度法理论的开山之作。1985 年,还待在格拉茨的我得以见证(可以这样讲)该书的诞生,它收录了二人的系列论文。记忆犹新的是,对于该书的出版以及和那位苏格兰同事在看法上的相似,魏因伯格当时表现得甚为激动。

在整个访学期间,我不仅参与了魏因伯格的研讨会和系列讲座,而且还每天与他讨论那个逐步成型的新制

---

① 本文译自 Massimo La Torre, "Reform and Tradition: Changes and Continuities in MacCormick's Concept of Law", in Agustín José Menéndez & John Erik Fossum(ed.), *Law and Democracy in Neil MacCormick's Legal and Political Theory*, Springer, 2011, pp. 55-67. 译文已作者正式授权。原文已发表于《四川大学法律评论》第 20 卷(2022 年)。

② 这里指的是魏因伯格教授所在的"格拉茨大学"(University of Graz);魏因伯格 1972 年受聘于格拉茨大学,直至 1989 年退休。

度法理论。他的许多观点及其相应的论证过程都极为出色,这种探究问题的方法深深地将我吸引(最终为之着迷),它牢牢地扎根于分析哲学传统之中,却又具有一些与之不同的特征。我备受鼓舞,由此开始阅读麦考密克的系列论文和著述;通过这样的精细阅读以及与魏因伯格教授在看法上的反复交流,自己对于法律和法理论的诸多看法就不免深受其影响。

在此之前,我对分析法哲学一直不太中意,理由有一大堆:首先,就现实(reality)仅仅与经验性和物理性相关这一点来看,分析法哲学在本体论层面的化约论(reductionism)立场在我看来似乎不利于法律领域诸问题的严肃讨论;在此领域中,论证说理的确是问题的关键,对判决具有决定性的意义。很难接受这样的观点,即法律推理只不过是意识形态的空话抑或只不过是有关人类行为刺激/反应模式中的一个变量而已;也不太可能接受新实证主义的下述观念,这种观念用维特根斯坦的话说(《逻辑哲学论》第6.4节)就是认为"所有的命题都具有相同的价值",(再次用维特根斯坦的话说就是)它假定了一种"必定位于世界之外"(第6.41节)①的价值,因此它既不可能为人所知晓也不可能经由一种理性的方式而获致。其次,我不太明白语言作为法律的核心存在范畴是如何可能的;分析法哲学或是抛弃或是低估了那些语言外的现实——它们仅仅作为语言命题之内容而存在,因而将止步于法律仅仅作为另一种语言功能这样的界定。最后,我深信那种由来已久且略微有些骇人听闻的、作为强力与暴力而存在的法律图景,它们就内在于分析法理学和法律现实主义之中。的确,由法律现实主义而闻达的"现实"是既定事实,其真实境况就是强者对弱者的支配。在我看来,不论其哲学基础为何,决断论(decisionism)②都将是法律实证主义的最终选择,从新实证主义和从物理主义的大致脉络来看尤其如此。

现在看来,经由把握麦考密克和魏因伯格所倡导的新制度法理论,早先那些在实证主义和分析语境下看起来不那么令人满意的法理论特性似

---

① L. Wittegenstein, *Tractatus Logico-Philosophicus*, Routledge & Kegan Paul, 1966, p.145.

② "决断论"主要是与"规范论"相对应的一种法学思维模式,大体意指依据人格性的决定来思考法律问题。

是可以避免的。麦考密克和魏因伯格提出了一系列在我看来非常有益的主张,一旦人们将研究法律的视角转向法律论证时便更是如此。的确,它们是非常有益的,值得我们深入其中一探究竟。

二、哈特的遗产

H. L. A. 哈特对现代法理学在法概念层面的讨论的深远影响,我们怎么赞誉都不为过。尽管哈特所从事的工作经常被视作对法律实证主义世界观的再论述和再阐释,但他的法理论却是开风气之先的,它彻底摆脱了修正版的法律实证主义,即由诸如汉斯·凯尔森和阿尔夫·罗斯等学者锻造出的那种法律实证主义。哈特的批判虽然首指约翰·奥斯丁对分析法理学所作的经典论述,但它实际上却并未遗漏"纯粹法学说"。当然,哈特也没有屈服于斯堪的纳维亚的现实主义。这位英国法理学家真正想从事的志业在于:通过对哲学前提与方法论预设的革新,达致对实证主义核心观点的重估和再建。

在这项志业中,核心背景(虽然它并不一定就是哲学意义上的)是维特根斯坦的后期理论规划以及他在分析哲学内所作的极具创造性的范式转型,而牛津日常语言哲学至少也一直在从事这项研究工作。不了解这一渊源,我们就无法充分理解哈特的观点。在我看来,这同样适用于麦考密克——只要留意一下他的那些理论命题,因为其出发点就在于对哈特关于分析法理学之基础所作的修正进行批判性的再审视。这就是为何我会认为,仔细检视这些基础性要素在此会显得至关重要。

请允许我概述一下推自哈特法哲学的四个基础性原则:

(1)第一个原则在于,对属加种差定义法的普遍拒斥。[①] 语词,也就是需要被界定的概念应当关注其多样化使用,它们塑造了概念本身。适用一个概念的充要条件不可能先于概念的语义内容而为人所知。与之相似,何为法律也就不只是一个定义问题,而要到法律自身的特殊实践中去找寻。

(2)相应地,哈特法哲学的第二个原则就是,将法律视作一种实践从

[①] See H. L. A. Hart, "Definition and Theory in Jurisprudence", in *Essays in Jurisprudence and Philosophy*, Oxford University Press, 1983, Chapter1.

而达致对法律的界定,而不只是将其视作一种纯粹的语言现象。服务于这一目的的看法不可能只是一种纯粹的理论态度。应当对实用主义的立场进行考虑,其关联之处就在于法律的实践。以略微不同的话来讲便是,在没有考虑法律实践时我们就不可能达致对法律的界定。

(3)但法律并非"任意"实践;它是一种社会实践。这并非一个个人约定或个人允诺的问题;它预设了一个共同体,在该共同体中,人们通过遵循共同的规则而展开一般性的行为。(法律)规则的意义是与法律使用相联的,而且这种使用并非一种私人性的或怪异性的习惯。共同体是存在的,传统(如若你喜欢这种表述的话)会强化这种使用。正如哈特所指出的,法律就是一种实践,这种实践由多样化的且类型不同的规则构成,而这些规则并不完全是命令性的或拘束性的。它们也不可能全部被还原为一种最主要的规则形式。这一点可以通过律师所使用的各种各样的规则类型而得到说明。规则就是某种旨在进行使用的东西,并且规则的目的也只有通过使用者的观点才能得以明确和认定:

> 在社会生活中,人们以不同于施加义务规则的方式对授予权力的规则进行思考、谈论和使用,而且基于不同的理由予以重视。还有什么其他标准能够检验其性质上的差异呢?①

在有关法律的经验中,我们的确(当然)首先面对的是命令性规则,这些规则施加义务和限制,从而拘束了我们的行动范围。但我们也承认与之不同的甚至可能是更为重要的规则类型:赋予权力的规则,提供便利的规则,作为路标的规则,作为参照以便于对它种规则进行识别并赋予其法律地位的规则,作为好的裁判和法律推理最大化之标准和判准的规则。一个原始的法律制度或许仅仅只包含命令或规定。然而,这并非现代发达法律制度中的情形,在这里,法律制度实际上是由不同种类规则的多样化层级构建起来的。

(4)此种理路的另一结果便是,如此认知、理解和概念化的法律实践需要从一种专门且独特的视角来进行把握,这并不是为外在观察者所从事的那种纯粹描述性的事业。这种独特而专门的视角在此指的就是内在

---

① H. L. A. Hart, *The Concept of Law*, Oxford University Press, 1961, p. 41.

观点,即那些置身实践并遵守规则之人所持的观点;简言之,就是实践中的主要行动者的观点:在法律中,即是律师和法官。关于(about)法律的语言(这构成了法律的概念)建基于有关(of)法律的日常语言之上。纯粹观察者的视角就将是不充分的。其不充分之处在于,不足以说明法律内容的意义和目的。比如说,正如我们已提及的,授予权力规则和施加义务规则(亦即哈特所说的次级规则和初级规则)之间的关键差异仅仅只有从使用者的观点即从内在观点才能得到察明。在更为一般的意义上,这就是规范性本身,它是"内在的"而不是"外在的",尽管根据哈特的看法这并不意味着规范性与感到受强迫之间可以进行等同。一个人被强迫(或许会存在一项义务)但却并不必然感到被强迫。简而言之,"内在的"的意思在此并不意指"心理的"。

如若这就是哈特研究规划的概略(至少直至其谢世后的《法律的概念》的"后记"为止,以下简称"后记"),那么,我们从中所得出的隐含深意所触及的广泛领域就尚未得到充分的解释或审查以达致其遥远的边缘地带。比如说,如果我们仔细考虑哈特对属加种差定义的拒斥以及对规则使用者视角的推崇,那么哈特哲学就很有可能不会受到"语义学之刺"的影响,也不会受到实证主义和惯习主义关于法律效力观点的影响,根据这种观点,法律效力的充要条件内在于规则的语义内容之中。

有三位著名的学者,我们可以为其贴上哈特门徒这一标签并同时赋予其哈特门徒这一荣耀,我这会儿想到的是罗纳德·德沃金教授、尼尔·麦考密克教授、约瑟夫·拉兹教授。第一位(德沃金)通过强调他与哈特之间的不同而起家,并向这位已故大师发起了可怕的攻击;而最后一位(拉兹)则暂时地扛起了哈特学派的大旗并紧随哈特的教义为牛津法理学辩护。但是,拉兹却将使用者视角置于法哲学领域之外,并使其成为一个与法律的概念不再相关的内容。然而,经由这样的处理,拉兹事实上是否仍是哈特最忠实的追随者就会变得可疑。

如此一来,或许只有上述第二位(麦考密克教授)才可以被视作最接近哈特式法哲学初衷的理论家,这是我在此意欲表达的核心观点。的确,在我看来,正是麦考密克教授使得哈特研究方案中的四个基本原则内化为自己的东西,而且正是他试图维系这些哈特未能或不能坚持到底的原则性承诺。

关于哈特遗产的这种看法是由麦考密克自己提出来的,他评论道,"在我看来,哈特在《法律的概念》中的学说就其自身而言是极为有益的,但却需要以某种方式再度发扬光大,而哈特自己对这些内容则要么是抛弃了、要么是在新近著作中以极为不同的方式进行了新的表述"①。然而,剥夺继承权的权利可以拒绝授予给"老一辈",因为"孩童,即便私生子现在都有权反对他们父母有关继承的法律权利"②。一个孩童尽管反对其父亲的意志,但却仍然可以是一个合法的继承人(至少,在苏格兰的法律语境中,麦考密克所言并无任何讽刺的成分);同样地,一个门徒可以吸取并传播其导师的教义,乃至是反对其导师后来对自己交易的回撤。

三、未竟的事业

经由《法律的概念》一书的整个说明,哈特至少明确地提出了两项承诺或主张:

第一项主张在于,对于法律的理解和概念化,(正如我们所见到的那样)应当从"内在观点"来进行审视。在此,我们可以察觉到对诠释学理论的承诺。就转述和理解而言,经由因果法则抑或经由意义和意图的阐释便不同于认知性的阐释。

第二项主张在于,法律并不仅仅在于命令和强制,也不仅仅在于决断和制裁。在此,我们(在相当程度上)就获得了一种反对权威论观念的承诺。就哈特的理论视野来看,它至少是对法律自由观念的一次公开性允诺;在这里,训诫和制裁不再是构成法律经验的基本要素。只不过,这两个承诺至今仍未得到充分地展开。在将该理论一贯到底之前,哈特似乎就已抛弃了它们。直至最后,在其谢世后出版的"后记"中,我们会发现更为明显的"心意转变"③,一旦我们考虑到内在观点的核心地位时便更

---

① Neil MacCormick,"Commentary", in *Issues in Contemporary Jurisprudence:The Influence of H. L. A. Hart*,Clarendon Press,1987,p. 105.

② Neil MacCormick,"Commentary", in *Issues in Contemporary Jurisprudence:The Influence of H. L. A. Hart*,Clarendon Press,1987,p. 105.

③ Ronald Dworkin,"Hart and the Concepts of Law", *Harvard Law Review Forum*, 2006, pp. 95-104,at 102.

是如此。

事实上，在哈特法理论的内在演进过程中（主要是在"后记"之前），内在观点：一方面，被道德化了，因而他转至考察这些人所拥有的态度，这些人在经由考虑之后会拥护该法律制度并且或多或少地觉得在道德上有义务遵循其中的规则。的确，在哈特看来，内在观点就是对特定法律制度之价值的共享。另一方面，这种态度又仅仅为该法律制度内的一个特定群体所保有，即公务官员和法官。普通公民以及作为辩护人的部分律师所秉持的则是一种关于法律的外在观点；在此，法律是一个关涉规律性、预期可能性、预测、纯粹事实的问题。

对于第二点，即反权威论的承诺，哈特同样未能贯彻到底。诚然，哈特将一种规则类型引入到了法律体系之中，它们区别于命令规则或施加制裁的规范。与此同时，哈特也成功地驳倒了凯尔森将制裁作为界定法律的定义性要素这一论断。的确，如若制裁是通过对以前违反规则的指示来界定的话，那么制裁便确实是这样的。规则是先于制裁而存在的，所以当一个先在的可供归属的规范不存在的情况下，特定邪恶或损害也不可能成为（或算作是）制裁。所有这些都由哈特明确指出，在此之后，麦考密克给予其支持并进行了强化——他甚至认为强制并非法律的逻辑特征或必要特征。①

然而，在应对司法审议（judicial deliberation）时，哈特又不得不承认，一旦超出规则的语义核心，法律推理就会最终滑向完全的自由裁量。在很大程度上，自由裁量是哈特对疑难案件中遵从规则和适用规则这两个问题的回应。他认为，一旦进入法律规则的阴影地带（规则的含义在此是不明确的，而且我们所面对的也经常是或多或少含义较为宽泛的法律规则），那么，可供我们进行推理抑或以一种理性的方式进行司法审议的东西将会少之又少。更确切地说，如若超出了作为语义含义之总和的实证法所提供的内容，我们的裁判理由将几近于无。因此，对司法形式主义的反对就将是无可避免的：我们不再拥有一个可供参照的语义核心以便于指引我们的司法裁判。我们将不得不完全地依赖我们自身来进行裁

---

① See Neil MacCormick, *Legal Right and Social Democracy*, Oxford University Press, 1982, Chapter12.

判,正当化的主体间性基础或确定性基础也不复存在。如此一来,自由裁量似乎就将最终决定法律实践。

很显然,这一结论在下述情境中是绝对无法令人满意的,在这里,人们正在为"唯一正确答案"而探寻和努力。相较于哈特的决定主义,他的三位追随者各自以不同的方式进行了回应。通过"权利命题"并求助于原则概念,德沃金试图填补自由裁量所带来的缝隙,而哈特则认为它其实是一个开放性的问题。德沃金认为,在法律领域,权利是关于正当性的主张,其中可供适用的不只有规则,还有原则。从其逻辑来看,原则不可能仅仅只通过语义学的操作(就像规则那样)而变得精确,而且还需要证立性话语(justificatory discourse),它是论争性的而非诠释性的。这样一来,这种证立活动就导向了道德推理,继而道德也就不可能置身于法律范围之外。此外,原则是扩充性的,它不允许缝隙的存在;原则会扩充到整个法律体系中去。

约瑟夫·拉兹公开说道,法律推理要通过原则来进行驱动,因而法律推理与道德推理的实践具有相似性。但另一方面,他又坚决捍卫法律实证主义的如下主张,即法律与道德之间存在严格的概念分离;如此一来,拉兹最终不得不将法律推理(它不可避免地会染上道德色彩)从法律的"性质"中驱逐出去。他的命题是这样的:法律推理当然要牵涉道德考量,但就法律的界定而言,法律推理与它并不具有相关性。在对法律以及诸法律概念进行概念化的过程中,这位法律哲学家压根儿不会受制于或者会转过头来援引法律人对这些概念的使用。然而,经由这样的处理,拉兹就将不得不放弃哈特的核心假定;根据哈特的看法,意欲界定法律的概念,人们就应当考虑法律是如何被使用和被实践的,也就是说,关键在于法律推理。这似乎意味着,像拉兹这类法哲学家是一种前哈特主义者(pre-Hartian)意义上的理论家,他们并未延续哈特的研究方案。

(我的核心主张在于)只有麦考密克教授,仍旧忠实于哈特最初的方法论。在其首部专著《法律理论与法律推理》①中,这些苏格兰学者便已

---

① Neil MacCormick, *Legal Theory and Legal Reasoning*, Oxford University Press, 1978.

略带先见之明地主张说,"法律理论需要一种法律推理理论。"①在此,哈特的下述观点得到了明确捍卫,即研究法律人对法律以及法律概念的运用对处理特定法律概念这一哲学事业是尤为关键的。相应地,麦考密克教授还发展出了一套与哈特的研究计划相兼容的法律推理理论。对于《法律理论与法律推理》一书,麦考密克写道:

> (该书)在很多方面都可以被视作是 H. L. A. 哈特《法律的概念》这部经典之作的姊妹篇。如此说的理由在于,法律推理实质上是哈特理论的一个显现,它以哈特对法律所作的实证分析为基础,或者至少是与哈特的路径完全一致的。②

在该书中,麦考密克教授一方面通过演绎推理的可能性乃至必要性来反驳怀疑论者和决定论者。在新版前言中,麦考密克写道:"尽管有志之士一再否定演绎推理在法律中的空间,但(我)却坚定地支持这样的看法,即演绎推理在法律推理中具有核心性的地位"③。在麦考密克对法律推理的重构中,赋予推理以一种演绎的结构是与哈特讨论法律的概念时对规则的关注相呼应的。这一点得到了这位苏格兰学者自己的明确认可:

> 本书中基于规则进行推理所具有的核心地位是与哈特法理学中"初级规则与次级规则之结合"的核心地位相匹配的。④

如若在法律人的推理中存在非演绎性的成分,那(可以说)我们将最终关注其中的演绎性成分,并且非演绎性部分要在与演绎性部分的关联中才是可理解的。此外,麦考密克还试图将德沃金对哈特实证主义的批判整合进二阶司法推理的证立理论之中以及法律推理渊源的外部证成观

---

① Neil MacCormick, *Legal Theory and Legal Reasoning*, Oxford University Press, 2003, p. 229.
② Neil MacCormick, *Legal Theory and Legal Reasoning*, Oxford University Press, 2003, foreword, p. xiv.
③ Neil MacCormick, *Legal Theory and Legal Reasoning*, Oxford University Press, 2003, foreword, p. ix.
④ Neil MacCormick, *Legal Theory and Legal Reasoning*, Oxford University Press, 2003, foreword, p. xv.

念之中。

可以说,正是得益于麦考密克的大量努力,我们才得以维系哈特非决定论的法概念这一未竟的承诺,同时既不用放弃法律与道德之分离的实证主义命题,也不用抛弃内在观点。其中存在对德沃金命题的某些让步,但也仅仅只是为了捍卫哈特法概念免遭决定论者不受尊重的刻意歪曲所采取的必要策略。实际上,由于演绎推理被麦考密克赋予了核心地位,这会促使我们不必再将原则视为法律推理结构的核心和首要因素,道德考量进入司法审判也会因此得到限定或控制。原则被认为是一个外部证成的问题,它并不会冲击到形式性的、理性的、演绎性的司法裁判的内部证立。

在此,我还想提及麦考密克的"命令主义的谬误"(imperative fallacy)这一命题,该命题在20世纪70年代早期发表的一篇论文中就已得到了提纲挈领式的说明。① 在这篇文章中,他的关切在于,不仅存在一个描述性的或"自然主义的"谬误(从"是"中推出"应当"),而且还存在一个命令主义的谬误;这是一种在逻辑上并未得到证明的信念,即每当面临"应该"(shall)("你应该关门")时我们就可以推出一个"应当"(ought)(比如说,"我应当关门")。一项命令就是一个事实,而关于该事实的陈述(即陈述存在一项命令要如何去做 X)不能作为一个"应当"或规范性陈述的大前提。我想强调的是,该命题或许会和"来源命题"或(用德沃金的术语来说)"显明事实观点"相矛盾;在这些命题看来,法律的存在(或一项法律义务的存在)完全能够通过认知性的方式而得到证明,通过提及一个特定的法律"来源"(比如说,一部法律或一份具体而特定的司法判决)而不用考虑进一步的规定或规范性前提。此外,德沃金归于哈特的"显明事实观点"几乎不符合哈特对属加种差定义法的拒斥。通过强调"命令主义的谬误"存在的可能性,麦考密克指出了一个论证方案,它确实与实证主义对"来源"的痴迷大为不同。的确,来源被设想为某种可以进行公开描述的东西;它试图说明,实证主义法理学致力于重新评价法律与道德之分离,二者之间在本体论和逻辑层面是不可通约的。

---

① Neil MacCormick, "Legal Obligation and the Imperative Fallacy", in A. W. B. Simpson ed, *Oxford Essays in Jurisprudence*, Second Series, Oxford University Press, 1973, pp. 171-201.

此外，麦考密克教授不仅拾起而且还发展了哈特的第一项允诺：法律认识论集中围绕"内在观点"而展开。通过区分"意愿性的"(volitional)内在观点与"理解性的"(comprehending)内在观点，麦考密克首次尝试避免哈特向道德化的偏移。他写道，"需要予以注意的是，决定一项陈述之'内在性'的是说话者的理解，而非其意愿"①。正是在这里，我们可以发现哈特在解释内在观点时的模棱两可。当涉及"内在的"陈述与"外在的"陈述时，我们会不可避免地提出一个问题：这是一个理解层面的区分，还是一个意愿允诺层面的区分？②

麦考密克认为，当指向一个具体的、历史性存在的法律制度时，我们的确可以假定一种内在观点并根据该"内在观点"作出相应的"内在陈述"，而不用对该法律体系采取一种意愿允诺的态度，亦即我们不用在道德层面认同该法律制度。实际上，这仅仅是一种认知性的(cognitive)内在观点，只不过其内部立场存在分离。说某人被制度强迫从而进行接受与意愿接受该制度，这是两种不同的态度。(在麦考密克看来)后者才是假定获致"内在陈述"时的关键态度：没有一种规范性的内在观点，我们就不可能具有一个认知性的内在观点。

> 依附于(因为它预设了)"意愿性的内在"观点：它涉及特定个人，这个人在很大程度上而且出于某些对他来说是好的理由而作出了一个意愿性的承诺，即遵从既定的行为体系并将其视为自己或其他人或所有人的一个准则；其态度包括而非排除了"认知性"的内在观点。③

我相信，其中蕴含着一种道德态度，它在逻辑上先于法律认知态度而存在：在一定程度上，通过明确"意愿性"观点的优先性，麦考密克似乎得以在道德与法律之间建立起概念上的联系。在该问题上，他的命题似乎可以总结如下：(1)如若没有某些群体将道德力量归于法律，我们就不可

---

① Neil MacCormick, *Legal Theory and Legal Reasoning*, Oxford University Press, 2003, Appendix, p. 291.

② Neil MacCormick, *Legal Theory and Legal Reasoning*, Oxford University Press, 2003, Appendix, p. 291.

③ Neil MacCormick, *Legal Theory and Legal Reasoning*, Oxford University Press, 2003, Appendix, p. 292.

能拥有法律;(2)如若不对那些我们将要进行理解和转述的规则预设一种更强的规范性承诺,我们就不可能拥有一种法律的(与道德区别的意义上的)观点。简而言之,事情似乎是这样的,此处的论题意指"是"(is)意义上的法律在某种程度上要取决于法律"应当如何"(ought to be)——这或许可以被视作对法律实证主义中立性原则的背离。在某种意义上,通过对内在观点进行"意愿性的"和"理解性的"的区分,建立在此之上的"理解性的"对"意愿性的"的依附,麦考密克所提议的命题就可以被看作接近于德沃金的"权利命题"——权利被认为必然蕴涵着"是正当的"这一主张。

通过这样的区分,人们或许会质疑麦考密克是否能够克服哈特在内在观点上的道德化问题。或许,其出路就在于将意愿性立场重新评定为一种规范性立场(去除其心理和精神层面的底色),并将其根植于具体的实践之中(比如说,给出理由以及对理由的要求)以此转换至一种实用主义语境之中,继而尝试着区分强规范性态度(大体上等同于一种强的、道德的视角)与弱规范性态度(尽管它暗含了对相关规则的承诺),但却并不会将其道德化,因为它们在此被设想为本体论和/或认识论维度的一部分,从而可以很好地与道德领域的理想以及支持为该领域所要求的意愿性理想相区别。

当麦考密克对其法概念作出决定性的转向时,他似乎就已指出了这一方向。他试图通过关于法律事实的命题来重新解释哈特的内在观点。他强调说,在特定的经验领域即在处理特定类型的事实问题时,内在观点是可能的。因此,我们需要一种法律的本体论,法律在此被视作特定类型的事实,这需要从一种适当的视角来进行理解。法律由事实构成,而事实是由内部陈述来表达的。世界中的这种独特事实便是制度性事实。

> 如果法律真的存在的话,他不是在粗糙创制的意义上与靴鞋、轮船、火漆或在这个意义上与卷心菜一同存在,而是在制度性事实的意义上与国王或国家的其他领薪官员们一起存在。①

实际上,该论述和下面这种论述差别并不是很大,德沃金最近写道:

---

① Neil MacCormick, *Law as Institutional Fact*, University of Edinburgh, 1973, p. 2.

法律制度并非像铋或蜈蚣这种具有物质体的自然事物，它们是社会事物。[1]

在麦考密克的文章中，我们会发现对约翰·塞尔"制度性事实"理论的明确参引，制度性事实不同于"纯粹"事实，其中的原因就在于特定的规则构建或"创设"了这些纯粹事实。该理论是对 J. L. 奥斯汀(这位牛津哲学家是哈特的好友)观点的一种发展，他将更具创造性的特性引入语言和陈述之中，从而超越了通常所认为的语言和陈述只具有折射现实的功能这一看法。语言是施事性的；它不仅只是为了折射现实，更主要地在于塑造和创设新的事物状态。为船舶剪彩，即在一场庆典中为它命名，这并非一种私人行为抑或在从事一种描述事务；它关涉创设某种新的东西：在此之前，它并无任何身份。如此一来，塞尔在某种意义上就使得施事性变得具有非个人性，它并不完全受限于在具体的个人化语境中言者与听者之间的这种实际语境。施事性话语由此被重释为规则，但规则并没有设定某些独立于规则而存在的东西，相反，规则构建起原本在逻辑上独立于规则自身的客体和事务的状态。这便是"构成性规则"(constitutive rules)——与规定性规则或"调节性"规则相对。构成性规则引入或创设出"制度性事实"。

麦考密克更喜欢使用"创设性规则"(institutive rules)这一概念。但是经由这样的处理(它得以避免"构成性规则"这一观念并由此引入"创设性""结果性""终止性"的三元规则体系)，麦考密克似乎将制度性事实的范围限缩在了法律概念层面，比如说合同、遗嘱、信托等。法律被视作是一种制度或一种制度性事实，这从哈特尚未充分说明的规则本体论以及诠释学观点问题上向前迈了一步。然而，制度意欲何指却仍旧悬而不明。

四、新制度主义

麦考密克首次将制度作为一个法理论的概念进行使用旨在指出法律所具有的一个独特的存在维度，即不能完全只涉及经验世界。在人类经

---

[1] Ronald Dworkin, "Hart and the Concepts of Law", *Harvard Law Review Forum*, 2006, p. 98.

验和法律之中,有着比死气沉沉的对象或纯粹经验性的事务状态更多的东西。(1)在这个意义上,"制度"是在与制度性事实等同的意义上进行使用的。但在一经引入这一概念之后,麦考密克却大多是在法律概念意义上使用制度概念的。

制度性事实是一个适切的抽象概念,指涉诸如合同之类的概念;如此一来,合同之类的概念最后就会被重塑,通过(2)一种机制促使规则的使用变得更便捷、更有效:一种表征技术,一种(法律)素材的表征方式,而这些素材原则上可以通过一种不同的概念进行统合,而不是一个概念接着一个概念、一项规则接着一项规则、一则条文接着一则条文地进行。它们或多或少就是德国理论所说的法律制度(Rechtsinstitute)。

但是(准确地说,我在此处指的是麦考密克在其具有开创性意义的就职讲演即"作为制度性事实的法律"中的看法),(3)制度同时也可以指社会集合体、社会团体、某种意义上的共同体。在此,麦考密克所说的"制度"在某种意义上似乎更接近于传统的法律制度主义,诸如莫里斯·奥里乌(Maurice Hauriou)和桑缇·诺曼诺(Santi Romano)等人便是其代表。

在此之后,我们还得正视他在使用制度概念时的又一转变;(4)制度被认为是这样一种事物,它与"制度化"或"组织化"有关。① 在此,"制度的"就与"非正式的"相对,②并且在这一维度中还存在着不同的规范层级,某些人或官员被任命以便于去执行这些规则并且核查这些规则是否得到了正确适用。进一步而言,"制度"大体上就等同于哈特所指出的发达的规范性体系:一项制度在此就同时指规则和后设规则(meta-rules);并且后设规则主要不在于规定行为模式,而在于对第一秩序即"初级"规则进行授权。在这个意义上,如若没有某些人(或被授权的"官员")负责去确定适用一个特定案件的规则是什么以及对实际上已发生的偏离行为进行纠正,制度就将不复存在。③ 简而言之,裁判将会是一个"门槛",跨过这个门槛我们就会发现作为一种恰当"制度"而存在的法律。

"制度"概念的这四种解读全都可以在麦考密克制度主义的宣言中

---

① See Neil MacCormick, *Questioning Sovereignty*, Oxford University Press, 1999, p. 7.
② See Neil MacCormick, *Rhetoric and the Rule of Law: A Theory of Legal Reasoning*, Oxford University Press, 2005, p. 4.
③ See Neil MacCormick, *Institutions of Law*, Oxford University Press, 2007, Chapter1.

得到阐明,即他于1973年在爱丁堡大学发表的就职讲演。令人感到不安的是,当我们回过头来看这场题为"作为制度性事实的法律"的讲演时,"制度"的哲学性解读(即塞尔所主张的"制度性事实")在其结论部分被抛弃了,仅仅只有社会学意义上的使用得到了完全承认。制度性事实看上去被界定得过于狭隘了,以至于除规则以外的其他标准无法在其中发挥作用,而这些标准又需要覆及法律。麦考密克赞同德沃金对权利和原则的辩护,权利和原则在法律大厦中是尤为重要的砖石,甚至是其台柱。法律拥有一个目的性维度,而规则不可能充分地对其进行表达和实现:在法律实践和法律定义中,原则是必不可少的。在这个意义上,麦考密克相较于拉兹和哈特本人更少有怀疑论的色彩,而哈特对此的看法则至少已在其谢世后的《法律的概念》的"后记"中得到了表达。①

规则无法彻底地把握自身的适用。维特根斯坦对此进行了论述,哈特对此进行了论证,麦考密克则对其进行了重新诠释,但他却并没有在哈特所走过的道路上得出一个颇具怀疑色彩的结论。这位苏格兰学者说道,"我们不能确定我们所说的作法律有效性的必要条件必定在每一种情形下都是必要的,继而我们无法明确它们在每一种情形下都是充分的。"②为了填补规则语义学内容的开放结构,我们能够抑或应当重新启用原则。如若果真如此,那么结论就将会是:

> 制度的创设性规则只应被认为给制度的具体实例之存在抑或有效的创立设定了一般意义上的必要条件和推定意义上的充分条件。③

除去其他理由不论,法律和法律概念的这种可塑性(即可废止性)取决于对原则论证和政策论证的详细说明。法律规则的意义就其语义学内容而言是不会被耗尽的:它们拥有一个"要旨"(point)——为了使规则的适用有意义我们可以对要旨进行识别和追溯。比如说,权利是建立在利

---

① See H. L. A. Hart, *The Concept of Law*, Oxford: Clarendon Press, 1994, p. 238 et seq.
② Neil MacCormick, *Law as Institutional Fact*, University of Edinburgh, 1973, p. 24.
③ Neil MacCormick, *Law as Institutional Fact*, University of Edinburgh, 1973, p. 28.

益之上的(麦考密克是一个出了名的权利意志论的反对者)①而且权利处于规则的语义内容之外,但在评价权利的目的以及对权利进行论证时无论如何都要考虑到规则。然而,如若果真如此的话,要是规则的语义内容无法提供其适用的全部说明,那么(这就是麦考密克的结论)"法律的概念就不能被简单地限定在哲学意义上的制度概念上,即简单地涵括有效性的标准以及按此标准而有效的规则"②。

这是一个非常重要的结论,它开启了法律概念进一步发展的可能。人们可以尝试为哲学层面的制度概念即塞尔所说的"制度性事实"赋予一种更明显的实用主义转向。如此一来,制度性事实就不仅可以只通过创制性规则而得到说明,而且(的确是这样)更多地还可以通过具体的行为使这些规则变为可能而进行说明。因此,一种制度就将是一种实践,一系列的行为,不仅只是一种通过特定语义内容而由事实所产生的理想的客体或事务状态。抑或遵从塞尔的建议,该客体将"只是活动的持续可能性。"③由此,关于制度的一个更好说明可能就会是这样:制度是通过构成性规则而得以可能的行动范围,而不论该行动范围是否通过实际行为得到了事实上的"探明"(exploited)。循此思路,我们还可以避免常见的循环论证,即焦灼于"制度"的多种界定,尤其是"制度"同时指向一些规则和这些规则的产物。

麦考密克由制度以及"制度性事实"的开放结构所得出的结论同样还会存在进一步转变的可能。规则和制度需要实践来确定其精确适用的范围和意义。然而,这是何种意义上的实践呢?很显然,它是一种意义层面的和裁判层面的实践,大量的行为类型不仅通过规则的内容而衍生出来,而且还通过其"要旨"及其潜在的"利益"和价值来进行衍生。麦考密克教授提醒我们,"规范关乎判断(judgement)"④。而且,"规范性的判断和考量并不相关于或预设或派生于一个单独的规范。相反,它们取决于

---

① Neil MacCormick, *Legal Right and Social Democracy*, Oxford University Press, 1982, Chapter 8.
② Neil MacCormick, *Legal Right and Social Democracy*, Oxford University Press, 1982, Chapter 8.
③ J. R. Searle, *The Construction of Social Reality*, Penguin, 1996, p. 36.
④ See Neil MacCormick, *Questioning Sovereignty*, Oxford University Press, 1999, p. 7.

某些更广的规范性秩序的观念"①。"制度"不只是"规范",也不只是"习惯",就像维特根斯坦的习惯(Gepflogenhei)那样。存在着一个规范性的场景,行为得以在此展开,它由规则来开启,而我们则只能作出正当化的说明。

维特根斯坦看到了这一点,继而转到了制度中的"生活形式",并将其作为正当化的语境而视为有效的和"探明了的"。然而,"生活形式"还不足以成为其基础;一种"生活形式"并不受限于给予理由和要求理由的游戏。诚然,很多制度理论都止步于此,并为我们给出一个封闭共同体的叙事。大体而言,这可能就是传统法律制度主义所处的情况吧。然而,这不可能是法理论中的情形,这种法理论要面对法律的"要旨"问题。同样地,维特根斯坦超越了生活形式,并将其机智(witz)和"要旨"(比如说,可以参见《哲学研究》的第 564 页和第 567 页)引入规则之中,因而其中或许就会潜在地存在原则性话语的空间。

当麦考密克为了阐述一个规范性判断而强调说需要"某些范围更广的规范性秩序的观念"时,他所做的其实与之相类似。他后来补充说,一个规范性秩序首先是某种"应当如何"的事情(一种"关于某事应当怎样或应当如何"的范型),而只有在此之后它才会变为现实,并呈现为世界如其所是的样子。但此刻我想说的是,我们踏上了一条超越任何"显明事实观点"或任何"来源理论"的大道,并得以有机会在正当化的语境下审度(和重新评价)制度性事实(包括法律在内)。

---

① See Neil MacCormick, *Questioning Sovereignty*, Oxford University Press, 1999, p. 3.

附录二 在制度法理论中探寻"法律是什么"

——评《后实证主义语境下的法概念研究:以尼尔·麦考密克的法律制度理论为基点》

在当代西方法理语境中,"制度性法律实证主义"与"包容性法律实证主义"和"排他性法律实证主义"一道构成自哈特以降的法律实证主义的三足鼎立局面;但相较于后者,制度性法律实证主义抑或制度法理论在国内似乎总是显得不温不火,既缺少足够的理论投入又缺少代表性的成果,既缺少对其内部理论的异同甄别又缺少对其理论发展的持续关注,这对于制度法理论研究而言无疑是远远不够的。可喜的是,余涛新著《后实证主义语境下的法概念研究:以尼尔·麦考密克的法律制度理论为基点》(以下简称《法概念研究》)在很大程度上对其进行了补足、丰富和发展,[①]这有助于国内制度法理论研究步入一个新的阶段。而本论文之目的不仅在于揭示该书内容的重要意义,更试图基于自身对制度法理论的理解和把握对其进行批判性考察,希冀有益于国内的制度法理论研究。

---

① 余涛:《后实证主义语境下的法概念研究:以尼尔·麦考密克的法律制度理论为基点》,法律出版社 2019 年版。

一、从《法概念研究》的结构与内容说起

《法概念研究》关注的是"后实证主义"语境下的"法概念"问题；更准确地说，它是在麦考密克制度法理论"从实证主义到后实证主义"的发展脉络中来把握"法概念"问题。按照作者的自述，①全书旨在探讨以下内容："制度性事实"阶段亦即实证主义阶段的法概念问题（第三章）；"制度性规范秩序"阶段亦即后实证主义阶段的法概念问题，及其与前者的比较（第四章）；规范性问题（较为分散但主要集中在第四章第三节）；以及实践应用问题（第五章）。除此三章以及"导言"和"结论"外，还有第一章对所涉内容的常识性铺叙，以及第二章根据"问题先行"而提出的一个能够起统领性的"诠释学"（hermeneutic）的方法论依凭。通过对麦考密克制度法理论的脉络考察并结合"法律是什么"这一核心关切，该书结构得以基本构建。

在此结构之下，作者认为，麦考密克前期理论中的"法律作为制度性事实"（law as institutional fact）与后期理论中的"法律作为制度性规范秩序"（law as institutional normative order）都是一种"解释性定义"；解释性定义的优点不仅在于能够保持一种开放包容的姿态从而广泛地吸收哈特、菲尼斯、德沃金乃至富勒等人的理论要素，而且还不至于陷入"庸俗折中主义"的泥潭；而且也正是由于"解释性定义"的性质，麦考密克得以对相关法律问题给出相应的回应，比如说，法律的规范性基础可以溯至"关于规则的习惯"抑或作者所说的"惯习性规范的解释性理解"（第 144 页）；又比如说，能够在哈特规则理论的基础上引入作为规则和价值观念

---

① "本书的主要关注点，正是以麦考密克法律制度理论对作为制度事实的法与作为制度性规范秩序的法两种论断的不同考量为主题，探讨后实证主义语境下的法概念。试图从麦考密克理论原初的论点出发，在其理论前后期的异同与发展的对比中，结合不同学者对其理论的认可、批判以及对他所关注问题的讨论，考察'法律是什么'问题在后实证主义语境中的回答，以及在此概念下对法律规范性问题的可能解决方案，也试图分析法律制度理论在此问题上的理论贡献、存在的问题以及本人对该问题的发展。"参见余涛：《后实证主义语境下的法概念研究：以尼尔·麦考密克的法律制度理论为基点》，法律出版社 2019 年版，第 271 页。下引原文，皆以括号内页码的形式在文中标出。

之汇合的"原则"等内容;①当然,《法概念研究》包含着更为丰富的内容,比如说,"人是规范的使用者""非正式秩序中的潜在理念""内/外在观点的意愿维度"等,它们无疑在麦考密克的制度法理论中都发挥着至关重要的作用。经由对麦考密克制度法理论中两个"解释性定义"的理论考察,作者得出结论说,在规范性的意义上,"我们需要把法律理解为社会实践习惯而非抽象的一系列的规则"(第273页);而在解释性定义之下的法概念认知又必定是一种"流动性和开放性认识"(第275页)。这符合麦考密克理论的原义,而且对现实的法律实践活动也具有重要的启示意义。

当然,重述该书的结构和内容并非本书之目的,凝视其中的"问题"或许会更有价值。就结构而言,其具体铺叙是由理论的内在逻辑所决定的;因为要回答"后实证主义"语境下的法概念就必须返回至"实证主义"处开始考察,而由于麦考密克制度法理论的本体论基础在于"制度性事实",所以考察之起点便有必要进一步延伸至对哲学语境中"制度性事实"概念的考察。但"第二章"的处理似乎打破了这种思路,而是将"诠释学方法""缝隙问题"以及规则与习惯等内容予以前置。其好处在于为全书提供方法论根据且由"问题导入"从而避免了对制度法理论的简单复述;其不足在于,在未对制度性事实的理论内容作铺垫时我们实际上无法切入到麦考密克制度规则论与哈特社会规则论的比较层面(这会直接进入制度法理论的修订和过渡阶段),从而诠释学方法、缝隙问题、习惯等内容也就无从提出。这实际上就意味着,上述考量似乎还无法撼动制度法理论的内在逻辑。当然,这并非问题的关键,更需予以关注的是其中所涉及的"内容"。笔者认同该书呈现的基本内容以及主要观点,但同时也认为其中所涉及的某些关键性概念和某些具体内容仍有进一步补强和深入的必要,比如说,"制度性事实";又比如说,麦考密克制度法理论是"如何从实证主义逐步转向后实证主义",如果不明晰这一过程我们就无法定位"后实证主义"的理论性质,这促使我们进一步考察"法律与道德""实践理性""道德自主"等内容。在此问题牵引下,笔者将在接下来的内容中

---

① Neil MacCormick and Ota Weinberger, *An Institutional Theory of Law: New Approaches to Legal Positivism*, Dordrecht, Holland, D. Reidel Publishing Company, 1986, p. 73.

对其中未得到充分展开的内容予以补强乃至某种程度的纠偏;当然,这种补强或纠偏并非随意的,它遵从着麦考密克制度法理论的内在逻辑:首先考察的是麦考密克如何展开对"制度性事实"的法理重释继而如何定位制度法理论的理论性质,其次考察是制度法理论如何实现从实证主义到后实证主义的转向,再次是"后实证主义"的理论性质,最后是一个简短的结语。

二、"制度性事实"的隐喻

"制度性事实"在制度法理论中扮演着"拱顶石"角色,就像命令之于奥斯丁理论、规则之于哈特理论、权威之于拉兹理论一样;因此,对"制度性事实"及其相关概念(如制度、制度化等)的理解和把握方式便直接影响到对制度法理论的理解和把握。从国内的相关研究来看,人们普遍地将"制度性事实"局限于"意向性理论"之中,即通过集体意向性、功能赋予、构成性规则三个概念来解释制度性事实,而极大地忽略了"言语行为理论"这一真正的理论基础。① 虽然塞尔(J. R. Searle)否认其意向性理论的现象学性质,但承认它在建构社会实在中的作用,即"许多心智状态和事件所具有的这样一种性质,即这些心智状态或事件通过它而指向或关于或涉及世界上的对象和事态"②。然而,即便它使得制度性事实得以可能,但我们千万不要由此忘记"言语行为"这一基础,没有它制度性事实是决然不可能成立的,而且构成性规则本身就是言语行为理论的一

---

① 相关阐述可以参见余涛:《后实证主义语境下的法概念研究:以尼尔·麦考密克的法律制度理论为基点》,法律出版社 2019 年版,第 110—122 页(未涉及言语行为理论的内容);马驰:《法律规范性的基础:以法律实证主义的演进为线索》,法律出版社 2013 年版,第 173—180 页(仅提及语言行为理论但却并未展开);以及李锦辉:《规范与认同:制度法律理论研究》,山东人民出版社 2011 年版,第 144—169 页(未涉及言语行为理论的内容)。如果不算国内有关麦考密克"法律推理"理论的相关研究,《规范与认同:制度法律理论研究》实际上是对"制度法理论"最早进行研究的著作,但其所呈现的内容仍显得过于粗糙而且相关解读过于主观化;与此同时,它还过于简单化将制度法理论种的规范性问题归结于"集体意向性",从而遮蔽并贬低了其中的诸多丰富内容。比如说,如果简单地将制度性事实从而将法律归结为"集体意向性",那我们实际上就无法区分法律的独特性,因为塞尔的"集体意向性"概念实际上也适用于其他生物体的行为。

② [美]约翰·R.塞尔:《意向性:论心灵哲学》(修订译本),刘叶涛、冯立荣译,上海人民出版社 2019 年版,第 1 页。

个表征。在奥斯汀(J. L. Austin)"说话就是做事"的三分理论基础之上,①塞尔明确地将言语行为分为五种类型,②而其中的"宣告式言语行为"则是理解制度性事实的核心;按照塞尔自己的说法,"所有的制度性事实……是借由我在1975年命名为'宣告式'的那类言语行为而被创立起来的"③。

之所以强调制度性事实的言语行为理论维度,其原因在于,它不仅是被《法概念研究》以及当前制度法研究忽略了的内容,更还在于它直接影响到我们对麦考密克制度法理论之性质、发展可能性的把握。在麦考密克对制度性事实进行法理重释的过程中,有两方面内容值得特别关注④:其一,是在不同阶段对"制度"的不同维度理解,其二,是经由"非正式言语行为"(informal speech act)所开放出来的习惯观念;前者与法律知识问题相关,后者与法律的规范性基础相关。就前者而言,麦考密克在引入并运用"制度性事实"概念时的确做了诸多修改和限定,这尤其表现在他对"制度"概念的使用上。按照托雷的总结,他至少在四种意义上使用"制度"概念,分别为:制度性事实,复杂法律资料的表征机制,社会实

---

① 即"以言表意行为"(locutionary act)"以言行事行为"(illocutionary act)以及"以言取效行为"(perlocutionary act)。其中,以言表意行为即通常意义上的"说些什么",相当于说出某个具有意义(包括含义和所指的语句)的语言(其公式为:saying something);以言行事行为是在说话过程中实施"言外之事",即说出的话语具有某种力量从而完成一定的行为,如许下承诺(其公式为:In saying X, I was doing Y);以言取效行为则是经由说些什么之后对说话者或听众或其他人所产生的影响,如通过说出一个论证理由而使你信服(其公式为:by saying X, I did Y)。相关内容,可以参见[英]J. L. 奥斯汀:《如何以言行事》,杨玉成、赵京超译,商务印书馆2013年版,第90—102页;以及杨玉成:《奥斯汀:语言现象学与哲学》,商务印书馆2002年版,第80—93页。

② 五种言语行为分别为(翻译略有改动):"断言式言语行为"(assertives)、"指令式言语行为"(directives)、"承诺式言语行为"(commissives)、"表达式言语行为"(expressives)、"宣告式言语行为"(declarations)。具体内容可以参见[美]约翰·R. 塞尔:《表达与意义》,王加为、赵明珠译,商务印书馆2017年版,第24—32页。

③ [美]约翰·塞尔:《人类文明的结构:社会世界的构造》,文学平、盈俐译,中国人民大学出版社2014年版,第9页。

④ 需要指出的是,此处的"两方面内容值得特别关注"是在肯定《法概念研究》已经涉及的内容这一前提下讲的,因而是"补充意义上的"。

体,制度化或组织化。① "制度性事实"主要集中在其早期理论论述中,而在后期的制度性规范秩序理论中"制度"一词则被更多地赋予了"制度化或组织化"的含义;在这个意义上我们可以认同乌拉的判断,即麦考密克前期的理论资源在其后期理论中已经所剩无几。② 而在以"制度性事实"为核心的前期制度法理论中,通过引入制度性事实,制度法理论不只解决了哈特社会规则的"性质"问题,其首要的理论目的在于解决"法律知识何以可能",③制度以及制度性事实等概念都意在于此。正是由于制度性事实自身所具有的"本体论上的主观性但却是认识论上的客观性"(塞尔语)特性使得法律知识得以可能,但麦考密克同时却认为塞尔通过构成性规则来解释制度性事实会混淆"法律制度自身"和"规则"两个范畴;因为在他看来,制度是由"创制性规则、效果性规则、终止性规则"所构成的一个规则体系;而且,也正是通过三类规则的运作,人们在实践中所面对的复杂法律内容得以被重构为魏因伯格所说的"实践信息"(practical information)④抑或麦考密克所说的"法律知识"(legal knowledge)。创制性规则和终止性规则使制度能够在时间之流上有"始"有"终",而在其存续过程中则赋予对象以权利义务为主要内容的效果性规则,从而为"当前"的法律实践提供行动的依据,通过"历时"与"实践"两个层面的说明,人们的生活便获得了"稳定的预期",从而才有"秩序"可言。实际上,在"稳定的预期"和"秩序"背后,我们可以发现麦考密克后期制度法理论中所说的"文明性"(civility)的影子;而且,由于"作为制度事实的规

---

① Massimo La Torre, "Reform and Tradition:Changes and Continuities in Neil MacCormick's Concept of Law", in Agustíin José Menéndez and John Erik Fossum, eds., *Law and Democracy in Neil MacCormick's Legal and Political Theory*, Heidelberg, Springer, 2011, p. 65.《法概念研究》认为麦考密克在五种意义上使用"制度"概念(第123—128页),但笔者认为它与Massimo La Torre 的主张之间并无根本不同。

② Vittorio Villa, "Neil MacCormick's Legal Positivism", in Maksymilian Del Mar and Zenon Bankowski, eds., *Law as Institutional Normative Order*, Ashgate, Ashgate Publishing Limited, 2009, p. 55.

③ Neil MacCormick and Ota Weinberger, *An Institutional Theory of Law:New Approaches to Legal Positivism*, Dordrecht, Holland, D. Reidel Publishing Company, 1986, p. 27.

④ Ota Weinberger, "Institutional Theory of Action and Its Significance for Jurisprudence", *Ratio Juris*, vol. 6, no. 2, 1993, pp. 171-174.

则并非法律的全部",①这实际上也为麦考密克的后实证主义转向开了一个"原则"的口子,它为诸如价值、道德等因素进入法律从而告别实证主义的原初立场提供了契机。在自上而下的意义上,法律知识为人们的行动提供了理性指引;而在自下而上的意义上,人们实际的规范秩序则为法律知识的解释和重构提供了素材来源。

当然,由于 20 世纪 80 年代至 90 年代对于麦考密克而言是一个理论的过渡时期,上述诸内容所释放出的信号其实仍不甚明确;但相较于《法律推理与法律理论》中的坚定维护哈特实证主义立场这一时期而言,关于"习惯"的论述在此时却已逐步获得较为明确的地位,习惯地位的凸显也是经由"制度性事实"的"言语行为理论"开放出来的。麦考密克将塞尔的言语行为理论称作"正式言语行为理论"(formal speech act),并相应地提出了"非正式言语行为"的理论。② 他认为,"很明显的是,法律中所有的施事话语或行为(performative utterance or act)都预设了一些在先的规则,在这些规则之下,人们才能创设与该规则相关的新的法律事务。因此可以说,至少一些规范性规则必定在逻辑层面先于任何的施事话语或行为。此外,又因为法律规则是最为重要的'规范'类型,因此我们必定可以推出,并不是所有的规范都得通过法律中的言语行动或行为的途径来进行说明"③。从生物学自然主义的立场出发,塞尔的确可以凭借语言的构成性规则解释社会实在的建构,但麦考密克则将其中的"基础"归结到作为非正式规则的习惯层面,这不仅呼应了哈特的惯习转向而且为后期"关于规则的习惯"奠定了一般哲学层面的基础;在他看来,"很清楚的是,无论是在语用学层面还是语义学层面,惯例性(习惯性)规范或规则对言语行为的可能性都是非常关键的。正是惯例和言语共同体的惯例

---

① Neil MacCormick and Ota Weinberger, *An Institutional Theory of Law: New Approaches to Legal Positivism*, Dordrecht, Holland, D. Reidel Publishing Company, 1986, p. 74.

② "正式言语行为"(formal speech act)与"非正式言语行为"(informal speech act)的区分与蕾·兰顿(Rae Langton)所说的"言语行为"(speech acts)及"非说出的行为"(unspeakable acts)的区分极为类似。详细论述,可以参见 Rae Langton, "Speech Acts and Unspeakable Acts", *Philosophy & Public Affairs*, vol. 22, no. 4, 1993, pp. 293-330。

③ Neil Maccormick & Zenon Bankowski, "Speech Acts, Legal Institutions and Real Laws", in Neil MacCormick & Peter Birks, eds., *The Legal Mind: Essays for Tonny Honoré*, Oxford, Clarendon Press, p. 123.

(usage of speech-communities)使得我们能够理解其他所有人的话语表达;同样地,也正是它们使得某些表达变得可理解,比如说承诺,而且(或许)也正是它们使得我们能够辨识出某人作出何者应当遵守的承诺。很明显,语言的习惯性规范——语言惯例(linguistic conventions),就是我们语言行为背后的原因所在。"① 由此,麦考密克开放出了一个与"法律中的行为"(acts-in-the-law)相对应且为前者之基础的"习惯中的行为"②。《法概念研究》根据麦考密克后期理论的"制度化"思路得出了相似的结论,但经由对制度性事实的考察可以发现,"法律作为一种制度性事实"这一关于法律的理论解说似乎一开始就包含了"走向习惯"的潜在可能性,而这一点却丝毫未曾涉及。

三、法律知识、诠释学方法与伦理实证主义

如前所述,奠基于制度性事实的前期制度法理论旨在提供一种法律知识论。在图尔的影响下,③麦考密克认为法理学的首要任务在于提供一种"法律认识论",即一种关于法律知识何以可能的理论;该看法助力麦考密克走向对实践理性的关注从而逐步走向后实证主义意义上的制度法理论。④ 具体而言,通过"制度性事实"肯认"法律知识"的存在既能为凯尔森的纯粹规范主义认知提供一个社会学基础,同时也能为法律现实主义式的认知提供一个本体论基础;但由于法律知识作为一种经由"重构"而来的对象,还面临着是否必然以绝对价值为基础的质疑。理论重构

---

① Neil Maccormick & Zenon Bankowski, "Speech Acts, Legal Institutions and Real Laws", in Neil MacCormick & Peter Birks, eds. , *The Legal Mind*: *Essays for Tonny Honoré*, Oxford, Clarendon Press, p. 124. 与此相关的论述还有很多,比如说"真实情况是,即便的确存在创设规范(norm-creating)的言语行为,但由此类程式(如立法、命令、意志、公司法)所创设的规范却全都是派生性的规范。言语行为自身便预设了'更高级'的规范的存在。而且,并不是所有这些高级规范都能拥有派生规范的地位。其中一些必定是非派生性的。因此,一种令人满意的规范理论是先于法律中关于的言语行为或行动的任何恰当阐述的"(第 124 页)。

② Acts-in-the-law 这一概念来自哈特理论,而且这一概念也与奥斯汀的言语行为理论有关。具体内容,可以参见 H. L. A. Hart, *Essays in Jurisprudence and Philosophy*, Oxford, Clarendon Press, 1983, p. 4.

③ R. H. S. Tur, "What is Jurisprudence?", *Philosophical Quarterly*, 1978, pp. 149-161.

④ Neil MacCormick, "Contemporary Legal Philosophy: The Rediscovery of Practical Reason", *Journal of Law and Society*, vol. 10, no. 1, 1983, pp. 1-18.

的基础在于"诠释","诠释学方法"(hermeneutic method)由此走向制度法理论的前台。

在对奥斯汀服从习惯的批判基础上,哈特指出,单纯外在的规律性行为无法保证社会规则的存在;除了外在面向外,社会规则还有其"内在面向",即对特定行为模式持有一种"批判反思的态度"(critical reflective attitude),它们通过诸如应当、必须等规范性术语予以表达;①相应地,法体系的存在便依系于官员所持有的这种"内在观点",但对法律进行辨识的承认规则却是一个可以从外在观点进行考察的社会事实。而在麦考密克看来,法体系以及法律知识的存在并非如哈特所言只能由外在观点才能掌握,因为内在观点并非建立在哈特所说的"尊奉态度"上而是建在不同的"理解层次"上,即他所说的"认知性"和"意愿性"。"认知性"层面的理解是诠释者必须具备的,否则法律对象就会变得完全无法理解,但这并不意味着我们需要对此类对象表达出偏好等"意愿性"面向,即便它关涉的是一个道德或价值问题也可以如此。基于此,夏皮罗对内在观点的解读可能是存在问题的,②因为"接受"本身可能就已经将"意愿性"因素包含其中了,这使得我们仍然无法把握内在观点的细致内容。而秉持诠释学观点/方法则可以从"认知"上的参与者但却是"意愿"上的局外人的立场进行观察,诠释者理解但却可以不偏好其中所涉的道德或价值;因此,诠释学方法则成为分析法律的首选。《法概念研究》抓住了麦考密克对哈特内/外在观点的修正并由此开放出对制度法理论的规范性基础的解读(第79页);但它所具有的理论还不止于此,比如说,它和后期制度法理论中"人是规范的使用者"以及法律的规范性还具有内在的关联(详后)。

虽然"诠释学方法"在哈特《法律的概念》的"后记"中得到了肯认,但制度法理论在此似乎与凯尔森意欲建立"法律科学"的纯粹法理论更为接近,而不是哈特理论。③ 需要注意的是,对诠释学方法本身也不应过于

---

① H. L. A. Hart, *The Concept of Law*, Oxford, Clarendon Press, 1994, p. 57.
② Scott Shapiro, "What Is the Internal Point of View", *Fordham Law Review*, vol. 75, no. 3, 2006, pp. 1161-1163.
③ Neil MacCormick and Ota Weinberger, *An Institutional Theory of Law: New Approaches to Legal Positivism*, Dordrecht, Holland, D. Reidel Publishing Company, 1986, p. 97.

强调,尽管麦考密克认为诠释学方法具有重大的理论层面的意义,但当视野转向法律的社会实践时,诠释学方法是否仍能保持这种意愿上的"中立"仍是存疑的。尤其是考虑到"实践理性"在麦考密克转向后实证主义中所扮演的重要角色,这种中立性就显得更为可疑。实际上,这已触及法律实证主义的"分离命题",即法律与道德不存在概念上的必然关系。虽然分离命题存在"内容"和"效力"两个维度的内容,但当前主流观点认为分离命题主要是"效力"层面的,即法律存在的效力并不以道德为标准。的确,麦考密克始终坚持法律与道德之间存在"概念上的"区别,即法律具有制度性,而道德则是争辩性的、个人性的;法律具有权威性且由权威行动来处理纠纷,而道德则是分散性的、从而可能存在进一步的争论;法律具有他律性从而约束个人并排除个人深思,而道德则是自主的从而受到个人意志之约束。① 但这并不妨碍他基于实践或道德上的理由对法律与道德之关系进行质疑从而也就是对"描述性法理论"的质疑,这种实践或道德角度的理由既是他对哈特法律实证主义予以支持的基础,②也是他冲击法律实证主义的动力来源。据此,麦考密克的制度法理论逐步远离哈特"描述性社会学"意义上的法律实证主义而更多地具有了"伦理性法律实证主义"的色彩。

相较于"伦理性法律实证主义","规范性法律实证主义"概念或许会得到学界的更多认可。③ 麦考密克对伦理性法律实证主义的坚信继而进一步转向后实证主义的理论发展过程典型地体现在两篇文献中。在《为法律的去道德论的道德辩护》一文中,麦考密克虽然仍旧坚持在制度法理论视野下"法律规则就其本性而言并不必然是道德性的"④。但他却同时认为,"就我自身而言,我不相信任何充分的论证在至少不包括这些道德

---

① Neil MacCormick, "The Concept of Law and 'the Concept of Law'", *Oxford Journal of Legal Studies*, vol. 14, no. 1, 1994, p. 7.

② 在麦考密克看来,哈特对法律实证主义的支持,其理由实际上是来自实践或道德层面上的考量。如果我们进一步考察哈特对《刑法》的道德强制以及性行为的法律制裁等论题的看法,麦考密克的这一说法所具有的说服力或许会得到进一步的强化。

③ [美]安德瑞·马默:《法哲学》,孙海波、王进译,北京大学出版社2014年版,第115—120页。

④ Neil MacCormick, "A Moralistic Case for A-Moralistic Law?", *Valparaiso University Law Review*, vol. 20, no. 1, 1985, p. 8.

和实践基础时能够被做出,这些概念层面的论述加强了道德良心的至上性。"①而且,"实践概念之使用的最终正当化根据必定其自身部分地是实践的,决然不会是纯粹的认识论性质的。"②法律是对人们真实生活(其中无疑就包含着道德要素)的表征,法理论不可能只是纯粹的理论思辨,法理论命题因而就必然要涉及实践或道德论证,因而诠释学方法本身就是在为道德伦理论证作嫁衣。这就是说,支持法律和道德之分离的理由必定是一个道德理由,就像支持政教分离的理由是一个道德理由一样。其中,非常重要的实践或道德论证是基于密尔"伤害原则"对个人道德自主性的保护。他将这种修正的非道德论总结如下:"法效力或许可以恰当地通过纯粹的形式基础而确立,法律也不应当假定根据其形式上的效力而认为它具有道德上的正当性或道德上的约束力。法律的道德内容也应有所限制。"③这种对法律之道德性予以强调的倾向促使麦考密克认为,法律实证主义与自然法理论之间的对立逐渐不再具有中心的意义,制度法理论的关注重心也由此发生转变。

这一观点在"Natural Law and the Separation of Law and Morals"一文得到了强化,麦考密克在此更进一步地表现出对菲尼斯(John Finnis)以及富勒等人的自然法理论的接纳,从而与法律实证主义几近告别。如前所述,法律与道德之间的确需要通过某种标准进行区分,但这些标准"不可能是道德无涉的(value-free)";④从而也就意味着,法律并非可以具有任何内容,内容上的分离命题在此被放弃。此外,后期的制度法理论认为,法律是制度性的规范性制度,它与道德之间的差异就在于法律是"制度化的",麦考密克据此为法律设定了一个外在的限制,即"道德",从而

---

① Neil MacCormick,"A Moralistic Case for A-Moralistic Law?", *Valparaiso University Law Review*, vol. 20, no. 1, 1985, p. 11.
② Neil MacCormick,"A Moralistic Case for A-Moralistic Law?", *Valparaiso University Law Review*, vol. 20, no. 1, 1985, p. 30.
③ Neil MacCormick,"A Moralistic Case for A-Moralistic Law?", *Valparaiso University Law Review*, vol. 20, no. 1, 1985, p. 37.
④ Neil MacCormick, "Natural Law and the Separation of Law and Morals", in Robert P. George, eds., *Natural Law Theory: Contemporary Essays*, Oxford, Clarendon Press, 1992, p. 111.

"未经参酌任何合理道德论证的法律条款,就不应当被视作有效的法律"①。效力上的分离命题也几近放弃。而合理道德论证的核心则在于对道德主体之自主性的保护和张扬。在此意义上,道德主体的"道德自主"就成为理解"后实证主义"之中的"后"的一个突破口。

但不得不说,麦考密克对自然法理论的接纳是有限度,主要集中在菲尼斯的"价值多元"和"共同善"这两个概念以及富勒的法治原则等内容层面;他并不认为善是不证自明的,而是选择了由哈贝马斯(Jürgen Habermas)和阿列克西(Robert Alexy)所提供的理性证立的思路,而对富勒法治原则的接纳则表明法律之存在本身就包含了一个实质价值,而不是像哈特所认为的那样只是形式层面上的程序性规则。

四、实践理性转向与法律的规范性基础

在告别法律实证主义之后,至此的论述都迫使麦考密克对他所说的繁杂内容作一个中心式的统合,这便是"实践理性"。实际上,当麦考密克认为自然法和法律实证主义之间的争论不再具有中心意义时继而强调道德主体的"道德自主"时,他所关注的重心就已悄然转至"实践理性"层面。至此,麦考密克抛弃了早期制度法理论中源于休谟的非唯知论(Non-Congnitivism);相对地,他不仅认为理性可以实践,而且认为法律和道德都属于实践理性的范畴,更重要的是作为道德主体的每一个人其本身便是"规范的使用者"。当人们对特定行为进行"对或错"的评价时就已然预设人置身于某种规范秩序之中,因此规范使用者先于规范命令发布者而存在。在这种规范秩序之中,每个人都拥有斯密所说的"同情共感"的能力,因而能够从道德个体的能力发展出带有普遍性的规范内容。

通过融合斯密和康德的理论,麦考密克提出了"斯密式定言命令"(Smithian Categorical Imperative),即"意欲致力于保持互信以便于在彼此之间建立起一个支持或反对的共同标准,则尽你所能地充分感受每个直接参与或受事件或关系之影响的人的感受,并公正地形成一个判断何谓正确且能为所有人都接受的准则"。根据这一命令,又可推导出另一个

---

① Neil MacCormick, *Institutions of Law:An Essays in Legal Theory*, Oxford, Oxford University Press, 2007, p. 242.

从属性命令,即"如此的行为,与对特定事件或关系的公正判断相一致"①。经由考虑当事人的情感、客观公正地形成判断以及将该判断普遍化等阶段,道德主体的自主性与实践理性的普遍性要求之间达致相互协调的状态,道德主体"如何行为"由此也拥有了理性而客观的根据。

实际上,当哈特将法律功能定位于"以各种各样的方式,导引、计划和控制人们的生活"②时,"实践理性"已经呼之欲出,但哈特的论述似乎也仅止步于此。而麦考密克则在此时的制度法理论中,通过"斯密式的定言命令"的"弱解读"③,实践中的道德主体不仅不用完全受限于他人的意志,而且还能够对自身行为进行批判性的审视。麦考密克"人是规范的使用者"以及"斯密式的定言命令"带有哈特内在观点的深刻影子;而且,也正是得益于道德主体的这种理性能力,人们能够在实际社会中建构起一张"共同的信念和预期之网"(a network of mutual beliefs and expectations)。④它为法律的民主论证与主体间性意义上的合理性提供了基础,同时也构成了制度性的规范性秩序的基础和前提,这便是《法概念研究》反复强调的"非正式规范性秩序的潜在理念"(第170页)。

麦考密克对"实践理性"以及对"斯密式定言命令"的论述都旨在为法律提供一个后设伦理学层面的理论基础;基于这一基础,他得以对"后实证主义"语境下的法概念展开论述,即法律是一种"制度性规范秩序"。道德主体层面的规范秩序与法律主体层面的制度性规范秩序之间的差别在于是否"制度化"。但按照马克西米利安的研究结论,制度化并不简单地指"非正式"到"制度化"的过程,而是多阶段的,既有自然法阶段又有

---

① Neil MacCormick, *Practical Reason in Law and Morality*, Oxford, Oxford University Press, 2008, p. 178. 原文如下:"Enter as fully as you can into the feelings of everyone directly involved in or affected by an incident or relationship, and impartially form a maxim of judgement about what is right that all could accept if they were committed to maintaining mutual beliefs setting a common standard of approval and disapproval among themselves." 与"Act in accordance with that impartial judgement of what it is right to do in respect of the given incident or relationship."

② H. L. A. Hart, *The Concept of Law*, Oxford, Clarendon Press, 1994, p. 40.

③ Maksymilian Del Mar, "The Smithian Categorical Imperative", *Archiv fuer Recht-und Soziaphilosphie*, vol. 98, no. 2, 2012, p. 237.

④ Neil MacCormick, *H. L. A. Hart*, Stanford, California, Stanford University Press, 2008, p. 47.

规范秩序阶段,而且"制度化"的过程本身又包含着五个阶段。① 在这种不断叠加的理论结构中,法律的规范性基础则有了"习惯"或"关于规则的习惯"这一坚实的基础,而这一基础本身具有一般哲学层面的论证和说明。基于此,我们可以说,麦考密克的"后实证主义"语境下的制度法理论不仅是可能的而且是充分的。

对于"习惯"或"法律的规范性基础",我们还不能如此简单地处理,因为探究法概念论无非是"以法律的规范性作为核心研究主题的法哲学理论"②。在"制度性事实"和诠释学方法部分我们便已经触及将习惯作为法律规范性之基础的理论思路,而在后实证主义的制度法理论中,麦考密克则明确地将法律的规范性基础定位于习惯之上,而且论述思路也完全是后实证主义式的。在麦考密克看来,习惯并非如哈特所说的那样只具有外在面向;通过诉诸哈特理论本身的不足,同时还将可供寻求的理论资源库从古希腊亚里士多德对习惯的论述一直延续到当代认知科学和心理学对习惯的最新成果,麦考密克旨在说明,习惯不仅具有哈特所说的"内在方面",而且在某种意义上习惯的内在方面比规则更重要、更持久。"习惯像规则一样身处同种话语领域之中。每一种习惯都能对我们将做什么作出说明,虽然这些说明确实不相一致,但只是'内在观点'内部的差异。"③在证成习惯的基础上,麦考密克进一步将习惯视作非正式规范性秩序的典型(并通过一个"排队"的例子来进行说明),而法律制度则是一种制度性的规范秩序;前者是后者之规范性基础和根据,即任何制度性秩序之下都必定潜存着一种惯常做法或习俗,它们可以被表述为如下的规则,即《宪法》以及处于《宪法》之下的法律应该被尊重;而习惯性或习俗性的基本规范就成为整个机构必需的规范性基础。④ 由于制度性规范秩序的规范性力量奠基于非正式规范秩序之上,因而制度以及作为制度

---

① Maksymilian Del Mar, "Legality as Relative Institutionalism: MacCormick´s Diffusionism and Transnational Legal Theory", *Transnational Legal Theory*, vol. 5, no. 2, 2014, pp. 210-213.

② 庄世同:《法律的规范性与法律的接受》,载《政治与社会哲学评论》2002 年第 1 期,第 45 页。

③ Neil MacCormick, *Institutions of Law: An Essays in Legal Theory*, Oxford, Oxford University Press, 2007, p. 63.

④ Neil MacCormick, *Institutions of Law: An Essays in Legal Theory*, Oxford, Oxford University Press, 2007, pp. 49-68.

性事实的法律的规范性基础也就来自"习惯"这一具有权威性的社会实践。

在当代理论研究中,"理由"进路引领着法律规范性研究的发展方向,①而麦考密克则为这种"理由"贡献了"习惯"面向的理论成果,从而为法律的规范性提供了独特的解决思路。但如若仔细考察麦考密克的论述,我们仍会发现,他在关于习惯的说明中更多地是在"引证"而非"论证";实际上,麦考密克完全可以坚持"非正式言语行为"的思路来对习惯问题作进一步的一般哲学层面的论证和说明,因而"关于规则的习惯"应当有更多的内容可以进行挖掘和展开。

五、"后实证主义"的性质与法理论

至此,我们已完全进入到后实证主义的制度法理论之中。在前述内容中,我们不仅从"法律与道德"之间的关系角度来理解后实证主义之"后",而且还试图提供另一种更具有针对性的理解思路,即"道德自主性";实际上,在笔者看来,由于麦考密克认为自然法与法律实证主义之间"二分"及其争论的意义极为有限,所以后一思路对理解后实证主义或许会更有意义;而且他自己也明确说道,"在我看来,从道德自主性着手论证,这一基本前提具有首要性"②。在后实证主义语境下,法律秩序只不过是规范秩序中的一种,即"制度性的规范秩序";而规范性秩序之目的旨在于"调整人之行及其相关事务"③,在这种秩序中,道德主体依靠自律自主而过活;其中所涉的诸种价值由于处在相互论辩的状态,这使得规范秩序有必要走向制度化的规范秩序,它要在一定程度上牺牲自主性而为道德主体施加一层"他律"的外在限制。在制度性规范秩序的框架结构下,国家法秩序是尤应给予关注的典型。国家与法律虽不完全重合,但根本性的宪法却为国家秩序提供了必要的保障,"对宪法的尊重"也逐渐成为麦考密克式的"基础规范"。

---

① 谢世民主编:《理由转向:规范性之哲学研究》,台北:台大出版中心 2015 年版。
② Neil MacCormick, *institutions of Law: An Essays in Legal Theory*, Oxford, Oxford University Press, 2007, p. 303.
③ Neil MacCormick, *institutions of Law: An Essays in Legal Theory*, Oxford, Oxford University Press, 2007, p. 75.

在这种理论结构中,麦考密克彻底接纳了拉德布鲁赫公式和阿列克西的"正确性命题",即"极端不正义即非法律"(extreme injustice is not law);"联结命题"而非"分离命题"由此成为麦考密克后实证主义制度法理论的又一标志。在后实证主义的法理论中,"法律的效力或法律的正确性和道德性与道德正确性之间具有必然联结"①,而宣称法律效力的正确性和道德性则是道德自主性必不可少的一个条件。由此,后实证主义的法律理论便能够成为一种旨在表达如何更好地在现实社会中切实可行地保障道德自主性的法治理论,虽然它是以如何安置道德的话语展开的。在这种法治状态或法治国状态下,道德自主与社会秩序之间便能达致最大限度的融洽;道德主体之所以仍能保持相当程度的自主性,是因为作为制度性规范秩序之法律的基础在于人们"关于规则的习惯"和"共同的信念和预期之网",②法律对联结命题的否定是对正义的践踏从而是对道德主体的覆灭;而社会秩序之所以具有文明性,则是因为道德主体"对宪法法律的尊重",并同时在制度化的规范性秩序中发挥自主性和主体性,而与之相关的则是诸如权利、最低限度的人格等内容的必不可少。无论是非制度化的道德秩序还是制度化的宪法法律秩序,它们无论如何都无法脱离"人"而存在,"规范性秩序不可能离开人而存在,缘在于,其调整的是人的行为"③。而这种调整人之行为的制度性规范秩序不仅在于"牺牲",更在于"给予",给予人比起在非制度化规范秩序中更多的可能性,而这正是"人作为人"的内在要求,同时也是斯密式定言命令的题中之义。

通过将后实证主义的制度法理论解读为一种旨在保障道德主体之自主性的相对它律的法治理论,法律作为一种"制度性规范秩序"的"解释性定义"就不再仅仅是一个"法概念"问题,而更多成为"法理论"(Legal Theory)问题。诚如作者所言,"法律是什么"的确是法理学领域的"一个

---

① [德]罗伯特·阿列克西:《法概念与法效力》,王鹏翔译,商务印书馆2015年版,第157页。
② 关于"预期"的相关讨论,可以参见王荣余:《论法律预期及其结构:哈耶克与卢曼》,载《荆楚学刊》2019年第1期。
③ Neil MacCormick, *institutions of Law:An Essays in Legal Theory*, Oxford, Oxford University Press, 2007, p. 77.

恼人不朽而又始终无法回避的核心问题"(第 3 页)。在《法律的概念》开篇处,哈特便指出,"在有关人类社会的诸问题中,极少有像'法律是什么?'(what is law?)这一问题那样被经久不衰地追问,同时还由严肃的思想家以各式各样的、奇异的乃至相互矛盾的方式作出解答"①。实际上,一切"关于"法律的问题似乎都可以被视作对"法律是什么"的追问。然而,也正是哈特自己指出,基本法律概念根本无法定义而只能被描述,②从而他对"法律是什么"的回答也就通过分析法律与命令、法律义务与道德义务、法律与规则这三个议题来展开。即便麦考密克通过其分析综合的方法将"制度性事实"和"制度性规范秩序"限定在"解释性定义"层面,但它所显示出的似乎已不再是一个"法律是什么"的法概念问题,而更多地像是一个"关于'法律是什么'"的法理论问题;解释性定义关键不在于如何定义,而在于如何解释。这种从"法概念"到"法概念"的法理学研究转向在德沃金的批判语境下或许会变得更为明显。③ 虽然笔者并不认同德沃金对法律实证主义的"显明事实"(plain fact)等内容的批判——对于麦考密克的理论而言这一批判更不适合,但他所说的关于法律问题的争议并不是事实或经验争议亦非政治道德或服从的争议,而是一个关于法律之根据的"理论争议"④的观点却有着重要的理论意义;当然,这不等于说法概念或解释性定义是不重要的。

六、结语:在新的起点处再出发

尽管存在"法概念"的主题限定,《法概念研究》却最大限度地展现了制度法理论的基本脉络和核心要义。在这个意义上,它为国内关于麦考密克制度法理论的研究提供了一个新的起点,而本书则在这一起点上作了进一步的、但却不一定完全正确的解读。实际上,在此起点上,我们需

---

① H. L. A. Hart, *The Concept of Law*, Oxford, Clarendon Press, 1994, p. 1.
② H. L. A. Hart, *Essays in Jurisprudence and Philosophy*, Oxford, Clarendon Press, 1983, p. 47.
③ 庄世同:《从"法概念"到"法理学":德沃金〈法律帝国〉导读》,载《法哲学与法社会学论丛》2012 年第 17 卷,第 188—199 页。
④ Ronald Dworkin, *Law's Empire*, Cambridge, Massachusetts, The Belknap Press of Havard University Press, 1986, pp. 3-6.

要处理的理论课题会变得更多而不是更少;比如说,制度法理论纵向脉络的系谱考察,制度法理论的横向差异亦即麦考密克与魏因伯格在制度法理论上的异同,①以及制度法理论的纵深发展问题。② 笔者坚信"制度"话语并非只是一种"老生常谈"(commonplace),③其重要性还有待于进一步挖掘和提升,这促使我们在这个起点处再出发,继而培育出具有中国特色的制度法理论。

---

① 此方面的相关研究,可以参见王荣余:《重访法律制度主义:新旧之别与异同之辨》,载《学术月刊》2020年第9期。

② 在制度法的理论史考察中,Massimo 做了许多开创性的工作,参见 Massimo La Torre, "Institutionalism Old and New", *Ratio Juris*, vol. 6, no. 2, 1993, pp. 190-201。不仅如此,在新旧制度法理论以及更为具体的魏因伯格和麦考密克制度法理论的基础上,Massimo 发展出一种新的制度法理论,它既能够容纳新旧制度法理论的合理因素,但又不至于走得像麦考密克那么远。相关内容,可以参见 Massimo La Torre, *Law As Institution*, Heidelberg, Springer, 2010。

③ Brian Tamanaha, *A General Jurisprudence of Law and Society*, Oxford, Oxford University Press, 2001, pp. 136-146.

参考文献

一、中文类

(一)著作类(含译著)

1. 沈宗灵:《现代西方法理学》,中国政法大学出版社1992年版。

2. 李桂林、徐爱国:《分析实证主义法学》,武汉大学出版社2000年版。

3. 杨玉成:《奥斯汀:语言现象学与哲学》,商务印书馆2002年版。

4. 颜厥安:《法与实践理性》,中国政法大学出版社2003年版。

5. 颜厥安:《规范、论证与行动:法认识论论文集》,台北,元照出版公司2004年版。

6. 张庆熊、周林东、徐英瑾:《二十世纪英美哲学》,人民出版社2005年版。

7. 辛鸣:《制度论:关于制度哲学的理论建构》,人民出版社2005年版。

8. 张文显:《二十世纪西方法哲学思潮研究》,法律出版社2006年版。

9. 陈景辉:《法律的界限:实证主义命题群之展开》,中国政法大学出版社2007年版。

10. 陈景辉:《实践理由与法律推理》,北京大学出版社 2012 年版。

11. 江怡:《分析哲学教程》,北京大学出版社 2009 年版。

12. 徐向东:《道德哲学与实践理性》,商务印书馆 2006 年版。

13. 徐向东编:《实践理性》,浙江大学出版社 2010 年版。

14. 徐向东:《自我、他人与道德:道德哲学导论》(上、下),商务印书馆 2016 年版。

15. 徐向东:《理由与道德》,北京大学出版社 2019 年版。

16. 舒国滢:《法哲学沉思录》,北京大学出版社 2010 年版。

17. 沈映涵:《新分析法学中的方法论问题研究:由哈特的描述性法理学引发的争论》,法律出版社 2010 年版。

18. 文学平:《集体意向性与制度性事实:约翰·塞尔的社会实在建构理论研究》,法律出版社 2010 年版。

19. 李锦辉:《规范与认同:制度法律理论研究》,山东人民出版社 2011 年版。

20. 马驰:《法律规范性的基础:以法律实证主义的演进为线索》,法律出版社 2013 年版。

21. 杨仁寿:《法学方法论之进展:实践哲学的复兴》,台北,三民书局 2013 年版。

22. 孔慧:《塞尔言语行为理论探要》,上海人民出版社 2015 年版。

23. 朱振:《法律的权威性:基于实践哲学的研究》,上海三联书店 2016 年版。

24. 刘叶深:《法律的概念分析:如何理解当代英美法理学》,法律出版社 2017 年版。

25. 刘叶深:《原则、效力与法律的概念》,中国政法大学出版社 2018 年版。

26. 柳海涛:《集体意向性研究》,中国社会科学出版社 2018 年版。

27. 余涛:《后实证主义语境下的法概念研究:以尼尔·麦考密克的法律制度理论为基点》,法律出版社 2019 年版。

28. 王琳:《司法裁判中的道德判断:德沃金整全法理论辩护》,中国社会科学出版社 2020 年版。

29. 叶一舟:《论法律作为常识的制度化》,中国法制出版社 2020年版。

30. [英]麦考密克、[奥]魏因伯格:《制度法论》,周叶谦译,中国政法大学出版社 2004 年版。

31. [英]尼尔·麦考密克:《大师学述:哈特》,刘叶深译,法律出版社 2010 年版。

32. [英]尼尔·麦考密克:《修辞与法治:一种法律推理理论》,程朝阳、张光宁译,程朝阳审校,北京大学出版社 2014 年版。

33. [英]尼尔·麦考密克:《法律推理与法律理论》,姜峰译,法律出版社 2018 年版。

34. [英]尼尔·麦考密克:《法律制度:对法律理论的一种解说》,陈锐、王琳译,法律出版社 2019 年版。

35. [英]约翰·奥斯丁:《法理学的范围》,刘星译,北京大学出版社 2013 年版。

36. [美]约翰·罗尔斯:《作为公平的正义:正义新论》,姚大志译,上海三联书店 2002 年版。

37. [奥]凯尔森:《纯粹法理论》,张书友译,中国法制出版社 2008 年版。

38. [奥]凯尔森:《法与国家的一般理论》,沈宗灵译,商务印书馆 2013 年版。

39. [美]罗伯特·萨默斯:《大师学述:富勒》,马驰译,法律出版社 2010 年版。

40. [德]马克斯·韦伯:《学术与政治》,钱永祥等译,广西师范大学出版社 2010 年版

41. [英]J.L.奥斯汀:《如何以言行事》,杨玉成、赵京超译,商务印书馆 2013 年版。

42. [德]尤尔根·哈贝马斯:《交往行为理论:第一卷行为合理性与社会合理化》,曹卫东译,上海人民出版社 2018 年版。

43. [美]约翰·R.塞尔:《表达与意义》,王加为、赵明珠译,商务印书馆 2017 年版。

44. [美]约翰·塞尔:《心灵、语言和社会:实在世界中的哲学》,李步楼译,上海译文出版社 2001 年版。

45. [美]约翰·塞尔:《人类文明的结构:社会世界的构造》,文学平、盈俐译,中国人民大学出版社 2014 年版。

46. [美]约翰·R.塞尔:《社会实在的建构》,李步楼译,上海人民出版社 2008 年版。

47. [美]约翰·R.塞尔:《意向性:论心灵哲学》(修订译本),刘叶涛、冯立荣译,上海人民出版社 2019 年版。

48. [英]约翰·菲尼斯:《自然法理论》,吴彦编译,商务印书馆 2016 年版。

49. [美]杰曼·格里塞茨、[加]约瑟夫·波义尔、[英]约翰·菲尼斯:《实践原则、道德真理与最终目的》,吴彦译,商务印书馆 2019 年版。

50. [奥]维特根斯坦:《逻辑哲学论》,韩林合译,商务印书馆 2012 年版。

51. [美]朱尔斯·科尔曼、斯科特·夏皮罗主编:《牛津法理学与法哲学手册》(上、下),杜宴林等译,上海三联书店 2019 年版。

52. [美]罗纳德·德沃金:《认真对待权利》,信春鹰、吴玉章译,上海三联书店 2018 年版。

53. [瑞典]宾德瑞特:《为何是基础规范:凯尔森学说的内涵》,李佳译,知识产权出版社 2016 年版。

54. [美]布莱恩·比克斯:《法理学:理论与语境》(第四版),邱昭继等译,法律出版社 2008 年版。

55. [德]尼古拉斯·卢曼:《法社会学》,宾凯、赵春燕译,上海人民出版社 2013 年版。

56. [美]安德瑞·马默:《法哲学》,孙海波、王进译,北京大学出版社 2014 年版。

57. [英]伯纳德·威廉斯:《道德运气》,徐向东译,上海译文出版社 2007 年版。

58. [英]亚当·斯密:《道德情操论》,蒋自强等译,商务印书馆 2015 年版。

59. [美]迈克尔·L. 弗雷泽:《同情的启蒙:18 世纪与当代的正义和道德情感》,胡靖译,译林出版社 2016 年版。

60. [德]罗伯特·阿列克西:《法:作为理性的制度化》,雷磊编译,中国法制出版社 2012 年版。

61. [德]罗伯特·阿列克西:《法概念与法效力》,王鹏翔译,商务印书馆 2015 年版。

62. [德]罗伯特·阿列克西:《法律论证理论:作为法律证立理论的理性辩论理论》,舒国滢译,商务印书馆 2019 年版。

63. [美]富勒:《法律的道德性》,郑戈译,商务印书馆 2005 年版。

64. [英]约瑟夫·拉兹:《实践理由与规范》,朱学平译,中国法制出版社 2011 年版。

65. [英]约瑟夫·拉兹:《价值、尊重和依系》,蔡蓁译,商务印书馆 2016 年版。

66. [美]斯科特·夏皮罗:《合法性》,郑玉双、刘叶深译,中国法制出版社 2016 年版。

67. [美]丹尼斯·帕特森编:《布莱克维尔法哲学和法律理论指南》,汪庆华等译,上海人民出版社 2012 年版。

68. [澳]汤姆·坎贝尔:《法律与伦理实证主义》,刘坤轮译,中国人民大学出版社 2014 年版。

69. [英]洛克:《政府论》(下篇),叶启芳、瞿菊农译,商务印书馆 1964 年版。

70. [德]康德:《道德形而上学的奠基》(注释本),李秋零译注,中国人民大学出版社 2013 年版。

71. [英]J. B. 伯里:《思想自由史》,周颖如译,商务印书馆 2017 年版。

72. [美]杰里米·沃尔德伦:《立法的尊严》,徐向东译,华东师范大学出版社 2018 年版。

73. [美]大卫·刘易斯:《惯例:一项哲学层面的研究》,方钦译,上海财经大学出版社 2021 年版。

(二)论文类

1. 刘同苏:《制度法理学述评》,载《法学研究》1991 年第 2 期。

2. 严存生:《法之合理性问题——麦考密克与韦伯之比较》,载《法律科学(西北政法学院学报)》1995年第4期。

3. 褚国建:《疑难案件与法律推理——麦考密克之〈法律推理与法律理论〉评析》,载《清华法治论衡》2009年第2期。

4. 李锦辉:《从排队秩序到宪法秩序——麦考密克的制度法律理论核心命题》,载《北方法学》2012年第2期。

5. 苏力:《何为制度?因何发生(或未发生)?——从开伯尔山口看长城》,载《比较法研究》2018年第6期。

6. 邱水平:《重析"法制"与"法治" 构建中国的"制度法学"》,载《北京大学学报(哲学社会科学版)》2019年第3期。

7. 余涛:《论"制度"概念及作为制度事实的法——基于法律制度理论的分析框架》,载《民间法》(2019年上卷·总第23卷)。

8. 余涛、狄慧民:《作为法律规范性来源的惯习性规范——基于麦考密克的法律制度理论》,载《法学杂志》2014年第11期。

9. 郭立东:《论约翰·塞尔的"是—应当"推导》,载《四川大学学报(哲学社会科学版)》2009年第5期。

10. 王荣余:《论法律预期及其结构——哈耶克与卢曼》,载《荆楚学刊》2019年第1期。

11. 张薇:《哈特承认规则概念的系统论解释——兼论卢曼与托依布纳之间的分歧》,载《学海》2019年第4期。

12. 庄世同:《论法律原则的地位:为消极的法律原则理论而辩》,载《辅仁法学》2000年第19期。

13. 庄世同:《法律的规范性与法律的接受》,载《政治与社会哲学评论》2002年第1期。

14. 庄世同:《法律的图像——一种人文主义的分析与诠释》,载《台大法学论丛》2011年第4期。

15. 庄世同:《法律的概念与法律规范性的来源——重省哈特的接受论证》,载《"中研院"法学期刊》2013年第13期。

16. 王鹏翔:《接受的态度能够证成法律的规范性吗?》,载《"中研院"法学期刊》2014年第14期。

17. 颜厥安:《言语行为与法规范的效力化》,载《政治与社会哲学评论》2010 年第 32 期。

18. 刘刚:《德国"法治国"的历史由来》,载《交大法学》2014 年第 4 期。

19. 谢永康:《康德实践理性概念及其两种批评》,载《社会科学辑刊》2018 年第 6 期。

20. 陈景辉:《什么是"内在观点"》,载《法制与社会发展》2007 年第 5 期。

21. 陈景辉:《"习惯法"是法律吗?》,载《法学》2018 年第 1 期。

22. 陈景辉:《哈特〈法律的概念〉导读》,载《法哲学与法社会学论丛》2017 年卷。

23. 吴彦:《菲尼斯实践哲学概要》,载《苏州大学学报(法学版)》2019 年第 2 期。

24. 文学平:《论集体意向性及其在社会生活中的地位》,载《浙江大学学报(人文社会科学版)》2012 年第 3 期。

25. 陆幸福:《自然法理论的认识论难题:菲尼斯的解决方案及其反思》,载《法制与社会发展》2019 年第 2 期。

二、外文类

(一)著作类

1. Neil MacCormick, *Legal Right and Social Democracy*, Oxford: Oxford University press, 1982.

2. Neil MacCormick & Ota Weinberger, *An Institutional Theory of Law: New Approaches to Legal Positivism*, Dordrecht: D. Reidel Publishing Company, 1986.

3. Neil MacCormick, *Questioning Sovereignty: Law, State and Nation in the European Commonwealth*, Oxford: Oxford University Press, 2002.

4. Neil MacCormick, *Legal Reasoning and Legal Theory*, Oxford: Clarendon Press, 2003.

5. Neil MacCormick, *Rhetoric and the Rule of Law: A Theory of Legal*

Reasoning, Oxford: Oxford University Press, 2005.

6. Neil MacCormick, *Institutions of Law: An Essay in Legal Theory*, Oxford: Oxford University press, 2007.

7. Neil MacCormick, *Practical Reason in Law and Morality*, Oxford: Oxford University Press, 2008.

8. Neil MacCormick, *H. L. A. Hart*, Stanford: Stanford University Press, 2008.

9. Neil MacCormick. eds., *Constructing Legal Systems: "European Union" in Legal Theory*, Dordrecht: D. Reidel Publishing Company, 1997.

10. Dick Ruiter, *Institutional Legal Facts: Legal Powers and Their Effects*, Dordrecht: Kluwer Academic Publishers, 1993.

11. Dick Ruiter, *Legal Institutions*, Dordrecht: Kluwer Academic Publishers, 2001.

12. Massimo La Torre, *Law as Institution*, Heidelberg: Springer, 2010.

13. Agustín José Menéndez & John Erik Fossum. eds., *Law and Democracy in Neil MacCormick's Legal and Political Theory: The Post-Sovereign Constellation*, Heidelberg: Springer, 2011.

14. Ota Weinberger, *Law, Institution and Legal Politics: Fundamental Problems of Legal Theory and Social Philosophy*, Dordrecht: Kluwer Academic Publishers, 1991.

15. R. Gavison. eds., *Issues in Contemporary Jurisprudence: The Influence of H. L. A. Hart*, Oxford: Clarendon Press, 1987.

16. Neil Walker. eds., *MacCormick's Scotland*, Edinburgh: Edinburgh University Press, 2012.

17. H. L. A. Hart, *Essays in Jurisprudence and Philosophy*, Oxford: Clarendon Press, 1983.

18. H. L. A. Hart, *The Concept of Law*, Oxford: Clarendon Press, 1994.

19. Ronald Dworkin, *Law's Empire*, Cambridge: Harvard University Press, 1986.

20. Jeremy Waldron, *Law and Disagreement*, Oxford: Oxford University

Press, 1999.

21. Robert George. eds. , *Natural Law Theory: Contemporary Essays*, Oxford: Clarendon Press, 1992.

22. Maksymllian Del Mar & Zenon Bankowski. eds. , *Law as Institutional Normative Order*, Burlington: Ashgate Publishing Company, 2009.

23. Neil MacCormick & Roberts Summers. eds. , *Interpreting Precedents: A Comparative Study*, Burlington: Ashgate Publishing Company, 1997.

24. Neil MacCormick & Peter Birks. eds. , *The Legal Mind: Essays for Tonny Honoré*, Oxford: Clarendon Press, 2001.

25. Jules Coleman, eds. , *Hart's Postscript: Essays on the Postscript to the Concept of Law*, Oxford: Oxford University Press, 2005.

26. Joseph Raz, *The Authority of Law: Essays on Law and Morality*, Oxford: Oxford University Press, 1979.

27. John Finnis, *Natural Law and Natural Rights*, Oxford: Oxford University Press, 2011.

28. Matthew H. Kramer, *H. L. A. Hart: The Nature of Law*, Cambridge: polity Press, 2018.

(二) 论文类

1. Neil MacCormick, "Challenging Sociological Definitions", *British Journal of Law and Society*, vol. 4, no. 1, 1977.

2. Neil MacCormick, "Contemporary Legal Philosophy: The Rediscovery of Practical Reason", *Journal of Law and Society*, vol. 10, no. 1, 1983.

3. Neil MacCormick, "Further Thoughts on Institutional Facts", *International Journal for the Semiotics of Law*, vol. 5, no. 1, 1992.

4. Massimo La Torre, "Institutionalism Old and New", *Ratio Juris*, vol. 6, no. 2, 1993.

5. Ota Weinberger, "Institutional Theory of Action and Its Significance for Jurisprudence", *Ratio Juris*, vol. 6, no. 2, 1993.

6. Mariano Croce & Andrea Salvatore, "Ethical Substance and the Coexistence of Normative Orders: Carl Schmitt, Santi Romano, and Critical Ins-

titutionalism", *Journal of Legal Pluralism and Unofficial Law*, no. 56, 2007.

7. Mauro Barberis, "Santi Romano, Neoinstitutionalism and Legal Pluralism", *Digest: National Italian American Bar Association Law*, no. 21, 2013.

8. Robert S. Summers, "Professor MacCormick on H. L. A. Hart's Legal Theory", *American Journal of Comparative Law*, vol. 31, no. 3, 1983.

9. Massimo La Torre, "A Flag in the Wind: In Memoriam Professor Sir Donald Neil MacCormick (1941 – 2009)", *Rechtstheorie*, vol. 41, no. 2, 2010.

10. Claudio Michelo, "MacCormick's Institutionalism between Theoretical and Practical Reason", *Diritto & Questioni Pubbliche*, no. 9, 2009.

11. Ronald Dworkin, "Hart and the Concepts of Law", *Harvard Law Review Forum*, vol. 119, 2006.

12. Deirde Dwyer, "Beyond Kelsen and Hart: MacCormick's Institutions of Law", *Modern Law Review*, vol. 71, no. 5, 2008.

13. Karen Petroski, "Is Post – Positivism Possible", *German Law Journal*, vol. 12, no. 2, 2011.

14. Thomas Bustamante, "Comment on Petroski: On MacCormick's Post-Positivism", *German Law Journal*, vol. 12, no. 2, 2011.

15. Bibi Sangha & Robert Moles, "MacCormick's Theory of Law: Miscarriages of Justice and the Statutory Basis for Appeals in Australian Criminal Cases", *University of New South Wales Law Journal*, vol. 37, no. 1, 2014.

16. P. A. Morton, "An Institutional Theory of Law", *Holdsworth Law Review*, vol. 13, no. 2, 1988.

17. Peter Koller, "Ota Weinberger: In Memoriam", *Ratio Juris*, vol. 22, no. 3, 2009.

18. Massimo La Torre, "Professor Weinberger's Lectures on Jurisprudence", *Ratio Juris*, vol. 5, no. 1, 1992.

19. Zenon Bankowski, "Neil Maccormick", *Law of Ukraine: Legal Journal*, vol. 2013, no. 4, 2013.

20. G. E. M. Anscombe, "On Brute Facts", *Analysis*, vol. 18, no. 3, 1958.

21. Zenon Bankowski, "Institutional Legal Positivism", *Rechtstheorie*, vol. 20, no. 3, 1989.

22. James Lee, "MacCormick's Jurisprudence Determined", *Jurisprudence* vol. 1, no. 1, 2010.

23. Neil MacCormick, "Institutional Normative Order: A Conception of Law", *Cornell Law Review*, vol. 82, no. 5, 1996.

24. Neil MacCormick, "Law as Institutional Normative Order", *Rechtstheorie*, vol. 28, no. 2, 1997.

25. Neil MacCormick, "The Concept of Law and 'the Concept of Law'", *Oxford Journal of Legal Studies*, vol. 14, no. 1, 1994.

26. Neil MacCormick, "Natural Law Reconsidered", *Oxford Journal of Legal Studies*, vol. 1, no. 1, 1981.

27. John Searle, "How to Derive 'Ought' from 'Is'", *The Philosophical Review*, vol. 73, no. 1, 1964.

28. Stefan Sciaraffa, "The Underlying Value of MacCormick's Post-Positivism", *Jurisprudence*, vol. 1, no. 1, 2010.

29. Neil MacCormick, "Institutions, Arrangements and Practical Information", *Ratio Juris*, vol. 1, no. 1, 1988.

30. Thomas Bustamante, "On the Arguable Character of Law: An Argument for MacCormick's Post-Postivism", *Revista Brasileira de Estudos Politicos*, vol. 106, 2013.

31. Scott Shapiro, "What Is the Internal Point of View", *Fordham Law Review*, vol. 75, no. 3, 2006.

32. R. H. S. Tur, "What is Jurisprudence", *Philosophical Quarterly*, vol. 28, no. 111, 1978.

33. Maksymilian Del Mar, "The Smithian Categorical Imperative: How MacCormick Smithified Kant", *Archives for Philosophy of Law and Social Philosophy*, vol. 98, no. 2, 2012.

34. Maksymilian Del Mar, "Legality as Relative Institutionalisation:

MacCormick's Diffusionism and Transnational Lgeal Theory", *Transnational Legal Theory*, vol. 5, no. 2, 2014.

35. Neil MacCormick, "A Moralistic Case for A‑Moralistic Law", *Valparaiso University Law Review*, vol. 20, no. 1, 1985.

36. Robert Alexy, "On Necessary Relations Between Law and Morality", *Ratio Juris*, vol. 2, no. 2, 1989.

37. Veronica Blanco, "The Methodological Problem in Legal Theory: Normative and Descriptive Jurisprudence Revisited", *Ratio Juris*, vol. 19, no. 1, 2006,

38. Manuel Atienza, "Entrevista a Neil MacCormick", *Cuadernos de Filosofía del Derecho*, no. 29, 2006.

后 记

本书是在我的博士论文基础上修改完成的。对于书中阐述的某些观点，个人看法已有些许变化，但内容上仍保持着论文最初的原貌，算是对过去的一个总结。这本书承载和凝结着自己的博士时光，也蕴含着诸多师友的鼓励和帮助。

自 2015 年入读西南政法大学法理学专业算起，已走过 9 个年头；回想起来，在此学习和生活的每一天都显得弥足珍贵，我很庆幸在这里遇到了一大批可敬可爱的人，他们有的是我的授业师长，有的是师兄弟或同学，还有那些模糊了面庞的人，以及那些印象不再深刻的点滴。老实说，从未想过自己还会上大学，更不会想到还会去攻读硕士研究生，乃至博士。荣余不是那种聪明型的学生，从来不是，但一路走来幸得几位恩师教会了我如何脚踏实地、如何勤能补拙。我要感谢温文尔雅的孟庆涛老师，是他将我领进法理学的大门，"多读书"的劝导让我不再那么懈怠；老师经常赠书于我，那种发自内心的满足感每每跃然脸上，这是最好的礼物，谢谢您！非常有幸忝列陆幸福教授门下，老师给予了我诸多鼓励和帮助，同时也把我领进分析法学的世界，自此才觉得自己是个"法律人"，真想撰写一部更好一点的作品来回馈老师的付出和期待，希望在不久的将来可以如愿以偿；师门自由讨论的学术氛围让我颇为受益，感谢一起参与读书的诸位，那样的美好时光真是难得！我还要感谢西南政法大学法理学的诸位老师们，他们分别是付子堂教授、张永和教授、周祖成教授、周尚君教授、朱学平教授、周振超教授、赵树坤教授、郭忠教授等；每周日和周一晚的经典阅读和前沿讨论不仅让我习得了专业知识，更感受到了治学严谨的学术品格，希望自己能培养起这种品格并将其坚持和传承下去。感谢文学平教授在教学和工作中给予的大力支持，帮助我快速实现从学生到教师的角色转换！

感谢我的博士同学们。一起学习和讨论的这些年不经意间就成了"回忆"，此刻的我们都不再 naive，彼时幼稚的讨论和发问成就了现在的你我。怀念和厚宏一起在毓秀湖畔漫步、讨论的时光，感谢张梁师兄的鼓励，以及与同学们一起度过的 3 年。衷心祝福你们走得更远，发展得更好。

感谢我的父母和家人。攻读学位和撰写博士论文虽不是那么难但也不是那么容易的一件事，要是没有家人默默地鼓励和支持，这段路必定会走得更加辛苦。我常常说"世上一切的荣耀都要归于母亲"，是的，母亲的忠厚、淳朴以及她那总是深藏心底的祝福是我前进路上的定心丸；父亲希望我们兄弟俩多读书，我是村里的第一个硕士、第一个博士，你骄傲的神情让我觉得一切都是值得的，你一直以来默默地承受和付出更是我奋发的动力源。谢谢你们！可爱的小君瑞也已不知不觉地长大，幺爸总想多陪你玩会儿、多陪你耍会儿，却总是在你不知情的情况下悄悄溜回了学校，希望你健康成长、无忧无虑。感谢嫂子的通情达理，谢谢你！感谢我的哥哥，从小到大你都是我的榜样，希望未来仍能如此；"穷人家的孩子早当家"，这么多年来，兄长帮我扛下了太多，谢谢你！

陈喆，我的爱人！感谢你一直以来的陪伴，从校园到社会、从过去到现在，也将持续从现在到未来！你让我对"共同体"有了新的理解，更让我对未来充满信心，让我们一起迎接家庭共同体即将到来的"新成员"吧！